最高裁判所判例解説

刑事篇

平成 30 年度

一般財団法人　法 曹 会

は　し　が　き

1．本書は，最高裁判所判例集に登載された刑事判例（平成30年1月から同年12月までの分）の全部について，最高裁判所の調査官が判示事項，裁判の要旨等を摘示し，かつ，当該裁判について個人的意見に基づいて解説したもの（法曹時報第72巻第3号より第73巻第1号までに掲載）を集録したものである。

2．解説番号は，裁判の月日の順序である。

3．目次は裁判要旨の内容に従って，憲法，刑法，刑事訴訟法，刑事訴訟規則および諸法令（五十音順）の順に配列した。

4．見出しの次にある括弧内の刑集72巻とあるのは，最高裁判所判例集第72巻中の刑事判例集を意味する。

5．巻末に掲げた裁判月日索引は，裁判の月日，最高裁判所判例集の頁と本書における解説番号および頁とを対照したものである。

6．なお，本解説の担当者の氏名は，次のとおりである（五十音順）。
久禮博一，齊藤啓昭，野村賢，蛭田円香，向井香津子

平成30年度最高裁判所各法廷の構成

大 法 廷

裁 判 長　　寺 田 逸 郎
（1月8日限り退官）

裁 判 長　　大 谷 直 人
（1月9日就任）

第一小法廷

裁 判 官　　池 上 政 幸

裁 判 官　　大 谷 直 人
（1月9日第二小法廷へ異動）

裁 判 官　　小 池　　裕

裁 判 官　　木 澤 克 之

裁 判 官　　山 口　　厚

裁 判 官　　深 山 卓 也
（1月9日就任）

第二小法廷

裁 判 官　　寺 田 逸 郎
（1月8日限り退官）

裁 判 官　　小 貫 芳 信
（1月16日付け退官）

裁 判 官　　鬼 丸　かおる

裁 判 官　　山 本 庸 幸

裁 判 官　　菅 野 博 之

裁 判 官　　大 谷 直 人
（1月9日第一小法廷から異動）

裁 判 官　　三 浦　　守
（2月26日就任）

第三小法廷

裁 判 官　　岡 部 喜代子

裁 判 官　　木 内 道 祥
（1月1日限り退官）

裁 判 官　　山 﨑 敏 充

裁 判 官　　戸 倉 三 郎

裁 判 官　　林　　景 一

裁 判 官　　宮 崎 裕 子
（1月9日就任）

最高裁判所判例解説

刑事篇　平成30年度

目　　　次

第 2 編　罪

第12章　住居を侵す罪

第22章　わいせつ，強制性交等及び重婚の罪
(章名変更　平成29年法律第72号)

第30章　遺棄の罪

第37章　詐欺及び恐喝の罪

刑事訴訟法 (昭和23年法律第131号)

第2編　第　一　審

第3章　公　　判

第1節　公判準備及び公判手続

第3編　上　　訴

第2章　控　　訴

第3章　上　　告

第411条

刑事訴訟規則 （昭和23年最高裁判所規則第32号）

第2編　第　一　審

第3章　公　　判

第1節　公判準備及び公判手続

第208条

諸　法　令

自動車の運転により人を死傷させる
行為等の処罰に関する法律

不正競争防止法（平成5年法律第47号）

第5章　罰　　則

〔1〕　1　刑法218条の不保護による保護責任者遺棄罪の実行

　　　　　行為の意義

　　　　2　子に対する保護責任者遺棄致死被告事件について，

　　　　　被告人の故意を認めず無罪とした第1審判決に事実誤

　　　　　認があるとした原判決に，刑訴法382条の解釈適用を

　　　　　誤った違法があるとされた事例

　　　　3　裁判員の参加する合議体で審理された保護責任者遺

　　　　　棄致死被告事件について，訴因変更を命じ又はこれを

　　　　　積極的に促すべき義務がないとされた事例

（平成28年（あ）第1549号　同30年3月19日第二小法廷判決　破棄自判）
（第1審大阪地裁　第2審大阪高裁　刑集72巻1号1頁　　　　　　　　）

〔判決要旨〕

　1　刑法218条の不保護による保護責任者遺棄罪の実行行為は，老年者，
幼年者，身体障害者又は病者につきその生存のために特定の保護行為を必要
とする状況（要保護状況）が存在することを前提として，その者の生存に必
要な保護行為として行うことが刑法上期待される特定の行為をしなかったこ
とを意味する。

　2　低栄養に基づく衰弱により死亡した被告人の子（当時3歳）に対する
保護責任者遺棄致死被告事件について，被告人において，乳児重症型先天性
ミオパチーにり患している等の子の特性に鑑みると，子が一定の保護行為を
必要とする状態にあることを認識していたとするには合理的疑いがあるとし
て被告人を無罪とした第1審判決に事実誤認があるとした原判決は，第1審
判決の評価が不合理であるとする説得的な論拠を示しているとはいい難く，
第1審判決とは別の見方もあり得ることを示したにとどまっていて，第1審
判決が論理則，経験則等に照らして不合理であることを十分に示したものと
はいえず（判文参照），刑訴法382条の解釈適用を誤った違法があり，同法

411条1号により破棄を免れない。

　　3　保護責任者遺棄致死罪として起訴されて公判前整理手続に付され，検察官が，公判前整理手続期日において，公判審理の進行によっては過失致死罪又は重過失致死罪の訴因を追加する可能性があると釈明をするなどした後，裁判員の参加する合議体により審理が行われ，第1審裁判所の裁判長が，証拠調べ終了後の公判期日において，検察官に対して訴因変更の予定の有無につき釈明を求めたところ，検察官がその予定はない旨答えたなどの訴訟経緯，本件事案の性質・内容等（判文参照）に照らすと，第1審裁判所としては，検察官に対して，上記のような求釈明によって事実上訴因変更を促したことによりその訴訟法上の義務を尽くしたものというべきであり，更に進んで，検察官に対し，訴因変更を命じ又はこれを積極的に促すべき義務を有するものではない。

〔参照条文〕

（1～3につき）　刑法218条，219条

（2につき）　　刑訴法382条，411条1号

（3につき）　　刑訴法312条，刑訴規則208条

〔解　　説〕

第1　事案の概要及び審理経過

　1　事案の概要

（1）本件は，乳児重症型先天性ミオパチー（以下単に「ミオパチー」と略称^(注1)することがある。）と診断されていた当時3歳のAを実母として監護していた被告人（当時19歳）が，夫（当時22歳。Aの養父）と共謀の上，Aの生存に必要な保護をせずに，Aを低栄養に基づく衰弱により死亡させたとして起訴された事案である。

　　第1審（裁判員裁判）は，Aの要保護状態を被告人が認識していたと認められないとして無罪を言い渡し，検察官が控訴したところ，原審は，Aが要保護状態にあることを被告人が認識していたと認められるとして，事実誤

（1）本件は，乳児重症型先天性ミオパチー（以下単に「ミオパチー」と略称[注1]することがある。）

認を理由に第1審判決を破棄し，本件を差し戻す旨の判決をした。

これに対し，弁護人が上告したところ，本判決は，弁護人の上告趣意は適
法な上告理由に当たらないとしたが，職権判断として，不保護による保護責
任者遺棄罪（以下「保護責任者不保護罪」という。）の実行行為の意義を明らか
にした上で，第1審判決が認定した実行行為（不保護）に係る故意に関し，
故意を認めるには合理的疑いがあるとして被告人を無罪とした第1審判決に
事実誤認があるとした原判断には，刑訴法382条の解釈適用を誤った違法が
あると判示して原判決を破棄した。その上で，本判決は，第1審判決の事実
誤認及び第1審訴訟手続の法令違反を主張する検察官控訴に理由はないとし
て，控訴を棄却する旨の自判をしたものである。

（注1） 先天性ミオパチーの症状等は，出生時または乳児期早期から発症し，呼
吸障害や哺乳障害を呈することもある，筋力低下，筋緊張低下が続き，運動発
達遅滞を示す，非進行性または緩徐進行性であるが，新生児期から乳児期早期
に死亡する重症例もある，痩せて華奢な体格で，細長い顔，ミオパチー顔貌，
テント状の上口唇，眼瞼下垂，眼球運動制限を示すこともある，というもので
ある（内山聖監修・標準小児科学）。なお，第1審公判に出廷した医師の証言
によると，先天性ミオパチーの患者数は，10万人に1人か2人という割合とさ
れる。

（2）事実関係

本件の事実関係は，本判決が認定しているとおりであり，要旨，以下のよ
うなものである。

ア Aは，平成22年8月に出生し，その当初から筋力が弱く，嚥下障害
等があり，経鼻チューブを用いて胃に栄養を注入するなどの入院治療を受け
ていたが，同年12月，乳児重症型先天性ミオパチーと診断された。

Aは，平成23年3月に退院して，被告人の母（Aの祖母。以下「祖母」とい

う。）方で被告人と同居し，月に1回程度の通院を続けていたが，平成25年1月（当時2歳5か月）から，主治医の判断により，経鼻チューブを外して食物のみから栄養を摂取するようになった。

Aは，平成25年4月頃，祖母方を離れ，被告人及び被告人の夫（Aの養父。以下「夫」という。）と同居し始め，同月30日にAの弟が生まれ，以後，4人で生活していた。Aは，同年8月（当時2歳11か月）には，自ら食事ができ，独立歩行もできるようになり，その頃，Aを診察した主治医は，被告人に対し，今後は相談事があるときに診察を受ければよく，定期的な診察は必要ない旨告げた。

被告人は，平成26年2月27日（当時Aは3歳6か月）以降は，Aに医師の診察を受けさせておらず，Aの健康状態等に関して医師に助言を求めるなどもしていなかった。

イ　Aは，出生時から体重が平均より軽く，その後も同年代の女児の平均体重を総じて下回っていたものの，身長は順調に伸びており，平成25年10月に主治医の診察を受けた際の検査では，身長94cm，体重11.4kgになっていた。ところが，平成26年5月23日に撮影された動画（以下「本件動画」という。）におけるAの姿は，平成25年10月14日に撮影されたAの写真と比べて明らかに手足が細く，ふくらはぎの骨や膝の関節の形状を見てとれるような状態であった。さらに，死亡後の平成26年6月16日に行われた測定では，身長は前年10月から7cm増加して101cmであったが，体重については約3.4kg減少して約8kgになっており，その遺体の外見も，胸部には肋骨が，背部には肩甲骨や背骨がそれぞれ浮き出ているほか，腰の周りや臀部も骨や関節が浮き出ており，頬がこけ，手足は骨や関節の形が分かるほど極端に細くなっていた。

被告人は，Aの体重を測っておらず，その体重を正確には把握していなかったものの，Aの母親として，Aを養育しており，入浴などの機会を通じて，Aの体格に関する客観的な状態を認識していた。

ウ　Aの食生活は不規則なことが多く，丸1日食事をしなかった日があったり，1日2食や1食になったりすることがあったほか，平成26年4月頃から死亡するまでの2か月余りの間，夜中を含む食事以外の時間帯に，四，五回にわたり，炊飯器の米飯や冷蔵庫のアイスクリームを勝手に食べるなどし，また，ニンニクチップを勝手に大量に食べたこともあった。被告人は，このようなAの食生活を認識していた。

エ　Aは，平成26年2月20日から同月22日まで，祖母方に宿泊したが，それ以後，祖母とは会っていない。Aは，同年3月以降も，被告人の友人や夫の親族らとは会ったことがあり，その者らと一緒に食事をするなどしていた。同年6月以降の時期においても，被告人とAは，同月1日に，夫の母及び弟妹等と一緒にラーメン店で食事をしたほか，被告人の友人が同月10日に，夫の弟が同月13日に，それぞれ被告人方を訪問してAに会っていた。

オ　Aは，平成26年6月15日（当時3歳10か月），低栄養に基づく衰弱により死亡した。

（3）公訴事実（訴因変更後のもの）の要旨と被告人の弁解内容

本件公訴事実（訴因変更後のもの）の要旨は，「被告人（当時19歳）は，A（平成22年8月11日生）の実母であり，平成25年4月15日に夫（同月24日にAと養子縁組）と婚姻し，夫と共に親権者として自宅でAを監護していたものであるが，夫と共謀の上，平成26年4月頃，幼年者であり，かつ，先天性ミオパチーにより発育が遅れていたAに十分な栄養を与えるとともに，適切な医療措置を受けさせるなどして生存に必要な保護をする責任があったにもかかわらず，その頃までに栄養不良状態に陥っていたAに対して，同年6月中旬頃までの間，十分な栄養を与えることも，適切な医療措置を受けさせるなどのこともせず，もってその生存に必要な保護をせず，よって，同月15日，自宅において，Aを低栄養に基づく衰弱により死亡させた。」というものである。

これに対し，被告人の弁解は，平成26年3月以降にAの手足が細くなっ

ていると思い，不規則な食生活の問題も関係していると考えて食生活を改善させようと試みたものの，うまくいかなかった，Ａが食事を取らない日の翌日にはたくさん食事を取るなどし，２日続けて何も食べない日はなかったので，十分な栄養が摂取できていないとは考えていなかった，というものである（以下「本件弁解」という。）。

　2　第1審判決

　第1審では，公判前整理手続において，本件の争点は，（一）Ａが，十分な栄養を与えられなかったために低栄養に基づく衰弱により死亡したものであるか，（二）被告人において，Ａが十分な栄養を与えられていない状態（生存に必要な保護として，より栄養を与えられるなどの保護を必要とする状態）にあることを認識していたか，と整理された。

　これらの争点に関し，第1審判決は，（一）Ａの死因が低栄養に基づく衰弱死であると認定した上で，（二）被告人の認識に関しては，本件当時，Ａが十分な栄養を与えられていない状態（生存に必要な保護として，より栄養を与えられるなどの保護を必要とする状態）にあることを認識していたというには合理的な疑いが残るとして，被告人に無罪を言い渡した。その判断の要旨は，以下のとおりである。

　（1）第1審判決は，本件は，被告人らにおいて，Ａに対して意図的に食事を与えていなかったとか，意図的に少量の食事しか与えていなかったとの立証がされた事案ではなく，基本的には食事を与えていたものの，出された食事をＡが食べようとしなかった場合などに，それを食べさせるなどの努力を十分にせず，医師に相談し他の栄養摂取の方法をとるなどもしなかったことが問題となっている事案であるとの前提に立ち，争点(二)に関し，

　ア　Ａの体格等の客観的状態に関する事実を認定した上で，被告人は，Ａと毎日生活し，入浴させるなどしていて，Ａの体格等を認識し，Ａの体重が順調に増加しておらず，痩せていることを認識していたと認められるとし，これらは，通常であれば，Ａが十分な栄養を与えられていない状態に

あり，健康に問題が生じかねない状況にあることの認識を抱かせるに足りる事実であるとしたが，

イ　Ａがミオパチーにり患していたため筋肉がつきにくく，出生時から体重が平均より軽かったため，そのような前提知識がある者とそうでない者との間では，痩せ方の異常性に関する認識が異なってしまう可能性があること，また，人の体重や体格については，日々少しずつ変化していくものであるから，毎日Ａと接している場合には気づきにくい面があることなどを指摘し，

（ア）平成26年3月から6月にかけてＡに会った家族や友人らの証言によっても，Ａの体格等から健康上の問題を被告人らに指摘した者は見受けられず，現に，夫の弟が同年6月1日にＡをだっこした際にＡの弟より軽く感じられ，そのことを一緒にいた母親に話したときには，母親は病気のせいで筋肉がつきにくいということを言ったにすぎないこと，

（イ）Ａは，身長という面では比較的順調に成長しており，平成26年6月頃になっても自ら歩いており，衰弱のために運動能力に関して明らかな変化があったとの立証はされていないこと，

などの事実も踏まえ，Ａの体重減少や体格変化の状況の事実のみでは，十分な栄養を与えられていない状態にあるとまでは考えていなかったとする被告人の弁解を直ちに排斥できない，とした。

ウ　さらに，Ａの摂食行動等に関する事実に関し，

（ア）Ａが，平成26年3月以降，丸1日食事をしなかったり，1日2食や1食になったりすることがあり，同年4月頃から夜中に炊飯器の米飯を勝手に食べることがあったとの事実に対しては，㋐ミオパチー患者の特性（胃腸や消化管の動きが弱く，食べた物を消化吸収するのに時間がかかるため，多量に食べた後食欲がわきにくいことがあったり，疲れすぎて食べる元気がなくなったりすることがあり，食事にむらがある場合があるが，食事を抜くことがあるような食生活を続けることで，その後の食事の機会に多量に食べるだけでは体重が減少してい

くことがあり得ること）を踏まえ，㋑被告人が，ミオパチー患者の食事に関する知識（食事を小分けにし，必要に応じて高カロリーの栄養補助食品を取ってカバーするなどの注意が必要であること）を医師等から得ていたという事実が認められないこと，㋒被告人は，当時未成年で，年齢の若い夫と2人での初めての子育てであり，しかも，2人目の子どもも育てつつ妊娠もしている中で，子育てに対する意識が未熟で余裕もないまま，ミオパチーの子どもを育てる上での理解が不十分になっていた可能性があることなどを指摘し，被告人が，健康に問題が生じ得るほどの状況にはならないと誤解していた可能性を排斥できないとし，

（イ）Aがニンニクチップを食べたことが一度あったとの事実に対しては，一度のみでは，慢性的な栄養不良状態の認識にはつながらず，生タマネギを食べたとの事実に対しては，その時期等が明確でないことなどから，Aの空腹が続いていたと認識していたことを根拠付ける事実とみるには限界があるとし，

（ウ）Aの食生活の状況が詳細には明らかになっていないことからも，被告人の認識を推認するには限界があると説示した。

　エ　また，Aが2日以上食事を取らなかったら病院に経鼻チューブをもらいに行くことを夫と話していたとの事実に対しては，むしろ，そのような会話内容は，被告人らがAの健康状態に問題が生じ得るようであれば対処する意思を有していたことをうかがわせるとも評価でき，

　オ　その他に，Aが十分な栄養を与えられていない状態にあると分かっていた者の行動と整合的ではない事実として，被告人が，平成26年3月には毎週のように友人や夫の家族らをAに会わせて一緒に食事をするなどし，同年4月以降も，友人や夫の家族らと複数回会っていたほか，夫が本件動画を夫の母親に送信し，Aが死亡した後の段階で祖母にも本件動画を送信していることなども指摘した上で，

　カ　結論として，被告人において，Aが十分な栄養を与えられていない

状態（生存に必要な保護として，より栄養を与えられるなどの保護を必要とする
状態）にあったと気づいていたと，常識に照らして間違いなくいえるだけの
立証がされているとは認め難いとした。

（2）さらに，第1審判決は，被告人に対して重過失致死罪の成立を検討す
る余地はあるものの，公判前整理手続における同罪の取扱いに関する検察官
の対応等の事情からすると，本件事案の性質，内容等を踏まえても，公判廷
において証拠調べ終了時に訴因に関する検察官の意向を確認した以上に，検
察官に対して訴因変更を勧告し又は命令することが必要となるとはいえない
との判断を示した。

これに対し，検察官が，争点(二)についての判断に事実誤認がある，第1
審裁判所が検察官に対し重過失致死罪に訴因を変更するよう促し，又はこれ
を命じることなく無罪判決を言い渡した点で訴訟手続の法令違反がある，と
して控訴した。

3　原判決

原判決は，争点(二)に係る事実誤認の所論について，要旨，下記のとおり
説示して，要保護状態（生存に必要な保護として，より栄養を与えられるなどの
保護を必要とする状態）を認識していたといえるだけの立証がないとした第
1審判決の判断は是認できず，その余の控訴趣意（訴訟手続の法令違反）に
ついて判断するまでもなく，第1審判決は破棄を免れないとした。

その上で，原判決は，被告人において，要保護状態を認識した正確な時期
や，これに対応する不保護の実行行為の内容を確定し，量刑について，審理
評議を尽くす必要があるとして，本件を大阪地裁に差し戻す旨の判決をし
た。

（1）すなわち，原判決は，まず，

ア　出生から平成25年10月までほぼ一貫して体重が増加し，体格も順調に
成長していたのに，その後一転して痩せ始めたこと，本件動画が撮影された
頃のAの痩せ具合が顕著であることを認識すれば，通常は，Aが要保護状

態にあり，生存のためには十分な栄養を与えるなどの保護が必要であると認識するといえ，入浴等の機会を通じてＡの体格等の変化や痩せ具合をほぼ正確に認識することができていた被告人は，遅くとも平成26年5月下旬頃には，特段の事情がない限り，Ａが要保護状態にあると認識していたと推認でき，その推認力は相当強度なものである，と指摘した。

イ　その上で，一般に，ミオパチーにり患した児童は，手足が細くあばらが浮き出たような華奢な体つきであるが，平成25年10月14日に撮影されたＡの写真でみる限り，ミオパチー患者の特徴がさほど目立つものではなかったのであるから，その後に一転して痩せ始め，手足の骨や関節の形を見てとれるほど顕著に痩せてきたというＡの体格等の変化は，ミオパチーにり患していることを考えても異常なものといえ，出生時からの成育状況をよく知る被告人には，その異常性を十分認識できるはずであるから，ミオパチーにり患していることによる被告人の認識は，Ａが痩せていった経過を異常と認識する可能性を阻害する事情とはみられないと説示し，要保護状態を認識していたとの推認を妨げる特段の事情はなく，被告人の弁解を排斥できないとした第1審判決の判断は，経験則等に照らして不合理であるとの判断を示した。

（2）そして，原判決は，その他の事実に関し，

①　平成26年3月から6月までの間にＡと会うなどした友人や親族らから，Ａの健康上の問題の指摘を受けなかったとの事実に関し，入浴等で裸体を含む全身を繰り返し観察したり触れたりする機会があり，出生時からの成育状況を知る被告人と，友人や親族らとではＡに接したり観察したりする時間や回数，Ａの状態に対する関心の度合い，成育状況についての知識等が大きく異なるので，被告人にとってＡの体格等の変化を認識しにくい面があったとはいえない，

②　Ａの体格等の変化は，それだけでＡが要保護状態にあることを十分認識させるに足りる推認力があるから，Ａの運動能力に明らかな異常や変

化がみられなかったとの事実がその推認を妨げるものではない，

③ 被告人が，平成26年4月以降も夫の家族や友人らにAを会わせるなどしていた事実に関しては，祖母には会わせていないから，被告人の意向に沿わない意見を述べる関係にあった者の目からはAを遠ざけていた可能性が考えられ，また，不作為による義務違反のため，Aが要保護状態にあることを認識したことで，被告人らが直ちに明確な罪の意識を抱いてその隠蔽に走るとは限らない，

④ 経鼻チューブによる栄養摂取も考えなければならない事態に陥ったこと自体，栄養摂取に一定の問題が生じていたことを意味するものであるから，被告人が夫との間で経鼻チューブをもらいに行くという話をしていた事実は，Aの栄養摂取に一定の問題があると被告人が認識していたことをうかがわせる事情といえる，

⑤ Aの摂食行動を全体としてみれば，Aが空腹状況に継続的に置かれていたことを客観的に推認させる特異な事情といえ，Aの体格等の変化と摂食行動全体を認識すれば，通常は栄養不足の問題を認識するといえ，未成年等の被告人にとっても一般常識で容易に分かるはずで，被告人が誤解していたとは考えられず，Aの食生活の詳細が不明であることは，被告人の認識の認定を妨げる事情にはならない，

などと説示し，第1審判決の認定判断は，経験則等に照らして不合理であるとの判断を示した。

これに対し，被告人が上告した。

第2 上告趣意及び当審判示

1 上告趣意

弁護人の上告趣意は，判例違反，事実誤認をいうものであり，その概要は，以下のとおりである。

（1）原判決の説示は，結局，原審裁判所自身の評価ないし心証を述べるものにすぎず，第1審判決の不合理性を示すことができておらず，判例（最一

小判平成24年2月13日・刑集66巻4号482頁〔いわゆるチョコレート缶事件判決〕）に違反する。

（2）原判決が，被告人に要保護状態の認識があるとする根拠は，Ａの体重変化の状況，本件動画及び遺体の状況につきるといえ，これらに基づく判断はその視覚的な印象に基づく直感的結論にすぎず，遺体の状況は，必ずしも死亡時点でのＡの様子を正確に表しているとも限られない。Ａがミオパチー患者であったことを踏まえてもなお，Ａの痩せ具合が著しかったとまでいえるほどの証拠上の根拠はなく，要保護状態の認識があったとする原判決には，事実誤認がある。

2　当審判示

（1）本判決は，弁護人の上告趣意は，判例違反をいう点を含め，実質は単なる法令違反，事実誤認をいうものであって刑訴法405条の上告理由に当たらないとしたが，所論に鑑み，職権で次のとおり判示し，第1審判決に事実誤認があるとした原判断には刑訴法382条の解釈適用を誤った違法があるとして原判決を破棄し，第1審の訴訟手続に法令違反があるとする控訴審検察官の主張に対し，第1審の訴訟手続に法令違反はないとの判断を示した上で，検察官の控訴を棄却する旨の自判をした。

（2）本判決は，まず，

「刑法218条の不保護による保護責任者遺棄罪の実行行為は，同条の文言及び趣旨からすると，『老年者，幼年者，身体障害者又は病者』につきその生存のために特定の保護行為を必要とする状況（要保護状況）が存在することを前提として，その者の『生存に必要な保護』行為として行うことが刑法上期待される特定の行為をしなかったことを意味すると解すべきであり，同条が広く保護行為一般（例えば幼年者の親ならば当然に行っているような監護，育児，介護行為等全般）を行うことを刑法上の義務として求めているものでないことは明らかである。」

と判示し，刑法218条の保護責任者不保護罪の実行行為（不保護）の意義を

明らかにした。

その上で，本判決は，

「本件の実行行為として，平成26年4月頃から6月中旬頃までの間，①(ア)十分な栄養を与えるとともに，(イ)適切な医療措置を受けさせるという保護行為を行う義務があるのにこれらの保護行為を行わなかったことが主張されていると解されるのであり，これらの保護行為を必要とする状況として，②被害者が幼年者であって，ミオパチーにり患し，発育の遅れ，栄養不良状態があることが公訴事実に記載され，更に痩せ具合や体重変化，異食等も主張されていたものであり，必ずしも訴因の特定がされていないというわけではなく，事案によっては，この程度に特定された訴因ないし主張をもって，審理判断ができる場合も十分あると考えられる。しかし，上記①は，かなり広範な保護行為を含み得るところ，本件では，第1審判決が判示しているように，被告人及び夫がAに対して食事を与えなかったとか，十分に栄養が摂取できないような少量の食事しか与えていなかったなどといった不保護行為が立証されているとは認められない。また，被告人において，ミオパチーにり患した子の特性に応じてAの食生活を改善するための知識を十分に持ち合わせていたのに，その改善を試みなかったといった不保護行為が立証されているものでもない。したがって，このような本件においては，いかなる要保護状況を前提に，どのような保護行為を行うべきであったと主張されているのか自体が不明確になっているといわざるを得ない。」

「本件の要保護状況と行うべき保護行為の内容を検討すると，Aは，本件動画が撮影された平成26年5月23日には，客観的に重度の栄養不良状態にあったことが明らかであり，ミオパチーにり患していることを前提としても，遅くともその時点までには，監護者において，適切な栄養摂取方法について医師等の助言を受けるか又は適切な医療措置をAに受けさせることが，Aの生存に必要な保護行為であったと認められ，Aの監護者である被告人及び夫は，いずれもそのような保護行為（以下「本件保護行為」という。）を

行っていなかったと認められる。」

「本件では，本件保護行為を行っていなかったという実行行為に係る故意の問題として，Aが生存に必要な保護として本件保護行為を必要とする状態にあることを被告人が認識していたか否かが検討されるべきところ，第1審判決は，前記のとおり，ミオパチーにり患している等のAの特性に関する前提知識がある者がAを見た場合にどのように認識され得るのかという観点からみると，Aの体格等の変化や痩せ方に関する事実のみでは，本件弁解を直ちに排斥することはできず，検察官主張事実を総合してみても，被告人において，Aが本件保護行為を必要とする状態にあったと認識していたと合理的疑いなく推認することはできないとの判断を示したものと解される。」

「したがって，このような判断を示して被告人を無罪とした第1審判決の事実認定が論理則，経験則等に照らして不合理であることを具体的に示さなければ，第1審判決に事実誤認があるということはできないから（最高裁平成23年(あ)第757号同24年2月13日第一小法廷判決・刑集66巻4号482頁参照），これについて，原判決を検討することとする。」

と判示し，本件の故意を判断する前提である実行行為（不保護）がいかなるものであるかについて，検察官の主張，立証状況にも照らして特定した上で，第1審判決の判断対象が，そのような実行行為（不保護）に係る故意の有無であることを明確にした。

（3）そして，本判決は，原判決が第1審判決の判断について不合理であると指摘した各説示部分を丁寧に検討した上で，「本件保護行為を行わなかったという不保護による保護責任者遺棄致死罪の故意に関し，Aが本件保護行為を必要とする状態にあることを被告人が認識していたとするには合理的疑いがあるとして被告人を無罪とした第1審判決について，原判決は，論理則，経験則等に照らして不合理な点があることを十分に示したものとは評価することができない。そうすると，第1審判決に事実誤認があるとした原判

断には刑訴法382条の解釈適用を誤った違法」があると判示し，刑訴法411条
1号により，原判決を破棄する旨の判断を示した。

（4）次に，本判決は，検察官が，控訴趣意において，第1審裁判所には，
検察官に対し重過失致死罪に訴因を変更するよう促し，又はこれを命じる義
務があったとして，これを行わずに無罪判決を言い渡した第1審の訴訟手続
に法令違反があると主張していることに関し，主として裁判所と検察官との
間のやりとりに関する第1審の審理経過を認定した上で，

　「以上のような訴訟経緯，本件事案の性質・内容等の記録上明らかな諸般
の事情に照らしてみると，第1審裁判所としては，検察官に対して，上記の
ような求釈明によって事実上訴因変更を促したことによりその訴訟法上の義
務を尽くしたものというべきであり，更に進んで，検察官に対し，訴因変更
を命じ又はこれを積極的に促すなどの措置に出るまでの義務を有するもので
はないと解するのが相当である。」
と判示し，検察官の控訴には理由がないとして，検察官の控訴を棄却する旨
の自判をした。

第3　説　　明

　1　保護責任者不保護罪の実行行為の意義とその特定

　本件においては，第1審当初から，被告人の認識が主たる争点とされ，そ
の点の判断が1，2審で異なっており，上告趣意においても，同争点に係る
所論が展開されていたものであるが，被告人の認識を検討する前提として，
まずは，本件公訴事実で主張されている実行行為がいかなるものであるの
か，審判対象となるべき客観的な実行行為が明確に特定されていなければな
らないことは，当然のことと考えられる。

　ところが，本件においては，1，2審を通じて，いかなる不作為が実行行
為として捉えられているのかが必ずしも明らかではなかったことから，本判
決は，まず，その点を明確にする判示を行っているので，この点から検討
（注2）
する。

（注2）　原判決は，被告人には要保護状態の認識があると認定した上で，本件における不保護の内容が特定されていないから差し戻すとしているが，後記のとおり，実行行為をどのように捉えるかによって，その故意を認定するために必要とされる認識の内容・程度も異なってくると考えられることからすれば，不保護の内容が特定されていないまま，被告人の認識を認定するという判断過程をたどること自体に問題があったように思われる。

（1）保護責任者不保護罪の実行行為

　ア　保護責任者不保護罪の罪質，保護法益等に関する判例，学説の状況

　保護責任者不保護罪の実行行為を検討する前提として，その罪質，保護法益等について概観しておく（大塚仁ほか編・大コンメンタール刑法第3版第11巻〔酒井邦彦＝小島吉晴執筆部分〕237頁以下，同〔半田靖史執筆部分〕276頁以下参照）。

　（ア）刑法218条の定める保護責任者不保護罪の構成要件は，「保護責任者」が「要扶助者」（老年者，幼年者，身体障害者又は病者）に対し，「生存に必要な保護をしないこと（＝不保護）」であり，保護責任者不保護罪は，不作為が刑法上の構成要件として定められているから，いわゆる真正不作為犯に分類される（前掲半田276頁）。

　（イ）刑法217条以下が定める遺棄の罪（刑法第2編第30章。以下，保護責任者不保護罪を含む同章の定める罪を併せて「広義の遺棄罪」という。）は，生命・身体に対する危険犯と解するのが通説である（団藤重光・刑法綱要各論第3版452頁，井田良・講義刑法学各論90頁，佐伯仁志「刑法各論の考え方・楽しみ方（5）遺棄罪」法学教室359号94頁等）。他方で，刑法218条の不保護罪が「生存に必要な保護をしないこと」と規定していることや，身体に対する危険までも含めて処罰するとすれば，処罰範囲が拡張されすぎて妥当でないことから，生命に対する危険犯と解する見解も有力であり（平野龍一・刑法概説163頁，山口厚・刑法各論第2版31頁，西田典之・刑法各論第6版27頁，橋爪隆「刑法

－ 16 －

各論の悩みどころ(16)遺棄罪をめぐる問題について」法学教室444号102頁，和田俊憲「遺棄罪における生命保護の理論的構造」山口厚編著・クローズアップ刑法各論50頁等)，両説は，生命に対する危険性が乏しい場合であっても，広義の遺棄罪が成立するかどうかの結論が違ってくるとされる。もっとも，軽微な傷害の危険まで含めて考えれば遺棄・不保護の概念が無限定になりかねないものの，重大な傷害の危険に限定して解されるのであるとすれば（例えば，前掲井田47頁は，処罰対象は，生命侵害及び重い健康被害の危険性を有する行為に限定されるとする。)，両説の違いはさほど大きいものではないとも指摘されている（前掲佐伯95頁，前掲橋爪102頁)。

この点に関する判例としては，「刑法217条の罪は扶助を要すべき老者，幼者，不具者又は病者を遺棄するによりて直ちに成立し，その行為の結果が現実に生命身体に対する危険を発生せしめたるや否や問うところにあらず。」と判示した大審院判例（大判大正4年5月21日・刑録21輯670頁）があり，単純遺棄罪については，生命・身体に対する危険犯であることが明確にされている（なお，通説からは，遺棄罪も不保護罪も同様に生命・身体に対する危険犯と理解されているが，遺棄罪は生命・身体に対する危険犯，不保護罪は生命に対する危険犯と二元的に理解する余地もあるとの指摘もある。前掲佐伯95頁)。

（ウ）広義の遺棄罪について，抽象的危険犯（具体的危険の発生を要しない。)か具体的危険犯（既遂となるためには，具体的危険の発生を要する。)かが議論されており，抽象的危険犯と解するのが通説である（前掲井田90頁，前掲佐伯96頁，前掲平野163頁，前掲山口31頁，前掲西田27頁，前掲橋爪102頁等)。前記大正4年大審院判例も，現実的危険の発生は不要である旨明言しており，抽象的危険犯説の立場に立つものと思われる。

ただし，広義の遺棄罪の罪質が抽象的危険犯であるとしても，これは，実行行為が行われれば，具体的危険の発生を待つまでもなく，直ちに既遂に達するという意味にすぎず，遺棄行為あるいは不保護（真正不作為）の実行行為性の判断は，別途問題とされなければならないと指摘されていたことに留

意する必要がある。すなわち，遺棄行為あるいは不保護（真正不作為）として実行行為に該当するかどうかを判断する際には，客体に対する実質的危険性を有する行為であるかどうかが考慮されていなければならないと解されていた（前掲佐伯96頁，前掲橋爪102頁，前掲和田51頁，前掲井田91頁等）。

（エ）以上のとおり，保護責任者不保護罪は，真正不作為犯であるところ，通説によれば，同罪を含む広義の遺棄罪は抽象的危険犯であるとされ，生命のみならず身体をも保護法益とされるものであるから，保護責任者不保護罪の処罰範囲は，刑法による処罰に値する「不保護」の解釈を的確に行わなければ，著しく広がってしまうおそれがあり，実行行為である不保護該当性判断においては，実質的危険性の判断が不可欠とも指摘されていた。

　イ　真正不作為犯としての義務の内容

（ア）そもそも，刑法上の不作為は，「何もしないこと」ではなく，「期待された作為をしないこと」を意味するのであるから（山口厚・刑法総論第３版78頁等），刑法218条の「不保護」についても，単に何もしないことではなく，「生存に必要な保護」として行うことが刑法上期待された行為をしないことをいうと解されるのであって，どのような保護行為が刑法上期待された行為といえるのかについて，刑法218条の実体法解釈に基づく検討を行う必要があると考えられる。

　そして，要扶助者の「生存に必要な保護」を行うことを，その保護責任者に求めている刑法218条の文言，趣旨に照らせば，どのような行為が「生存に必要な保護」行為に当たるのかについては，まずは，要扶助者（老年者，幼年者，身体障害者又は病者）の生存のために，どのような保護行為を必要とする状況にあるのか（＝要保護状況）を具体的に検討した上で，これを前提とした上で決せられるべきであることは，当然のことと思われる（前掲半田280頁等参照）。^(注3)

　さらには，「刑法上期待された行為」と評価すべきであるかどうかに関しては，要扶助者の要保護状況だけではなく，行為者である保護責任者の置か

れている具体的状況等に照らした保護行為の可否・難易等も考慮要素の一つとなり得ると考えられる（前掲半田290頁等参照）。また，その保護行為による救命可能性（結果回避可能性）(注4)が，不作為の実行行為性に関連するとも指摘されている（前田雅英・刑法総論講義第6版94頁，村越一浩，藤原美弥子，加藤陽「保護責任者遺棄致死」判例タイムズ1409号64頁等参照）。

（イ）以上のような真正不作為犯としての性質，刑法218条の文言（「生存に必要な保護をしなかったとき」）及び同条の趣旨に照らすと，保護責任者不保護罪の成否を判断するためには，要扶助者の生存に生じると考えられる実質的危険性を踏まえて，当該事案における要扶助者の要保護状況等に係る具体的事情や，行為者側の状況等に係る具体的事情に照らし，刑法上期待される行為として何をなすべきであったのかという義務の内容として，行うべき保護行為の内容が具体的に明らかにされている必要があると考えられる(注5)。

（注3） 要保護状況の中身については，要扶助者自身の心身の状態（要扶助状態・要保護状態）のみならず，事案によっては，その当時の天候といった，要扶助者の置かれた周囲の状況も含まれ得るであろう（前掲半田280頁参照）。

（注4） 救命可能性については，本件では，証明予定事実記載書面において「被害者は，死亡日の少なくとも1週間前に医師の診療を受け，適切な輸液及び栄養補給をしていれば，救命されていた可能性が高かった」と主張されており，その点については争点とされていない。

（注5） 従来から，実務上，過失犯では，訴因に①どのような注意義務が要求されるかという法的判断の基礎となる行為当時の具体的事情，②どのような注意義務が要求されるかという法的判断，③注意義務に違反した行為等を記載することが通例であり（末永秀夫ほか・6訂版・犯罪事実記載の実務刑法犯339頁等参照），不作為犯においても，作為義務違反行為の特定として，作為義務という法的判断の基礎となる行為当時の具体的事情，この事情を基礎とする作為義務の内容，作為義務違反の態様をそれぞれ明示しなければならないとの理解が実務家から示されていた（前掲村越ほか62頁）。

学説上においても，近年，過失犯をめぐる議論が活発化し，注意義務の内容確定の重要性が指摘されている中（樋口亮介「注意義務の内容確定プロセスを基礎に置く過失犯の判断枠組み(1)〜(3)」法曹時報69巻12号3661頁，70巻1号1頁，2号333頁等），故意不作為犯の領域において義務内容の検討が必要であることも指摘されていた。例えば，鎮目征樹「不真正不作為犯における作為義務の『発生根拠』と『具体的内容』」刑事法ジャーナル46号4頁以下は，従来の作為義務論が，発生根拠論と具体的内容論との理論的な関係に十分な関心を払ってこなかったとして，「作為義務の内容，すなわち，義務づけの限界においても，やはり，法益の価値や程度，危険の切迫性という変数により，主体に賦課してよい不利益（義務内容）が変動しうることを率直に認めるべきである」として，行為者に要求できる負担の限界や，負担をどのような方法・基準で算定するべきかの検討の必要性を指摘する（14頁以下）。同様の検討が必要であることは，真正不作為犯とされる不保護の検討においても当てはまるように思われる（橋爪隆「刑法総論の悩みどころ(8)過失犯における回避義務の判断について」法学教室410号147頁注49参照）。

ウ　不作為の内容

　次に，刑法上期待される行為としての保護行為が特定され，そのような保護行為に係る一定の不作為（義務懈怠）があったとしても，その不作為の程度には様々なレベル（全く何もしていないという不作為か，不十分なことしかしていなかったという不作為かや，ごく短期間の不作為か，長期間にわたる不作為かなど）があり得る。そこで，そのような様々な不作為の中から，具体的な事実関係の下で，要扶助者の生存に実質的危険性を発生させるものとして，実行行為性を認めることができる程度に達した不作為に当たるかどうかについても，刑法218条の実体法解釈に基づく検討を行う必要があると考えられる（前掲橋爪各論102頁。なお，不作為内容の特定の必要性とその困難性を指摘した実務家の論考として，丸山嘉代「保護責任者遺棄致死罪における不作為内容の特定」捜査研究593号17頁参照）。

　エ　本判決は，以上のような広義の遺棄罪及び不作為犯に係る判例，学説の状況を踏まえた上で，刑法218条の文言及び趣旨に照らし，真正不作為犯である保護責任者不保護罪の実行行為の意義を明らかにしたものと思われる。

　すなわち，「刑法218条の不保護による保護責任者遺棄罪の実行行為は，同条の文言及び趣旨からすると，『老年者，幼年者，身体障害者又は病者』につきその生存のために特定の保護行為を必要とする状況（要保護状況）が存在することを前提として，その者の『生存に必要な保護』行為として行うことが刑法上期待される特定の行為をしなかったことを意味すると解すべき」との判示は，保護責任者不保護罪の実行行為の意義につき，真正不作為犯としての罪質や，前述のような同条の文言，趣旨に照らして導かれる内容を明らかにしたものであるが，これまで，必ずしも意識的に論じられていなかったところを明確に判示した点において，重要な意義を有するものと考えられる。
（注6）

　なお，本判決は，続けて「同条が広く保護行為一般（例えば幼年者の親ならば当然に行っているような監護，育児，介護行為等全般）を行うことを刑法上の義務として求めているものでないことは明らかである」と判示しているが，これは，道義上，倫理上の責任として行うことが求められる「保護行為一般」の全てが，刑法218条による刑法上の義務として求められているものではないという，刑法の現代的解釈としては，いわば当然の事柄（前掲酒井＝小島243頁，前掲半田304頁参照）と対比することにより，「刑法上期待された特定の行為を行わないこと」との判示部分の意味内容を明確にしようとしたものと思われる。

　すなわち，本判決は，刑法218条が求める保護行為の内容（刑法上の評価として，何をなすべきであったのかという義務内容）は，当該事案における要扶助者の具体的な要保護状況を前提として，個別具体的に特定されるべきものであって，当該具体的な事案を離れて，例えば幼児の監護親であるといった関

係のみから，常に一般的抽象的に広範な義務内容が直ちに基礎付けられるものではないとの趣旨を明らかにしたものであって，なすべき保護行為の内容が常に事細かく特定されるよう求めているものではないと考えられる（なお，幼児の監護親であることによって，具体的に特定された一定の保護行為が刑法上義務付けられていると解される場合があり得ることについては，後記のとおり。）。

オ　以上のとおり，本判決により，保護責任者不保護罪の実行行為は，要扶助者の要保護状況を前提として，その生存に必要な保護行為として行うことが刑法上期待される特定の行為をしなかったことを意味することが明らかにされているが，実際に，どのような行為を，要扶助者の生存に必要なものとして刑法上期待されている保護行為と解すべきなのかや，その判断基準については本判決に言及はない。また，要扶助者の生存に必要な保護行為を，どの程度行っていない場合に，保護責任者不保護罪の実行行為性を有する不作為に当たると解すべきなのかについても，本判決の射程外である。これらの点は，刑法218条に係る実体法解釈を踏まえ，当該事案における具体的事情に基づいて社会通念に照らし，規範的に判断すべき事柄と考えられるが，その判断基準などについては，今後の事例の集積と議論の積み重ねに委ねられているものといえよう。

（注6）　保護責任者不保護罪の不保護の意義について，従前，学説上，場所的離隔を伴わずに，要扶助者に対し生存に必要な保護をしない不作為である等とされてきたが（前掲半田287頁等），これは，専ら遺棄罪との区別に焦点を当てた議論に基づくものである。しかし，本件は，遺棄罪との区別が問題とされている事案ではなく，本判決が示した不保護の意義は，上記議論とは異なる観点に基づくものであって，遺棄罪との区別に関する上記議論と直接的関係を有するものではないと考えられる。

　　　また，従来の学説は，保護責任者不保護罪を含む広義の遺棄罪全般をまとめ

て議論されることが多かったように思われるが，本判決は，真正不作為犯である保護責任者不保護罪について，その実行行為（及びその故意）を論じているものであり，その射程は，広義の遺棄罪全般に及ぶものではないことにも留意が必要であろう。

（２）訴因における実行行為の特定の重要性

　ア　保護責任者不保護罪の「不保護」の実体法上の意義が以上のとおりに解されるとすると，実務上は，審判対象である訴因の特定という場面において，検察官が訴追対象とする実行行為を特定して主張する際に，

　①　要扶助者の生存に必要な行為として刑法上期待される保護行為（義務内容）をどのようなものとして捉えたのか，

　②　どのような不作為（不作為の程度，期間）を実行行為として捉えたのか，

　③　実行行為性（①及び②）を基礎付ける要保護状況等に係る具体的事実ができる限り特定された形で主張されていなければならないであろう（刑訴法256条３項）。

　すなわち，他の犯罪事実と識別するために，訴因において実行行為が特定されていなければならず，特定の構成要件に該当することを判定するに足りる程度の具体性が必要であることからすると，まずは，なすべき保護行為の内容と，その不作為（いつから，どの程度その保護行為をしていないのか）が公訴事実の中で特定されている必要があり，上記①及び②が訴因に記載されていなければならないことは当然と考えられる（識別説・最三小決平成13年４月11日・刑集55巻３号127頁，家令和典「訴因の特定と訴因変更の要否」松尾浩也ほか編・実例刑事訴訟法Ⅱ19頁，川出敏裕・判例講座刑事訴訟法〔公訴提起・公判・裁判篇〕42頁等参照）。

　さらには，実行行為性を基礎付ける要保護状況や，なすべき保護行為の難易等に係る具体的事実は，重要な攻撃防御対象となるべき事実であるから，

事案に応じて，これらについても公訴事実に記載されていることが望ましく（池田修・最高裁判所判例解説刑事篇平成13年度73頁，前掲村越ほか62頁参照），少なくとも，証明予定事実記載書面・冒頭陳述等において具体的に主張されていなければならないと考えられる。

　イ　要扶助者が幼児である場合の保護行為と要保護状況

　そこで，行為者が監護親で，要扶助者が幼児であるという類型を例に検討してみるに，要扶助者の生存に必要とされる保護行為の内容や，その前提となる要保護状況には，様々なものが考えられる。

　例えば，要扶助者が幼児である場合には，そのことだけで，「要扶助者に食事を与える行為」は，要扶助者の「生存に必要な保護行為」と評価できると考えるとすれば，要保護状況として主張，立証すべき事柄は，要扶助者が幼児であることで足りると思われる（例えば，さいたま地判平成13年12月26日〔判例秘書登載〕等）。

　もっとも，その場合の不作為の程度について考えてみると，単発的に「幼児に1日だけ，ご飯を準備しなかった」程度では，通常は，健常な幼児の生存に実質的危険性を生じさせるとはいえず，この程度の不作為をもって不保護罪の実行行為性を認めることはできないであろう。他方で，多くの虐待事案にみられるような程度，すなわち，継続的に長期間一切ご飯を食べさせていないとか，長期間ごく少量（生命維持が困難な量）のご飯しか食べさせていない，などであれば，生存に実質的危険性を生じさせるような不作為として，刑法218条による処罰に値する「不保護」に当たり得ると考えられる（前掲橋爪各論102頁，前掲丸山17頁）。したがって，この場合には，証拠上特定できる範囲で，訴因において，実行行為として捉えられるべき不作為の期間や不作為の程度が明確に主張されていることが必要となる。

　次に，「医療機関を受診させる行為」が，幼児である要扶助者の生存に必要な保護行為に当たる場合も考えられる。この場合は，要扶助者が幼児であるとの事実に加えて，要扶助者の健康状態等の要保護状況に関する具体的な

事実によって，「医療機関を受診させる行為」が生存に必要な保護行為に当
たると評価するのであるから，幼児の健康状態に関する主要部分が，公訴事
実に具体的に記載されていることが望ましく，少なくとも証明予定事実記載
書面・冒頭陳述等によって，これが明らかにされている必要があると考えら
れる。

　さらに，幼児の健康状態といっても，様々な程度があることからすると，
単に病的状態であったことを主張，立証するだけでは足りないであろう。例
えば，「幼児が38度の熱を出した」との事実は病的状態を示しているが，そ
のことだけでは，「医療機関を受診させる行為」が直ちに生存に必要な保護
行為として刑法上期待される保護行為に当たるとは考えられないことからす
ると（安静にしていれば治ると考えられるような状態の場合に，医療機関を受診
させるかどうかは監護者の合理的裁量判断に委ねられている事柄であって，医療機
関を受診させることが監護者に対して刑法上期待されているとまでは，社会通念
上，考え難い。），「幼児が38度の熱を出した」との事実に加えて，社会通念
上，幼児の生存のために医療機関を受診させることが刑法上期待されている
ことを基礎付ける要保護状況に係る具体的事実（例えば，元来虚弱体質である
とか，発熱以外にも重篤な症状があった，あるいは，発熱が長期間継続しているな
ど，社会通念上，医療機関に受診させることが刑法上期待されていると評価する根
拠となる具体的事実）を主張，立証する必要があると考えられ，少なくとも，
証明予定事実記載書面・冒頭陳述等で明らかにしておくべきであろう。

（3）本件において検察官が主張した実行行為

　ア　以上を踏まえて，本件の公訴事実（訴因変更後のもの。以下，同じ。）
をみると，「Aの生存に必要な保護行為」として訴因に明示されていたの
は，

　（a）平成26年4月頃から6月中旬頃までの間，十分な栄養を与える行為
　（b）平成26年4月頃から6月中旬頃までの間，適切な医療措置を受けさ
せる行為

の2つであり，それらの行為がAの生存に必要な保護行為であることを基礎付ける事実や保護責任に係る事実として， i 被告人が実母としてAを監護していたこと， ii Aが幼年者であること， iii Aが先天性ミオパチーにより発育が遅れていたこと， iv 平成26年4月頃までにAが栄養不良状態に陥っていたこと，が訴因として記載されていた。

さらに，検察官が主張する不作為の内容として，訴因には，

⒜　平成26年4月頃から6月中旬頃までの間，十分な栄養を与えなかったこと

⒝　平成26年4月頃から6月中旬頃までの間，適切な医療措置を受けさせなかったこと

が記載されていた。

イ　以上のとおり，本件公訴事実に記載された訴因は，日時・場所や被害者が特定されており，他の罪との識別ができる程度には特定はされているから，違法な訴因とはいえないが，複数の「生存に必要な保護行為として行うべき行為」，「その行為が生存に必要な保護行為であることを基礎付ける要保護状況に係る事実」，「不作為の内容」が，渾然一体として記載されており，攻撃防御の対象としての主張の具体化が十分とはいえないものであった。

すなわち，（a）「十分な栄養を与える行為」が生存に必要な保護行為であるのに，⒜「十分な栄養を与えなかった」との部分を，本件事案に即してより具体化してみると，

㋐　平成26年4月頃から6月中旬頃までの間，Aに通常の食事を与えて必要な栄養を摂取させることが，Aの生存に必要な保護行為であるのに，同年4月頃から6月中旬頃までの間，通常の食事を十分に与えていなかった。

㋑　平成26年4月頃から6月中旬頃までの間，通常の食事を与えるのではなく，Aに，ミオパチー患者の特性に応じて工夫をした食事を用意して必要な栄養を摂取させることが，Aの生存に必要な保護行為で

－ 26 －

あるのに，同年4月頃から6月中旬頃までの間，通常の食事を与えるだ
けで，そのような工夫をした食事を与えていなかった。

　　⑦　平成26年4月頃から6月中旬頃までの間，ミオパチー患者である
Aにとって適切な栄養摂取方法について医師等に助言を求めて必要な
栄養を摂取させることが，Aの生存に必要な保護行為であるのに，医
師等に助言を求めなかった。

　　㋪　平成26年4月頃から6月中旬頃までの間，経鼻チューブ等の医療
器具を利用するなどの医療措置により必要な栄養を摂取させることが，
Aの生存に必要な保護行為であるのに，そのような方法で摂取させな
かった。

などが考えられ，本件公訴事実に記載された訴因だけをみれば，これらの全
てを主張しようとしているようにも一応，理解できるものの，㋐から㋪の具
体的行為がAの生存に必要な保護行為であるとの評価を基礎付ける要保護
状況等に係る事実は，それぞれ異なるものであるはずであるのに，それらが
区別されて主張されていないし，それぞれの保護行為に係る不作為の程度に
係る主張も不明確である。

　また，（b）「適切な医療措置を受けさせる行為」が生存に必要な保護行為
であるのに，ⓑ「適切な医療措置を受けさせなかった」との部分も，平成26
年4月時点からずっと医療措置を受けさせることが，生存に必要な保護行為
であったと主張しているのか，同月以降のどこかの時点から，医療措置を受
けさせることが生存に必要な保護行為であったと主張しているのか明確では
ないし，そのように評価する根拠となる事実関係をどのようなものとして捉
えて主張しているのかについても不明確である。

　もっとも，本判決において，「事案によっては，この程度に特定された訴
因ないし主張をもって，審理判断ができる場合も十分あると考えられる」と
指摘されているとおり，例えば，ネグレクト事例で，監護者において，訴因
に記載されている期間中，要扶助者に対し，およそ何らの関与もしていない

こと（食事も与えないし，医療機関も一切受診させないし，そのほかの行為も含めて，およそ，何もしていないこと）を主張し，その立証に成功している事案であるならば，なすべき義務内容としての保護行為を本件訴因にある程度以上に特定して主張するよう求める必要はないであろう（傷害致死罪の訴因につき，概括的な表示であっても訴因の特定に欠けないとされたものとして，最一小決平成14年7月18日・刑集56巻6号307頁。平木正洋・最高裁判所判例解説刑事篇平成14年度148頁以下も参照。)。(注7)

　しかし，本件は，下記のとおり，そのような事案ではないため，証明予定事実記載書面における主張や釈明などを通じて，検察官は，その主張内容を明らかにすべきであったといえるが，公判前整理手続において，第1審裁判所や弁護人から釈明を求められていたにもかかわらず，検察官の主張は不明確なままであった。

　このようなことから，本判決は，「本件においては，いかなる要保護状況を前提に，どのような保護行為を行うべきであったと主張されているのか自体が不明確になっているといわざるを得ない」と判示したものと思われる。

（注7）　例えば，平成29年1月13日東京高判（判例秘書登載）が自判により認定した犯罪事実には，親子関係などに基づく保護責任者であることと不作為事実だけが認定され，行うべき保護行為の内容やその保護行為を行うべき根拠となる具体的事実は記載されていないが，その認定されている不作為の内容は，当該期間中，極めて不十分なことしかせず放置していたというネグレクト事案であるため，犯罪事実の特定として欠けるところはない。

（4）本件において第1審判決が認定した不保護（実行行為）の内容
（ア）以上のような検察官の不明確な主張に対し，第1審判決は，本件において認定した客観的な不保護の内容として，「被告人らが，被害者に対して意図的に食事を与えていなかったとか，意図的に少量の食事しか与えていな

かったとの立証がされた事案ではなく，基本的には食事を与えていたもの
の，出された食事を被害者が食べようとしなかった場合などに，それを食べ
させるなどの努力を十分にせず，医師に相談して他の栄養摂取の方法をとる
などもしなかったことが主たる問題となっている事案」と説示している。こ
のような第1審判決の説示内容は，必ずしも明快ではないため，本件記録に
おける検察官の主張立証状況（証明予定事実記載書面，釈明，冒頭陳述，論告，
証拠）を踏まえて，第1審判決が認定している客観的な不保護（実行行為）
について検討を加える。

（イ）まず，検察官は，論告で「被告人らが，十分な食事を与えなかった」
と主張していたから，前記（a）ⓐ⑦の保護行為とその不作為を主張していた
ものと解される。そして，「平成26年4月頃から6月中旬頃までの間，Aに
通常の食事を与える行為」は，社会通念上，幼児であるAの生存に必要な
保護行為と評価できる。

しかし，第1審判決が，⑦の不作為（平成26年4月頃から6月中旬頃までの
間，Aに通常の食事を十分に与えていなかった。）を認定していないことは明ら
かである。

すなわち，本件証拠構造をみると，⑦の不作為を立証するための主たる間
接事実は，Aが極度に痩せていたという事実であり，極度に痩せていたの
は，被告人らがAに十分な食事を与えていなかったからという推認を働か
せることによって，その不作為を立証しようとしているものであった。

ところが，記録（第1審公判における医師の証言等）によると，Aは，ミオ
パチー患者の特性として，胃腸や消化管の動きが弱く，食べた物を消化吸収
するのに時間がかかるため，多量に食べた後食欲がわきにくいことがあった
り，疲れすぎて食べる元気がなくなったりすることがあり，食事にむらがあ
る場合があるが，食事を抜くことがあるような食生活を続けることで，その
後の食事の機会に多量に食べるだけでは体重が減少していくことがあり得る
というのであるから，本件においては，ミオパチー患者にふさわしい食事の

配慮をせずに，通常の食事を与えるだけでは，栄養を摂取できずに次第に痩せていく可能性を否定し切ることができない。

そうすると，第1審判決が説示するとおり，基本的にはAに食事を用意したものの，Aが食べないことがあったり，1日食べない日があったりし，食事を取らない日の翌日にはたくさん食べていたというような不規則な食生活になっていたという被告人らの供述を排斥できず，本件においては，極度に痩せていたとの事実のみでは，被告人らが長期間にわたって少ない食事しか与えていなかったという事実を推認できず，これにAの異食等の事実関係を合わせ考えてみても，意図的に食事を与えていなかったとの事実を認められないとして，㋐に係る不作為を認定しなかった第1審の判断に不合理な点はない（この点が，通常の栄養不良衰弱死事案とは異なる本件事案の特殊性といえる。すなわち，通常の事案では，幼児が栄養不良により衰弱死するほどに極度に痩せていたとの事実は，食事を与えていないという事実を極めて強力に推認させるものであるが，本件は，Aがミオパチーという特殊な疾患にり患していたという点において，Aが極度に痩せていたという事実だけでは，ネグレクトのような虐待状況を推認することができない特段の事情があったといえ，その点についての，慎重な考察が必要不可欠となる事案であった。）。

(注8) 例えば，前掲さいたま地判平成13年12月26日では，そのような推認を働かせて，不十分な授乳しかしていなかったとの不作為が認定されている。

(ウ) 次に，(a)ⓐ㋑についてみると，論告等の検察官提出書面をみても，そのような保護行為とその不作為に関する明示的な主張はされていない。

この点に関する立証状況をみると，記録（第1審公判における医師の証言等）によれば，ミオパチー患者に対しては，食事を小分けにするとか，高カロリーの栄養補助食品を適切に与えるなどする必要がある場合があるとの事実や，平成26年4月以降は，Aに欠食や異食がみられるなど通常の食事を

規則正しく摂取できなくなり痩せ始めたとの事実が認められるから，客観的には，その頃以降は，Aに対し，ミオパチー患者の特性に応じた工夫として，食事を小分けにするとか，高カロリーの栄養補助食品を与えるなどの食事を用意すべきであったといえそうである。しかし，本件においては，「ミオパチー患者の特性に応じた工夫として，食事を小分けにするとか，高カロリーの栄養補助食品を用意するなどしないと十分に栄養を摂取できない場合がある」という知識が被告人にあったとの立証は見当たらない。すなわち，本件証拠上，被告人らが，ミオパチー患者の栄養摂取に関する特性や，そのような特性に適した食事の与え方について，知識として医師等から知らされていたとか，保健師等から教えられていたとの事実は記録上うかがわれない（なお，このような知識が一般常識とはいえないものの，ある程度の経験や知恵のある監護者であれば，食事を取らない子どもに対しては，小分けにして食事の回数を増やすとか，飲み込みやすく消化しやすい食事を用意するといった工夫をすることを思いつくであろう。しかし，第1審判決も指摘するとおり，被告人自身が未成年で，Aの弟（1歳）の育児もあり，自らも妊娠しているという状況でもあったことからすると，食事を取らない子どもにどのように接すればよいのかについて，どうして食べてくれないのかとの困惑を抱くのみで，それ以上の工夫等を思いつかなかったということも，十分あり得る事態であろう。）。

　そうすると，④の保護行為を基礎付ける事実とその認識に関する主張，立証は，本件においては不十分といわざるを得ない。

　（エ）最後に，（ａ）ⓐⓒ，ⓓ及び（ｂ）ⓑに係る各保護行為は，いずれもAに医療機関を受診させてこれらの保護行為を行うことを意味するものと考えられる。そうすると，これらがAの生存に必要な保護行為であると評価されるためには，Aの要保護状況として，社会通念に照らし，Aの生存のために医療機関を受診させることが刑法上期待されているといえる程度に病的状態であったことを主張，立証しなければならないであろう。

　この点に関し，本件では，Aの健康状態に関し，「Aがミオパチーにり患

していること」が主張，立証されているものの，同疾患については，主治医から，定期的な診察は必要ないと告げられていたのであるから，それ単体では，医療機関を受診させなければならないような病的状態であったことを示すものではない。

したがって，結局，本件では，「Ａが栄養不良状態にあったこと」という部分にポイントがあるものと考えられる。

しかし，「栄養不良状態」といっても，その重症度は様々で，軽い栄養不良状態であれば，社会通念に照らし，医療機関を受診させることが刑法上期待されているとまでは評価できないであろう。そうであるとすると，本件において，（ａ）ⓐⓥ，㋹及び（ｂ）ⓑに係る各保護行為がＡの生存に必要な保護行為に当たることを基礎付ける要保護状況の実質は，「Ａが重度の栄養不良状態であったこと」であり，その重症度が，規範的評価として，社会通念に照らし，Ａの生存のために医療機関を受診させることが刑法上期待されていると評価できる程度に達していなければ，（ａ）ⓐⓥ，㋹，（ｂ）ⓑの各行為が刑法218条によって期待される保護行為に当たるということはできないであろう。

そこで，本件証拠関係をみると，Ａの死亡時の状態に加えて，平成26年5月23日に撮影された本件動画におけるＡの状態をみると，客観的にみれば，Ａがミオパチーにり患していて，通常人より元来痩せ形であったことを考慮してみても，Ａの外見は，極度のるい痩状態にあり，それ以前のＡの体格変化や体重減少の状況，Ａに異食がみられるなどの摂食行動をも考慮すると，同日時点には，Ａの生命が危ぶまれるほどに重度の栄養不良状態にあったことは明らかといえる。したがって，遅くとも同日時点では，その生存のため，Ａに医療機関を受診させることが刑法上期待されていると評価される程に重度の栄養不良状態であったことは明らかであった（他方，それ以前においてもＡが既に痩せ始めていたであろうことは推認できるものの，同日以前の状態として，客観的にみて，Ａの健康状態が医療機関を受診させなけ

ればならない程に重度の栄養不良状態に達していたのかどうかは，証拠上，不明と
いわざるを得なかったものと思われる。）。

（オ）そこで，本件訴因の前記内容と第１審判決の前記説示文言を踏まえ，
本件訴因から想定できる多様な不保護（実行行為）のうち，本件において立
証できていると第１審判決が認定した客観的な不保護（実行行為）と，その
評価を基礎付ける要保護状況に係る主要な事実を整理してみると，

> 「当時３歳でミオパチーにり患していたＡは，平成26年４月頃から欠
> 食，異食がある等の事情があった上，遅くとも同年５月23日以降は極度
> のるい痩状態になるなど，重度の栄養不良状態にあったから，遅くとも
> 同日以降，Ａに十分な栄養を摂取させるために，①適切な栄養摂取方
> 法について医師等の助言を受けるか，又は，②Ａに対して適切な医療
> 措置を受けさせることが，Ａの生存に必要な保護行為であったのに，
> これらの保護行為を行わなかったこと」

と理解することができるように思われる。

（５）本判決の判断対象

　以上のようなことから，本判決は，本件動画が撮影された平成26年５月23
日には，客観的に重度の栄養不良状態にあったことが明らかであり，ミオパ
チーにり患していることを前提としても，遅くともその時点までには，監護
者において，適切な栄養摂取方法について医師等の助言を受けるか又は適切
な医療措置をＡに受けさせることが，Ａの生存に必要な保護行為であった
と認められるとし，Ａの監護者である被告人及び夫が，いずれもそのよう
な保護行為（本件保護行為）を行っていなかったとの不作為が認められると
の判示をし，本件保護行為を行っていなかったという不保護が問題とされて
いる事案であることを明示した上で，そのように特定された実行行為に係る
故意が本件の争点であることを明確にしたものと思われる。

　その上で，第１審公判前整理手続において，「被告人において，Ａが十分
な栄養を与えられていない状態，すなわち，Ａが生存に必要な保護として，

より栄養を与えられるなどの保護を必要とする状態にあることを認識していたか」が争点とされ，第1審判決がその認識を否定したという訴訟経過を踏まえ，本判決は，本件争点の実質について，「Ａが生存に必要な保護として本件保護行為を必要とする状態にあることを被告人が認識していたか否か」であると整理し直し，第1審判決の判断の実質が，「被告人において，Ａが本件保護行為を必要とする状態にあったと認識していたと合理的疑いなく推認することはできないとの判断を示したもの」であるとの理解を示した上で，そのような第1審判決の事実認定が論理則，経験則等に照らして不合理であることが原判決において示されているかどうかが，本件上告審における判断対象であることを明確化したものと思われる。^(注9)

（注9）　本判決が，保護責任者不保護罪の実行行為の意義について「『老年者，幼年者，身体障害者又は病者』につきその生存のために特定の保護行為を必要とする状況（要保護状況）が存在することを前提として，その者の『生存に必要な保護』行為として行うことが刑法上期待される特定の行為をしなかったことを意味する」と判示しているのに対し，本件争点については，「Ａが生存に必要な保護として本件保護行為を必要とする状態にあることを被告人が認識していたか否か」であると整理しているのは，本件では，要保護状況全体に対する認識全般が問題とされていたわけではなく，Ａの健康状態に対する認識に争点が絞られていたという争点整理結果を反映したものと思われる。

2　保護責任者不保護罪の故意について
（1）保護責任者不保護罪において，故意が認められるための認識対象
　学説上，次のような認識が必要とされている（前掲半田319頁以下参照）。
　ア　客体の認識
　相手が，老年者，幼年者，身体障害者又は病者であって，扶助を必要としていることの認識が必要とされている。

イ　不保護の認識

　生存に必要な保護をしていないことの認識が必要であるとされ（大判昭和３年４月６日・大審院刑事判例集７巻５号291頁），実質的な危険が生じるであろうとの認識を必要とするのが通説である（前掲半田319頁）。

ウ　保護責任の認識

　自己の保護責任を基礎付ける事実の認識が必要とされている。

（２）要扶助者の生存に必要なものとして特定の保護行為を必要とする状況（要保護状況）の認識

　保護責任者不保護罪の実行行為（不保護）について，要扶助者の生存のために特定の保護行為を必要とする状況（要保護状況）が存在することを前提として，その者の生存に必要な保護行為として行うことが刑法上期待される特定の行為をしなかったことを意味すると解される以上，そのような実行行為（不保護）に係る故意として，特定の保護行為を必要とする要保護状況に係る事実を認識している必要があることは当然の帰結と考えられる（従前の判例，学説上においても，保護責任者不保護罪の認識として，要保護状況の認識が必要であることは，当然のことと考えられてきたものと思われる。例えば前掲半田319頁は，「不保護の場合，例えば，自宅の看護では足りず，医療措置を要することがあるが，医療措置まで必要な状態であったことの認識は，相手（被害者）が扶助を必要としていることの認識ともいえるし，生存に必要な保護をしていないという不保護の認識ともいえる」と指摘する。）。

　例として，「幼児である要扶助者が38度の熱を出し，５日間継続的に熱が下がらず，嘔吐を繰り返すなど容態が急激に悪化しているから，監護親として，医療機関を受診させる保護行為をすべきなのに，医療機関を受診させなかった」という訴因を考えてみるに，監護親であることに加えて，幼児である要扶助者が38度の熱を出して，５日間継続的に熱が下がらず，嘔吐を繰り返すなど容態が急激に悪化している事実をも認識していなければ，故意責任を問えないであろう。例えば，監護親において，38度の熱を出したという状

態だけを認識していて，要扶助者が病的状態であることを認識していたけれ
ども，やがて治るだろうから，医者に連れて行くまでもなく寝かせて様子を
みるという判断（監護親としての合理的裁量に基づく判断）をしたら，監護親
の知らない事実として，実は5日前から発熱が続いていて，嘔吐を繰り返し
ていたとの事情があって，その後死亡したといった事例において，保護責任
者遺棄致死罪が成立するとは考え難い。すなわち，特定の行為（医療機関を
受診させる行為）が，社会通念に照らし，生存に必要であるとして刑法上期
待される保護行為であったと客観的には評価でき，その保護行為を行ってい
ないという実行行為（不保護）が認定できるとしても，当該行為が刑法上期
待される保護行為であるとの評価の根拠となる具体的事実を認識していない
以上，要保護状況を認識していたとはいえず，故意責任を問い得ないと考え
られる。[注10]

　ところが，本件において，第1審検察官及び原審検察官は，保護責任者不
保護罪の故意責任を認めるためには，監護親であることと，Aが幼児であ
ることの認識のほかは，保護責任者遺棄罪が生命・身体に対する抽象的危険
犯であることを理由に，被害者の生命・身体に対する抽象的危険を基礎付け
る事実として「より多くの食事を摂取させて栄養を与えたり，適切な医療措
置を受けさせたりしなければ，Aの健康を害するかもしれない状態にある
ことを基礎付ける事実」を認識していれば足りると主張していた（原審検察
官作成の控訴趣意書，第1審検察官作成の平成27年4月24日付け求釈明回答書
等）。しかし，実行行為（不保護）となるべき不作為の内容は，行うべき個々
の保護行為を基礎付ける要保護状況によって異なるのであるから，故意を認
めるために認識していなければならない要保護状況に係る事実も，どの不作
為を実行行為として捉えるかによって異なり得る。特に，上記のとおり，医
療機関を受診させることを実質とする保護行為の場合には，要保護状況とし
て，社会通念に照らし，医療機関を受診させることが刑法上期待されている
と評価できる程度に病的状態であるとの事実が必要であって，その事実の認

識も必要であると考えられるにもかかわらず，それらがきちんと区別されて主張整理されていなかったところに，本件における争点整理上の問題があったように思われる。

（注10）　例えば，最一小決昭和38年5月30日・集刑147号409頁。また，保護責任者不保護罪に関する累次の最高裁判例（最三小決昭和63年1月19日・刑集42巻1号1頁，最三小決平成元年12月15日・刑集43巻13号879頁，最一小判平成26年3月20日・刑集68巻3号499頁）においても，要保護状況に係る具体的事実の認識が故意の内容として必要であることを，判断の前提としているものと思われる。

　　なお，監護者による子に対する不保護が問題とされた最近の下級審裁判例の犯罪事実の記載をみると，要保護状況に係る事実を，具体的な保護責任（特定の保護行為を行うべき責任）を基礎付ける事実として記載している例（さいたま地判平成29年5月25日，広島地判平成29年3月10日，大津地判平成25年11月6日，名古屋地判岡崎支判平成25年6月17日，千葉地判平成24年9月20日，広島地判平成24年8月1日，岡山地判平成24年8月1日，さいたま地判平成24年2月28日，奈良地判平成23年3月3日，大阪地判平成22年8月2日，大阪地判平成22年7月21日，京都地判平成21年10月6日，福岡地判平成21年7月14日等。いずれも判例秘書登載）と，保護責任（保護責任自体は身分関係などから簡潔に認定されている。）とは別に，要保護状況に係る事実を，行うべき具体的保護行為を基礎付ける事実とその認識として明記している例（奈良地判平成26年2月20日，名古屋地判平成22年10月13日等。いずれも判例秘書登載）とに分かれているようではあるが，いずれにしても，故意の内容として要保護状況に係る具体的事実を認識している必要があることを当然の前提に判断されている。

（3）本件の故意を認めるために必要な認識

　本件の実行行為は，本件保護行為（適切な栄養摂取方法について医師等の助言を受けるか又は適切な医療措置をAに受けさせること）を行っていなかったことであり，本件保護行為を必要とする状況（要保護状況）に係る主たる事

実を正確に表現するとすれば，社会通念に照らし，Aの生存のために医療機関を受診させて本件保護行為を行うことが刑法上期待されていると評価される程に「重度の栄養不良状態であった事実」ということになろう。そうであるとすると，本件保護行為を行っていないという不保護罪の故意が認められるためには，被告人において，そのような評価に相応する「重度の栄養不良状態であった事実」を認識している必要があろう。

　すなわち，Aの状態について，多少の栄養不良状態であると認識していただけでは，医療機関を受診させなかったことを実質とする不保護の故意としては不十分と考えられる。軽い栄養不良状態であると認識しているにとどまっている場合には，本件保護行為がAの生存に必要である状況（要保護状況）の認識を欠くために，故意責任を問えないものと解される。^(注11)

(注11)　本件において故意を認めるために，栄養不良状態の重症性の事実認識が必要とされるのは，構成要件要素である実行行為性を基礎付ける要保護状況に係る客観的事実を認識していなければならないこととして当然であると思われる。

　なお，保護責任者不保護罪の故意に関しては，前記のとおり，危険それ自体の認識が必要であるとの見解が通説であるが（前掲大コンメンタール刑法〔小島吉晴執筆部分〕270頁），危険それ自体の認識は不要で危険を基礎付ける事実の認識で足りるとの見解もあるところ（山中敬一・刑法各論第3版121頁），本判決は，保護責任者不保護罪の実行行為性の認識として，要保護状況に係る事実の認識を求めたにとどまり，危険それ自体の認識の要否には言及していない。

　もっとも，本判決によれば，保護責任者不保護罪の実行行為性の判断には，刑法上期待される保護行為（義務の内容）がどのようなものかという規範的判断が含まれることになり，主張，立証されている要保護状況に照らして，当該保護行為が要扶助者の生存に必要なものといえるかどうかを判断しなければならないから，そのような実行行為性の有無を判断する場面において，当該事案

の具体的事実関係に基づき，問題とされている不作為の実質的危険性の有無を，まずは客観的に判断することが求められることになる。

さらに，保護責任者不保護罪が成立するためには，当該事案において特定された実行行為（不保護）を基礎付ける要保護状況に係る事実（客観的に実質的危険性を根拠付ける具体的事実）とその認識の立証が求められるのであるから，そのような具体的事実を認識していれば，通常は，危険それ自体をも認識していると認められることがほとんどと考えられる。したがって，危険それ自体の認識の要否に係る見解の違いによって，結論に差異が生じることは実際上は余り考えにくい。

また，仮に，理論上，事実認識のほかに危険それ自体の認識が必要とする見解に立つとしても，いきなり危険それ自体の認識をそのまま争点化するのではなく，まずは，当該事案における実行行為とされる不作為が何であるか，その不作為の実行行為性を基礎付ける事実関係が何であるのか，その事実関係から実質的危険性のある実行行為と評価できるのか，といった客観面について適切に争点整理した上で，それら事実関係の認識の有無について争点整理し，事案によっては，故意責任を問うためには，どこまでの事実を認識している必要があると解すべきなのかなどを当事者と議論するなどして，個別の事件の特性に即した争点整理をしていくべきであろう。そして，そのように争点整理が適切にされている事案においては，危険それ自体の認識の有無が，有罪無罪の分かれ目となるような事案は，通常は想定し難いように思われる。

3　被告人の認識に関する事実認定と刑訴法382条
（1）本件における1，2審の判断の分かれ目

本件で，Aが重度の栄養不良状態であったことを推認させる事実は，Aの体格，体重の変化や痩せ方と不規則な食生活・異食に関する事実であり，これらの事実を，被告人が認識していたことも立証されている。

したがって，これらの事実を認識したこと等によって，被告人において，Aが重度の栄養不良状態であるとの事実まで認識していたと認められるか否かが本件争点の核心部分である。

そして，遅くとも本件動画が撮影された平成26年5月23日の時点では，A
が極度のるい痩状態にあったことが明確に立証されており，通常であれば，
このような体格等の変化や痩せ方を認識した者は，Aが重度の栄養不良状
態にあることについて，重症性の程度を含めて正確に認識していたと強力に
推認できるであろう。この点については，本判決，原判決，第1審判決は，
いずれも同様の理解に立っているものと思われる。

　ところが，本件においては，Aが，元来華奢な体格であるなどの特性を
有するミオパチーにり患しており，被告人がそのような特性を認識していた
という特殊事情があるため，「被告人が，Aの体格等の変化や痩せ方につい
て，それまで被告人の認識していたAの特性に照らし，さほど異常ではな
いと誤解していた可能性の有無」が問題とされているのである。

　したがって，Aの健康状態（栄養不良状態の重症度を含む。）に関する被告
人の認識を認定，判断するに際して，Aの体格等の変化や痩せ方に関する
事実の推認力の強さの程度を踏まえつつ，その推認力に対して，本件の特殊
事情がどのような影響を与えているとみるのか（本件特殊事情により被告人に
生じ得る一定の思い込みなどが，被告人の認識に影響を与える可能性があるのか。
それによって，被告人の認識を推認することに合理的疑いが生じるといえるか。）
が，本件争点を判断する上での焦点であり，その見方が，第1審判決と原判
決で分かれたものとみられる。

　すなわち，第1審判決は，ミオパチーにり患している等のAの特性に関
する前提知識がある者がAを見た場合にどのように認識され得るのかとい
う観点からみると，Aの体格等の変化や痩せ方に関する事実のみでは，本
件弁解を直ちに排斥することができないと判断しているのに対し，原判決
は，平成25年10月に撮影された写真におけるAの外見と平成26年5月に撮
影された本件動画におけるAの外見等の違いと，被告人がAの成育歴を熟
知していたことに着目し，ミオパチーにり患していたことなどの事情は，A
の体格等の変化や痩せ方の異常性を被告人が認識する可能性を阻害するもの

ではないとしたのである。^(注12)

(注12)　原判決は，第１審の争点整理を踏まえた形で，結論として，十分に栄養を摂取できていると誤解した可能性は否定できるとして，「十分に栄養を摂取できていないこと」を認識していたと判示しているため，実体法の理解として，栄養不良状態の重症性をどの程度認識している必要があると解していたのか判然とはしないものの（前記第１・３原判決要旨記載の(２)③及び④指摘の間接事実は，被告人が医療措置を要するほどに重度の栄養不良状態ではないと誤解していたことを示す事情と評価し得るものであり，これらについての原判決説示内容は，重症性の認識を必要としない解釈に親和的ではある。），原判決は，判文全体に照らしてみると，事実認定としては，Ａが重度の栄養不良状態であることを被告人が認識していたと認定できるとしたものと考えられる。

（２）刑訴法382条の事実誤認

ア　ところで，本判決も引用する，いわゆるチョコレート缶事件判決（最一小判平成24年２月13日・刑集66巻４号482頁）は，刑訴法382条の事実誤認の意義について，「刑訴法は控訴審の性格を原則として事後審としており，控訴審は，第１審と同じ立場で事件そのものを審理するのではなく，当事者の訴訟活動を基礎として形成された第１審判決を対象とし，これに事後的な審査を加えるべきものである。第１審において，直接主義・口頭主義の原則が採られ，争点に関する証人を直接調べ，その際の証言態度等も踏まえて供述の信用性が判断され，それらを総合して事実認定が行われることが予定されていることに鑑みると，控訴審における事実誤認の審査は，第１審判決が行った証拠の信用性評価や証拠の総合判断が論理則，経験則等に照らして不合理といえるかという観点から行うべきものであって，刑訴法382条の事実誤認とは，第１審判決の事実認定が論理則，経験則等に照らして不合理であることをいうものと解するのが相当である。したがって，控訴審が第１審判決に事実誤認があるというためには，第１審判決の事実認定が論理則，経験則

等に照らして不合理であることを具体的に示すことが必要であるというべきである。このことは，裁判員制度の導入を契機として，第1審において直接主義・口頭主義が徹底された状況においては，より強く妥当する。」と判示しており，その後も，控訴審が裁判員裁判対象事件である第1審判決を事実誤認で破棄した事案に関し，累次の最高裁判例が積み重ねられており[注13]，これらの判例が意味するところについて，既に多くの論考により検討が加えられている[注14]。

　本判決が，チョコレート缶事件判決を始めとするこれらの最高裁判例を踏襲したものであることは明らかである。

　イ　本判決は，まず，「原判決が，Ａの特性に関する被告人の知識を踏まえても被告人がＡの体格等の変化や痩せ方を異常と認識する可能性は阻害されないと判断した根拠は，Ａの体格等の変化や痩せ方の異常性の程度が著しいという点と，被告人が実母としてＡに毎日接していたという点に尽きていて，他に，その可能性が阻害されないとする十分な理由は示されていない。」「Ａの体格等の変化や痩せ方の異常性の程度について被告人が誤解していた可能性を認める余地があるとした第1審判決の評価が不合理であるとするだけの説得的な論拠を示しているとはいい難い」などと判示する。

　この判示部分を検討するに，Ａの体格等の変化や痩せ方に関する積極的間接事実の推認力が，Ａがミオパチーにり患していて，それを被告人が認識しているといった消極的間接事実によって，どれだけ減殺されているとみるかという本件最大の焦点に関する1，2審の見方の違いは，推認力の程度という一定の幅を伴った評価の違いに由来していると考えられるところ，本判決は，第1審判決の判断の方を不合理とする原判断について，客観的な説得性がないと判断したものと思われる。

　さらに，本判決は，その他の重要な間接事実に対する第1審判決の判断に関する原判決の説示①～⑤（本判決及び前記第1・1事案の概要参照）とその総合考慮に関しても，「第1審判決とは別の見方もあり得ることを示したに

とどまっていて，これらを総合考慮しても，原判決は，Ａが本件保護行為を必要とする状態にあることを被告人が認識していたとするには合理的な疑いがあるとした第１審判決の判断が不合理であることを十分に示したものとはいえない。」と判示している。

この判示部分を検討するに，原判決が，本件の主要な間接事実について，それぞれ第１審判決とは別の見方を示して第１審判決の判断と異なる説示をしてはいるものの，そのような原判決の各判断内容をみても，第１審判決の見方の方を不合理とするだけの客観的な説得性に乏しいため，本判決は，「別の見方があり得ることを示しているにとどまっている」とし，被告人の認識に合理的な疑いがあるとした第１審判決の見方を不合理とする原判断を支持できないとの判断を示したものと思われる。

その上で，本判決は，結論として，「原判決は，論理則，経験則等に照らして不合理な点があることを十分に示したものとは評価することができない。」として，第１審判決に事実誤認があるとした原判断には刑訴法382条の解釈適用を誤った違法があるとしたものであるが，この結論部分は，チョコレート缶事件判決と同様の表現が使われている。

　ウ　以上のとおり，本判決は，原判決の説示する表現ぶり自体を捉えて，「説得的な論拠を示しているとはいい難い」，「論理則，経験則等に照らして不合理な点があることを十分に示したものでない」と指摘するものではないし，本判決が，控訴審に対して経験則を定式化するなどして判断を更に具体化するよう求めたものでないことは明らかである。[注15]

すなわち，仮に本件において，原判決が何らかの経験則を定式化し，第１審判決がそのような経験則に違反することを具体的に説示する形で，言葉として表現していたとしても，あるいは，原判決が本件において説示した以上に詳細に言葉を尽くしたとしても，原判決の破棄を免れ得たというような性質の事柄ではない。そうであるとすると，本判決は，原判決の判断内容において，刑訴法382条の解釈適用に誤りがあるとしているのであって，その証

左として，現に，上告審としての審査対象である原判決が論理則，経験則等に照らして第1審判決の不合理性を示すことができていないことを指摘しているにとどまるとみるべきように思われる。

したがって，本判決が，控訴審に対して，詳細な判決理由を求めているといった含意を読み込むのは相当でないであろう（控訴審の判決書が長文化していることへの批判がある点につき，後注三好134頁注（18）参照）。

エ　むしろ，原判決は，原審裁判体として，第1審判決の判断のどの点を不合理と考えたのかについて具体的に指摘，説明しており，これによって，原判決と第1審判決の見方の違いが明確にされていると考えられる。

問題は，そのような見方の違いがある中で，専ら第1審判決の見方が不合理であって，原判決の見方が正当であるという結論に客観的な説得性があるかということになろう。第1審判決の判断と異なる結論が妥当との心証を抱いた控訴審が直面している問題は，抱いた心証を絶対的なものとして捉えずに，その判断の違いが何に由来するものであるのかを突き詰めた上で，第1審判決の判断が真に破棄に相応しいのかどうかを今一度，様々な角度から検証し直し，第1審判決の示す見方がおよそ許容し得ないものであるのかどうかについて，謙抑的な姿勢で臨むということであるように思われる（司法研究・裁判員裁判における第一審の判決書及び控訴審の在り方109頁，東京高等裁判所刑事部部総括裁判官研究会「控訴審における裁判員裁判の審査の在り方」判例タイムズ1296号8頁）。

（注13）　裁判員裁判対象事件について刑訴法382条の解釈適用が問題とされた最高裁判例として，（1）第1審無罪判決（覚せい剤密輸事案における知情性が争点）に事実誤認があるとした原判決を破棄した前掲チョコレート缶事件判決，（2）第1審無罪判決（覚せい剤密輸事案における知情性が争点）に事実誤認があるとした原判決を是認した最三小決平成25年4月16日・刑集67巻4号549頁，（3）第1審無罪判決（覚せい剤密輸事案における知情性が争点）に事実誤認が

あるとした原判決を是認した最一小決平成25年10月21日・刑集67巻７号755頁，

（４）第１審無罪判決（覚せい剤密輸事案における知情性が争点）に事実誤認があるとした原判決を是認した最一小決平成26年３月10日・刑集68巻３号87頁，

（５）第１審有罪判決（保護責任者遺棄致死罪における認識が争点）に事実誤認があるとした原判決を破棄した最一小判平成26年３月20日・刑集68巻３号499頁がある。

　そのほか，本判決後のものとして，第１審有罪判決（犯人性を間接事実により認定）に事実誤認があるとした原判決を破棄した最二小判平成30年７月13日・刑集72巻３号324頁も参照されたい。

（注14）　注13記載の各判例の最高裁判所判例解説及びそれらの評釈等参照。

　主なものとして，岩瀬徹「刑事控訴審における審理と判断」町野朔先生古稀記念・刑事法・医事法の新たな展開（下）549頁，中谷雄二郎「控訴審における事実誤認の審査について」安廣文夫編著・裁判員裁判時代の刑事裁判289頁，安廣文夫「控訴審における事実誤認の審査」平成26年度重要判例解説ジュリスト1479号197頁，植村立郎「最近の薬物事案を中心とした最高裁判例に見る刑事控訴事件における事実誤認について」刑事法ジャーナル40号31頁，村瀬均「控訴審における事実誤認の審査」井上正仁ほか編・刑事訴訟法判例百選第10版別冊ジュリスト232号228頁，酒巻匡「裁判員裁判と控訴審の在り方」刑法雑誌54巻３号353頁以下（後藤昭「裁判員裁判と控訴審の役割」，大島隆明「裁判員裁判と控訴審の役割」を含む。），山﨑学「刑事裁判例批評346」刑事法ジャーナル53号171頁等。なお，本判決後のものであるが，前掲平成30年７月13日判決の評釈である永井敏雄「刑事裁判例批評377」刑事法ジャーナル59号124頁も参照されたい。

　これらの文献をみると，一連の最高裁判例について，論理則，経験則等違反に重点を置く読み方と，不合理性審査に重点を置く読み方に分かれるようであり，また，第１審判断を尊重すべき理由として，直接主義・口頭主義に重点をおくものと，裁判員の判断を尊重すべきとの価値判断に重点をおくものとに分かれているように思われる。

（注15）　経験則の定式化が常に可能とは限らず，常にそれが要求されるものでもないことは，前掲平成25年４月16日決定の寺田裁判官補足意見において指摘さ

れている。

　また，仮に一定の経験則を定式化することが可能であるとしても，そのような定式化された経験則を使ってこれを当てはめることに対しては，「いわば万能な概念のように，①当該事案に適した範囲を超えて適用される危険性，②当該事案を十分吟味するのでなく，定式化された経験則の要件充足の視点からのみ当該事案を見てしまう危険性等」が指摘されている（前掲植村62頁）。一定の事実（α）がある場合に一定の事実（β）に対する一定の推認力があるということを表現するために，その推認力の程度を十分に吟味することなく，安易に経験則として「αが認められれば，特段の事情がない限りβが推認できる」と法則化することの弊害にも，十分に留意する必要があるように思われる（前掲村瀬231頁も参照）。

（3）それでは，「論理則，経験則等に照らして不合理である」かどうか，をどのように判断し，また，どのような場合に，「第1審判決の事実認定が論理則，経験則等に照らして不合理であることを具体的に示したもの」といえるのであろうか。これについては，事案によって様々な場合が考えられ，一般論として説明することは困難であるし，適切でもない。

　そこで，本件事案に即して考えてみるに，本件においては，

　ア　被告人の認識を間接事実から推認するという証拠構造であり，認識を肯定する方向の積極的間接事実（体格等の変化，痩せ方等とその認識に関する事実）があり，かつ，その推認の程度が一般的にはかなり強力とみられるものであるが，他方で，認識を否定する方向に相当程度に働き得る消極的間接事実（ミオパチーにり患していたこと等の第1審判決指摘事実）があり，消極的間接事実を踏まえたときに積極的間接事実の推認力が，なお合理的疑いを超える程度の強さを有するといえるのかが主として問われている点，

　イ　被告人に対して保護責任者遺棄致死（不保護）罪の故意責任を問えるかという観点から，被告人の認識内容とその認識の程度が認定対象とされているのであって，その認定判断には規範的評価（栄養不良状態をどのくらい重

症と認識していた場合に，医療機関を受診させることが刑法上期待されるとして，故意責任を問えるのか。）が含まれている点，

の2点が特徴的であるように思われる。

　まず，アの点についてみると，間接事実による推認の場合には，それぞれの事実単体の推認力の強さの評価，複数の間接事実を組み合わせた総合評価，積極的間接事実に対する消極的間接事実の影響の評価などが複雑に絡み，第1審で示された推認過程について，刑訴法382条にいう事実誤認とみるべき場合と，そうでない場合との区別は非常に困難で，事案ごとに検討を積み重ねていくほかないと思われる。ただ，許容され得る推認評価の範囲には一定の幅があると考えられ，その幅の範囲内にとどまっているとみるのか，許容され得る幅を超えた不合理な判断といえるのかについては，事後審として慎重に考察する必要があるであろう。

　次に，イの点についてみると，規範的事実の判断には，どこまでが法令解釈であり，どこからが事実認定に対する当てはめとしての法令適用なのかという微妙な問題が含まれている。もっとも，本件では，家庭内で養育している子の栄養不良状態の重症度の認識が問題とされ，監護親として，医療機関を受診させることが刑法上期待される程度の重症性を認識していたかという規範的評価を含めた判断として，端的にいえば，第1審は，医者に連れていくほどの重症さに気づいていなかった合理的疑いが残るという結論を示したものと考えられる。

　本件では，このような結論に至る思考過程に，特別の専門知識や法律家としての経験知が特に必要とされるとは考え難く，健全な社会常識に照らした社会通念に基づく検討が求められる場面であろうと思われる。そうすると，被告人や証人の供述を法廷で直接見聞きした裁判員を含む合議体によって，その事案における生の具体的事実関係に基づき常識的感覚を適切に反映してなされた本件事実認定については，規範的評価部分を含めて，その判断を尊重するのに相応しい側面があるといえるように思われる。

なお，本件共犯者とされる夫の第1審判決（裁判員裁判）は，Aの健康状態に不安感を抱いたとはいえるものの，直ちに病院に連れて行かなければならないほどにAが低栄養によって衰弱していると認識し，そのような状態を認容していたとまでは認められないとして，重過失致死（第1審の公判前整理手続段階で追加された予備的訴因）の限度で有罪認定（禁錮1年6月，3年間執行猶予）し（大阪地判平成28年1月28日・判例時報2334号129頁），検察官控訴はなく，被告人が控訴したものの控訴棄却され（大阪高判平成28年10月19日），上告も例文棄却されて（最二小決平成30年1月31日・公刊物未登載）確定している。

　4　第1審訴訟手続の法令違反の有無について

（1）以上のとおり，本判決は，事実誤認を理由に第1審判決を破棄した原判決を是認できないとしたが，検察官の控訴趣意において，事実誤認のほか，第1審の訴訟手続の法令違反として，第1審裁判所が，検察官に対し，重過失致死罪に訴因を変更するよう促し，又はこれを命じることなく無罪判決を言い渡したことが主張されていたことから，本判決は，この控訴趣意にも理由がないとの判断を示した上で，控訴棄却の自判をしている。

（2）第1審における審理経過は，本判決判示のとおりであり，次のようなものであった。

　ア　検察官は，平成26年12月22日，保護責任者遺棄致死罪として本件を起訴し，第1審裁判所は，本件を公判前整理手続に付した。

　イ　検察官は，平成27年6月29日，本判決判示第2の1記載の訴因に変更する旨の訴因変更請求書を提出し，第1審裁判所は，同年7月3日の第2回公判前整理手続期日において，その訴因変更を許可する決定をし，検察官は，同期日において，「本件について，重過失致死として処罰を求める予定はない。」と釈明した。

　ウ　検察官は，平成27年11月10日の第7回公判前整理手続期日において，「本件について，従前重過失致死として処罰を求める予定はないとしていた

が，公判審理の進行を踏まえ，場合によっては予備的訴因として過失致死，重過失致死の追加を検討する可能性があり，その旨は弁護人にも既に伝えている。なお，裁判所に対して必要があれば勧告するよう求めるものではない。」と釈明し，第1審裁判所は，同月11日の第8回公判前整理手続期日において，公判前整理手続を終結させた。

　エ　裁判員の参加する合議体により，平成27年11月16日，第1回公判期日が開かれて審理が行われ，同月20日の第4回公判期日において証拠調べが終了した後，第1審裁判所の裁判長は，検察官に対し，「念のため確認しますが，特に訴因について何か手当をする予定はないということでよろしいんですか。」と尋ね，検察官は，「今のところございません。」と答えた。

　オ　平成27年11月24日の第5回公判期日において論告，弁論，最終陳述が行われ，裁判員の参加する合議体により評議が行われた上で，同月30日，第1審裁判所は，無罪の判決を言い渡した。

（3）原審検察官は，控訴趣意書において，最三小決昭和43年11月26日・刑集22巻12号1352頁，最三小判昭和58年9月6日・刑集37巻7号930頁を引用しながら，裁判所には，当初訴因について無罪とするほかなくても，審理の経過に鑑み，新たな訴因に変更すれば有罪であることが証拠上明らかで，その新たな罪が相当重大なものである場合には，検察官に対し，訴因変更手続を促し，又はこれを命ずべき義務があるとし，本件は，訴因を重過失致死罪に変更していれば，有罪であることが証拠上明らかな事案であり，犯罪の重大性もあるから，第1審裁判所は，判決に先立ち，第1審検察官に対し，重過失致死罪への訴因変更手続を促し，又はこれを命じる義務があり，これを行わなかった点で，訴訟手続の法令違反があると主張し，また，検察官に対し重過失致死罪への訴因変更手続を促し，又はこれを命じたからといって，これにより裁判員の負担が過度に増したり，公判前整理手続の趣旨が没却されることもないから，本件が裁判員裁判であり，公判前整理手続に付されているからといって，訴因変更手続の勧告義務等を免れるものでもないと主張

していた。

（4）公判前整理手続を経た事件，とりわけ裁判員裁判事件における訴因変更に関しては，稗田雅洋「公判前整理手続と訴因変更命令」前掲実例刑事訴訟法Ⅱ49頁以下に詳しく論じられているので，これを参照されたい。

これによると，公判前整理手続と裁判員制度の導入を前提とした裁判手続では，以前の実務よりも当事者主義を徹底した運用を心がける必要があり，公判前整理手続を経た後の公判段階の訴因変更請求は，公判前整理手続における充実した争点整理と計画審理の実効性確保の観点から，公判審理における証拠調べが公判前整理手続における両当事者の主張内容からは予想できないような結果となったために訴因を変更する必要が生じた場合など，公判前整理手続において検察官が訴因変更を請求することが困難であったことを前提とすべきであり，そのような例外的事態に至っても検察官が証拠調べの結果が訴因とズレていることに気づかないなどの事情から訴因変更を請求しない場合に初めて，訴因変更の勧告や命令が問題となるが，そのようなケースにおいても，通常，求釈明により訴因変更の要否を検討させれば足りるはずである，訴因変更の勧告や命令は，心証の形成を前提とするものであるから，裁判員裁判において，審理の途中で評議を経ていない裁判所が行うことは困難であり，裁判員裁判において，訴因変更命令や勧告が行われることは事実上想定し難く，裁判所が命令を義務付けられるような事態も想定し難い，とされており，当事者主義の徹底が求められる公判前整理手続導入後における訴因変更の勧告・命令の位置付けが明快に論じられている。

（5）本件では，公判前整理手続段階から，検察官の判断で重過失致死罪の予備的訴因の追加が必要な場合には，その旨の請求をするとのやりとりがされており，検察官が重過失致死罪の予備的訴因の追加的変更請求をすることを困難にするような事情は全くなく，第1審裁判所は，公判手続の証拠調べ終了時（第4回公判期日）にも，検察官に対し，訴因に関する主張の予定がないかを再度確認している。

　このように，本件では，検察官において，重過失致死罪の予備的訴因を追加請求する必要があるかどうかを検討し，これを行う機会があり，かつそれが容易であったにもかかわらず，これをしていなかったというにすぎず，当事者主義の徹底が求められている現在の実務の下で，裁判所が訴因変更命令や勧告の義務を負うとは到底解されないであろう。

（6）本判決は，検察官が引用した上記最高裁判例を参照判例としても引用していないが，これらの判例は，公判前整理手続導入以前のものであるため，公判前整理手続を経た本件とは事案を異にすると考えられたためであろう（公判前整理手続導入以前における，これらの最高裁判例の実務上の位置付けと，公判前整理手続導入による実務の考え方の変化などについては，前掲稗田51頁以下参照）。

　また，本判決は，公判前整理手続及び公判審理における第1審裁判所と検察官とのやりとりを認定し，裁判所が訴訟法上の義務を尽くしたと評価できると判断しているが，これは，本件事案に即した事例判断を示したにとどまるからであると思われる。したがって，本判決は，裁判所が検察官に対してどの段階で，どの程度の求釈明をすれば訴訟法上の義務を尽くしたことになるのかという一般論を明らかにするものではなく，また，本件で認定された全てのやりとりがなされていなければ訴訟法上の義務が尽くされていないとの判断を示したものでないことも，その判文上明らかといえる。

（7）そもそも，本件事案の性質と争点に照らせば，検察官において，重過失致死罪の予備的訴因を追加するかどうかについて，公判前整理手続の段階で当然検討しておくべきであったのであり，裁判所からも，公判前整理手続中に重過失致死罪の予備的訴因を追加するかどうかを尋ねられてもいたのであるから，遅くともその時点までに，検察官として，重過失致死罪の予備的訴因を追加するかどうかの決断をしておかなければならなかったとみるべきであろう。これをせずに，公判審理に至ってから，安易に訴因変更を行うことを許容すれば，充実した争点及び証拠の整理と審理計画の策定という公判

前整理手続の趣旨を没却することになりかねず（前掲稗田61頁），また，計画審理を前提に参加している裁判員に及ぼす悪影響も非常に大きい。公判前整理手続を経た事件については，訴因変更の可否自体が慎重に議論されているのも（東京高判平成20年11月18日・高刑集61巻4号6頁とその評釈等を参照），そのような趣旨を考慮してのことと思われる。

そうであるとすると，本判決の射程外ではあるが，仮に本件において第4回公判期日における検察官とのやりとりがなかったとしても，裁判所が訴訟法上の義務を尽くしていないと評価されることはないように思われる。

また，仮に本件で公判前整理手続段階に重過失致死罪の訴因変更に関する明示的やりとりがなかった場合を考えてみても，裁判所としては，公判審理やそれまでの訴訟経緯を踏まえて検察官に対して重過失致死罪の訴因への予備的追加的変更を促すなどの求釈明を行うかどうかを慎重に判断すべきことになろうが，本件事案の性質及び争点に照らせば，当事者である検察官自らが予備的訴因の追加の要否・当否を検討することに困難があるとは考え難いことからすると，裁判所がその趣旨の求釈明をしなかったからといって，直ちに訴訟法上の義務を尽くしていないと評価されるものとも思われない。

（8）現在の実務においては，公判前整理手続が導入された趣旨及び裁判員裁判において当事者の果たすべき訴訟上の責任に照らし，判断者に徹することが一層求められている裁判所が，検察官に対して訴訟法上の求釈明義務を負うと解されるような場面自体が例外的なものであり，かつ，裁判員裁判において訴因変更の勧告又は命令が裁判所に義務付けられるような事態はほとんど想定し難いと解されているものと思われ，本判決もそのような理解を前提にしているものと推察される。

5　原審で追加された予備的訴因について

最後に，本件では，原審において，重過失致死罪の予備的訴因が追加されていたため，この予備的訴因の扱いについて触れておく。

控訴審における訴因変更は許されるとするのが判例，通説であり，最一小

判昭和42年５月25日・刑集21巻４号705頁は，「一審判決に，事実誤認ないし
法令の違反があって，これが破棄されることが予想される場合に，控訴審裁
判所が，検察官の訴因，罰条の追加変更を許すことは違法とはいえないので
あるが，控訴審裁判所が右追加変更された訴因，罰条について審理判決する
ことのできるのは，あくまでも，一審判決に事実誤認ないし法令違反がある
ことを理由に控訴審でこれが破棄されることが前提とならねばならず，破棄
が相当とされた場合に初めてこれについて審理判決することができる」とし
ている（河上和雄ほか編・大コンメンタール刑事訴訟法第２版第９巻452頁〔原田
國男執筆部分〕，海老原震一・最高裁判所判例解説刑事篇昭和42年度139頁参照）。
このように，控訴審における訴因変更は，「仮に第一審判決が破棄された場
合には」，これを審判の対象とするという一種の条件付きのものといえ，破
棄自判のためにある制度ではあるが，控訴審で訴因変更したからといって，
その後における破棄や自判を義務付けるものではなく，破棄自判しなかった
としても，変更後の訴因が結果的に審判の対象とされないだけであることか
ら，控訴審で訴因変更を許可した後に控訴棄却することは違法ではないし
（前掲原田453頁），訴因変更手続自体が違法となるものではなく（中谷雄二
郎・最高裁判所判例解説刑事篇平成６年度198頁），新たに追加された訴因罰条
にはふれることなく，直ちに控訴を棄却すれば足りるとされている（前掲海
老原140頁）。
　以上のとおり，本件において，第１審判決に破棄事由がない限りは，重過
失致死罪の予備的訴因を審理判断する余地はないことから，本判決は，「事
後審である控訴審で追加変更された訴因，罰条についての審理，判断は，第
１審判決に事実誤認又は法令違反があることを理由に第１審判決が破棄され
ることを前提として行うべきものであるから，第１審判決に誤りを見いだす
ことができない本件において，重過失致死罪の予備的訴因を審理，判断する
ことはできない」と確認的に判示したものと思われる。
　6　本判決の意義

本判決は，保護責任者不保護罪の不保護の意義を最高裁として初めて明らかにした点，刑訴法382条の事実誤認について最高裁による新たな事例判断を示した点，公判前整理手続を経た裁判員裁判事件における訴因変更に関する裁判所の訴訟法上の義務について最高裁として初めて事例判断を示した点のそれぞれにおいて，非常に重要な意義を有するといえよう。

　なお，保護責任者不保護罪は，かつては起訴件数も少なく，真正不作為犯に分類されていることもあって，家庭内における監護親の保護義務の内容があたかも自明であるかのごとく捉えられてきた節があり（複数のタスクを同時並行的に処理しなければならない監護親にとって，いつ，何をすべきかという監護親の保護義務の内容は，およそ自明とはいい難い。），実務上及び実体法の解釈上，家庭内における監護親に求められている保護行為の内容について厳密に考察されていなかったように思われる。ところが，家庭内の虐待事案の認知件数の増加に伴い起訴件数も増えているところ，現実の家庭内における監護親及び要扶助者の置かれた状況は様々であって，どこまでの行為が監護親に刑法上の義務として求められているのかは，個々の家庭の実情も踏まえた具体的な考察が必要であり，また，公判前整理手続等においては実体法の深い理解に基づく適切な争点整理が求められていることからすると，本判決を契機に，今後，実務，理論両面からの検討が進められることが期待される。

（後注）　本判決の評釈等として知り得たものに，浅田和茂「先天性ミオパチーの
　　　子に対する保護責任者不保護致死罪の成立を否定した事例」新判例解説
　　　Watch23号183頁，辻本典央「控訴審における訴因変更」新判例解説 Watch23
　　　号193頁，石田倫識「訴因変更勧告・命令義務がないとされた事例」法学セミ
　　　ナー761号122頁，原田和往「訴因変更を命じる義務等がないとされた事例」法
　　　学教室454号141頁，門田成人「『不保護』による保護責任者遺棄罪における実
　　　行行為」法学セミナー762号121頁，三好幹夫「刑事裁判例批評370」刑事法ジ
　　　ャーナル58号127頁，岩間康夫「不保護による保護責任者遺棄罪の実行行為の

意義」平成30年度重要判例解説ジュリスト1531号156頁，村瀬均「刑訴法382条の解釈適用の誤り・訴因変更を命じまたは積極的に促す義務の存否」平成30年度重要判例解説ジュリスト1531号172頁，池田直人「不保護による保護責任者遺棄罪の実行行為・訴因変更を命ずる義務等がないとされた事例」論究ジュリスト30号194頁，楡井英夫「保護責任者遺棄致死罪の事実認定等について」警察学論集71巻10号146頁等がある。　　　　　　　　　　　（向井　香津子）

〔2〕 詐欺罪につき実行の着手があるとされた事例

(平成29年(あ)第322号　同30年3月22日第一小法廷判決　破棄自判)
(第1審長野地裁　第2審東京高裁　刑集72巻1号82頁)

〔判決要旨〕

現金を被害者宅に移動させた上で，警察官を装った被告人に現金を交付させる計画の一環として述べられた嘘について，その嘘の内容が，現金を交付するか否かを被害者が判断する前提となるよう予定された事項に係る重要なものであり，被害者に現金の交付を求める行為に直接つながる嘘が含まれ，被害者にその嘘を真実と誤信させることが，被害者において被告人の求めに応じて即座に現金を交付してしまう危険性を著しく高めるといえるなどの本件事実関係（判文参照）の下においては，当該嘘を一連のものとして被害者に述べた段階で，被害者に現金の交付を求める文言を述べていないとしても，詐欺罪の実行の着手があったと認められる。

（補足意見がある。）

〔参照条文〕

刑法43条，246条，250条

〔解　説〕

第1　事案の概要及び審理経過

1　事案の概要

（1）本件は，被告人を含む詐欺グループが，電話で被害者に嘘の文言を述べ，受取役の被告人に現金を交付させて被害者から現金をだまし取ろうとした特殊詐欺（いわゆるオレオレ詐欺や振り込め詐欺などのように，被害者に電話をかけるなどといった通信手段で欺罔し，不特定多数の者から現金等をだまし取る犯罪の総称）の未遂が問われた事案である。

本件犯行は，氏名不詳者らが被害者に電話をかけ，警察官になりすまし，時間をかけて段階を踏みながら各種嘘を積み重ねることにより，被害者に現

金を交付しなければならないと誤信させ，警察官になりすました被告人に現金を交付させるとの計画に基づいて行われており，被告人と氏名不詳者らは，予め共謀を遂げ，氏名不詳の共犯者らが嘘の文言（警察官を装い，前日の詐欺による被害金を取り戻すために預金を全部現金化した方がよいと説得する文言等）を被害者に述べて現金を準備させるところまで，その計画が遂行されていたが，被害者に現金交付を求める前の段階で被告人（当時20歳）が逮捕され，詐欺未遂罪として起訴されたものである。

（2）第1審記録によると，本件の事実経過は，概ね次のようなものである（事案理解のため，本判決が摘示していない事実を含めて，若干詳しく全体の流れを記載した。）。

　ア　先行する同一被害者に対する詐欺被害の発生

（ア）被害者は，平成28年6月8日，甥になりすました氏名不詳者からの電話で，「仕事で1000万円の誤振込をしたため，現金を至急必要としており，100万円を用意してほしい」との嘘を言われて真実と誤信し，同日午後1時過ぎ頃，被害者方付近路上で，甥の代理で甥の会社の系列社員と称する者に現金100万円を交付した。

（イ）被害者は，翌日の6月9日午前9時30分頃，甥になりすました氏名不詳者からの電話で，更に500万円を用立ててほしいと言われ，その内容は真実と誤信していたものの，要求された金額が多額であるから無理であるとして断った。

　イ　警察官を装った氏名不詳者らからの2回の電話による嘘

（ア）1回目の電話による嘘

　被害者は，平成28年6月9日午前11時20分頃，警察官である「ヨシカワ」と名乗る氏名不詳者から，「昨日，駅の所で，不審な男を捕まえたんですが，その犯人が被害者の名前を言っています。」「昨日，詐欺の被害に遭っていないですか。」「口座にはまだどのくらいの金額が残っているんですか。」「銀行に今すぐ行って全部下ろした方がいいですよ。」「もし銀行とかで払い出しの

理由を聞かれたら冷蔵庫やエアコンを新しく買い換えるなどと言えばいいです。」「お金を引き出す際に使ったタクシー料金は警察が後々返す。」「お金を下ろし終わったら私の所に電話して下さい。」「前日の100万円を取り返すので協力してほしい。」などと言われた。

（イ）被害者による現金化

　被害者は，相手が警察官であり，銀行口座の残額は全て払い戻す必要があると誤信し，その指示に従い，タクシーを利用して銀行窓口とATMで合計140万円を払い戻して帰宅した。

（ウ）だまされたふり作戦の開始

　被害者は，同日午後零時15分頃，「ヨシカワ」に聞かされた携帯電話番号に電話する際，勘違いにより，電話機の110番を予め押してからその携帯電話番号を押したため，警察に電話が通じたことから，詐欺被害を指摘され，本件を詐欺と認識した。警察は，被害者にだまされたふり作戦（だまされたことに気付くなどした被害者側が捜査機関と協力の上，引き続き犯人側の要求どおり行動しているふりをして，犯人を検挙しようとする捜査手法）への協力を求め，以後の電話は，ICレコーダーに録音された。

（エ）2回目の電話による嘘

　「ヨシカワ」と名乗る氏名不詳者は，同日午後1時1分頃から同日午後1時38分頃まで，被害者に電話をかけ，その後警察官である「ムラタ」と名乗る者に通話者が交代するなどした。その際の主な発言は以下のようなものである。

　ヨシカワ　「だから，あの，実際被害者さんがね，やる気出さないで，うちの方だけ動いても捕まえられないから。」

　ムラタ　「逮捕に至ってですね，100万円返還するにあたってもですね，どうしても詐欺容疑での逮捕がまず第一になります。」「やっぱりどうしても一つ動きがあったときじゃないと，警察としても動けないのが現状なんです。」「特殊詐欺をするにあたって，僕らの方から犯人側グループに電話すること

もあるんですよ。」「君ら詐欺やってるかなんていう幼稚な電話ではなくこちら側からお父さんのふりをして，ちょっと今お金できたぞーなんていう電話をたまにするんですよ。」「僕，向かいますから。」「２時前には到着できるよう僕の方で態勢整えますので。」

　ウ　被告人自身の動き

（ア）被告人は，詐取金の５パーセントを報酬として受け取る約束で，29歳の刑事役として，○○○－△△△△－××××の番号の携帯電話を使用している指示役の指示を受けて，詐欺の受け子役をすることになった。

（イ）被告人は，平成28年６月８日夜，上記携帯電話で長野市内の甲駅に行ってお金を受け取るよう指示され，詐欺の受け子役であることを認識した上で，翌朝，居住地の愛知県内から長野県内の甲駅へ赴いた。

（ウ）被告人は，同月９日午後１時11分頃，氏名不詳者から被害者方住所を告げられ，「お婆ちゃんから金を受け取ってこい。」「29歳，刑事役って設定で金を取りに行ってくれ。」と指示された。

（エ）被告人は，同日午後１時34分頃，被害者方を目指し，同日午後１時37分頃，被害者方から約150メートルの地点に近づいたところで，警察官に職務質問を受けて逃げ出したが，警察官に追いつかれ，任意同行を経て，同日午後８時36分頃，逮捕された。

　2　第１審判決

（1）第１審では公訴事実に争いがなく，第１審判決は，本件詐欺未遂罪につき有罪認定して，被告人を懲役２年４月（求刑懲役３年）の実刑に処した。これに対し，被告人は，量刑不当を理由に控訴した。

（2）第１審判決認定の罪となるべき事実の要旨は次のとおりである。

　被告人（当時20歳）は，氏名不詳者らと共謀の上，被害者（当時69歳）が，平成28年６月８日，甥になりすました者に嘘を言われて現金100万円を交付していたことに乗じ，警察官になりすまし，被害者から現金をだまし取ろうと考え，予め，被害者に預金口座から現金を払い戻させた上で，被害者から

同現金の交付を受ける意図のもと，同月9日午前11時20分頃から同日午後1時38分頃までの間，氏名不詳者らが，複数回にわたり，被害者方に電話をかけ，「昨日，駅の所で，不審な男を捕まえたんですが，その犯人が被害者の名前を言っています。」「昨日，詐欺の被害に遭っていないですか。」「口座にはまだどのくらいの金額が残っているんですか。」「銀行に今すぐ行って全部下ろした方がいいですよ。」「前日の100万円を取り返すので協力してほしい。」「僕，向かいますから。」「2時前には到着できるよう僕の方で態勢整えますので。」などと嘘を言い，被害者を，電話の相手が警察官である等と誤信させ，被害者に預金口座から預金の払い戻しをさせた後，同日午後1時38分頃，警察官になりすました被告人が，被害者から現金の交付を受けようとしたが，同人方付近で警戒中の警察官に発見されて逮捕されたため，その目的を遂げなかった。

3　原判決

（1）原審は，本件詐欺の実行着手時期について検察官に釈明を求め，検察官は，被害者に対して警察官を装って預金を現金化するよう説得する文言を述べたことが，詐欺の犯意に基づく詐欺被害の現実的危険性が認められる行為であり，一連の欺罔行為の一部であると釈明した。

これに対し，原判決は，氏名不詳の共犯者らが被害者に述べた文言は，被害者に対し財物の交付へ向けた準備行為を促すものではあるが，現金交付まで求めるものではないから，これらの文言は，詐欺罪の欺罔文言には当たらず，詐欺被害の現実的・具体的な危険を発生させる行為とも認められないと判示して，第1審判決には理由不備の違法があるとして破棄し，無罪の自判をした。これに対して，検察官が上告したものである。

（2）原判決の理由の要旨は，以下のとおりである。

第1審判決が認定した「犯罪事実」には，被害者が払い戻した現金の交付に向けて，氏名不詳者らによって用いられた明示的な欺罔文言の記載がなく，第1審判決判示の文言は，氏名不詳者らにとっては被害者に対し財物交

付へ向けた準備行為を促すものではあるが，下ろした現金の交付までも求めるものではないから，これらの文言を被害者に申し向けることによって，詐欺罪にいう人を欺く行為があったとはいえず，第1審判決が認定した「犯罪事実」に記載された文言について，黙示的に財物の交付を求めるものと解し得る文言もない。氏名不詳者の指示を受けて被害者宅に向かった被告人は，被害者宅に到着する前に警察官から職務質問を受けて逮捕されているから，被告人本人の行為に詐欺罪にいう人を欺く行為を認定する余地はない。被害者に対し警察官を装って預金を現金化するよう説得する行為は，財物交付へ向けた準備行為を促す行為であるものの，それにとどまり，詐欺被害の現実的・具体的な危険を発生させる行為とは認められない。第1審判決には，「犯罪事実」に現金の交付に向けてされた犯人の欺罔行為が記載されたと解し得るものがない点において，理由不備の違法がある。

第2 上告趣意及び当審判示

1 上告趣意

検察官は，上告趣意において，本件において，詐欺罪の実行の着手が認められるとして，原判決には判例違反，事実誤認があると主張した。

2 当審判示

検察官の上告趣意は，判例違反をいう点を含め，実質は単なる法令違反，事実誤認の主張であって，刑訴法405条の上告理由に当たらないとした上で，検察官の所論に鑑み，職権により次のように判示し，原判決を破棄して本件控訴を棄却し，第1審判決を是認した。

本判決は，本件の事実関係として，

ア 長野市内に居住する被害者は，平成28年6月8日，甥になりすました氏名不詳者からの電話で，仕事の関係で現金を至急必要としている旨の嘘を言われ，その旨誤信し，甥の勤務する会社の系列社員と称する者に現金100万円を交付したこと，

イ 被害者は，平成28年6月9日午前11時20分頃，警察官を名乗る氏名不

詐者からの電話で，「昨日，駅の所で，不審な男を捕まえたんですが，その犯人が被害者の名前を言っています。」「昨日，詐欺の被害に遭っていないですか。」「口座にはまだどのくらいの金額が残っているんですか。」「銀行に今すぐ行って全部下ろした方がいいですよ。」「前日の100万円を取り返すので協力してほしい。」などと言われ（1回目の電話），同日午後1時1分頃，警察官を名乗る氏名不詳者らからの電話で，「僕，向かいますから。」「2時前には到着できるよう僕の方で態勢整えますので。」などと言われたこと（2回目の電話），

ウ　被告人は，平成28年6月8日夜，氏名不詳者から，長野市内に行くよう指示を受け，同月9日朝，詐取金の受取役であることを認識した上で長野市内へ移動し，同日午後1時11分頃，氏名不詳者から，被害者宅住所を告げられ，「お婆ちゃんから金を受け取ってこい。」「29歳，刑事役って設定で金を取りに行ってくれ。」などと指示を受け，その指示に従って被害者宅に向かったが，被害者宅に到着する前に警察官から職務質問を受けて逮捕されたこと，

エ　警察官を名乗って上記イ記載の2回の電話をかけた氏名不詳者らは，上記ア記載の被害を回復するための協力名下に，警察官であると誤信させた被害者に預金口座から現金を払い戻させた上で，警察官を装って被害者宅を訪問する予定でいた被告人にその現金を交付させ，これをだまし取ることを計画し，その計画に基づいて，被害者に対し，上記イ記載の各文言を述べたものであり，被告人も，その計画に基づいて，被害者宅付近まで赴いたものであること，

を認定した。

その上で，本判決は，上記イ記載の各文言は，「警察官を装って被害者に対して直接述べられたものであって，預金を下ろして現金化する必要があるとの嘘（1回目の電話），前日の詐欺の被害金を取り戻すためには被害者が警察に協力する必要があるとの嘘（1回目の電話），これから間もなく警察官が

被害者宅を訪問するとの嘘（2回目の電話）を含むものである。上記認定事実によれば，これらの嘘（以下「本件嘘」という。）を述べた行為は，被害者をして，本件嘘が真実であると誤信させることによって，あらかじめ現金を被害者宅に移動させた上で，後に被害者宅を訪問して警察官を装って現金の交付を求める予定であった被告人に対して現金を交付させるための計画の一環として行われたものであり，本件嘘の内容は，その犯行計画上，被害者が現金を交付するか否かを判断する前提となるよう予定された事項に係る重要なものであったと認められる。そして，このように段階を踏んで嘘を重ねながら現金を交付させるための犯行計画の下において述べられた本件嘘には，預金口座から現金を下ろして被害者宅に移動させることを求める趣旨の文言や，間もなく警察官が被害者宅を訪問することを予告する文言といった，被害者に現金の交付を求める行為に直接つながる嘘が含まれており，既に100万円の詐欺被害に遭っていた被害者に対し，本件嘘を真実であると誤信させることは，被害者において，間もなく被害者宅を訪問しようとしていた被告人の求めに応じて即座に現金を交付してしまう危険性を著しく高めるものといえる。」と判示し，「このような事実関係の下においては，本件嘘を一連のものとして被害者に対して述べた段階において，被害者に現金の交付を求める文言を述べていないとしても，詐欺罪の実行の着手があったと認められる。」と判示した。なお，本判決には，山口厚裁判官の補足意見が付されている。

第3 説　　明

　1　問題の所在

　1項詐欺罪（刑法246条1項）の構成要件は，「人を欺いて財物を交付させた」ことであり，同罪は，

| 「人を欺く行為」（欺罔行為） | ⇒ | 錯誤 | ⇒ | 財物交付 | ⇒ | 財物移転 |

という因果経過が予定された構造の下で財物・利益移転が行われる犯罪である。

本件においては，被害者に対して各種の嘘が述べられているものの，財物の交付を求める行為（財物交付要求行為）が明示的にも黙示的にも行われていない段階で，被告人が逮捕されたため，このような場合でも，被告人に詐欺未遂罪が成立するのか否かが問題とされたものである。

　すなわち，本件において，共犯者らは，本判決が判示する本件嘘（1回目の電話及び2回目の電話による各嘘）を述べていたが，本件嘘が述べられた時点で，被告人らに詐欺未遂罪が成立するといえるか否か，要するに，共犯者らが本件嘘を述べた行為が，詐欺罪の実行の着手（刑法43条）に当たるかどうかが問題となる。

　これを判断するためには，本件詐欺グループ構成員である共犯者らが被害者に対して本件嘘を述べた行為が，

〔A〕詐欺罪の各論解釈として，刑法246条の定める構成要件該当行為の一部である「人を欺く行為」（欺罔行為）に当たるかどうか，

〔B〕仮に，刑法246条の定める構成要件該当行為の一部に当たらないとしても，「実行の着手」に関する刑法総論の解釈を踏まえて，「犯罪の実行に着手」に当たるかどうか，

の両面からの検討が考えられる。

（注1）　検察官は，上告趣意において，共犯者らの行為には，黙示的に交付を求めていると評価できる行為があり，その点に事実誤認があると主張していたが，本判決は，黙示的な交付要求もないとした原判決の事実認定を前提に判断している。

（注2）　本件では，被告人は，本件犯行前日夜，氏名不詳者から，長野市内に行くよう指示を受け，同月9日朝，詐取金の受取役であることを認識した上で長野市内へ移動しているとの事実が認定されており，被告人と本件詐欺グループの氏名不詳者らとの共謀は，同日朝までに成立しているから，承継的共同正犯の問題は生じない。

2 判例の状況

（1）そこで，まず，詐欺罪の実行の着手に関する判例の状況を概観する。

ア まず，大判明治36年12月21日・刑録9輯1905頁【大審院判例①】は，旧刑法の詐欺取財罪について，「犯罪の予備とは犯罪構成の要素たる行為に着手する以前の行為なるが故に苟もその要素たる行為に着手したる以上は，いかなる程度において事発覚するも常に犯罪の未遂を以て論ぜざるを得ず」，「刑法390条にいわゆる欺罔とは偽言詐術を用いて人を錯誤に陥らしむるの謂なれば，偽言詐術は詐欺取財罪の構成要素たることもちろんなり。故に苟も人を錯誤に陥れ財物を騙取する目的をもって偽言詐術を用いるにおいては，これがため錯誤に陥りたると否とを問わず既に犯罪の構成要素たる行為に着手したるものなれば，ここに詐欺取財の未遂罪を構成すること論をまたず」と判示し，詐欺未遂罪が成立するためには，被欺罔者が錯誤に陥ったかどうかは問われない旨を判示していた。また，大判昭和3年9月17日・大審院刑事判例集7巻3号578頁【大審院判例②】もまた，現行刑法の詐欺罪について，「他人を欺罔して金員を騙取せんことを企て苟も人をして錯誤に陥らしむるに足るべき手段方法を施したる以上は詐欺の実行に着手したるものにして偶対手方において特殊の事情によりこれを観破し始めよりその錯誤に陥らざりしため騙取の目的を遂げざりしとするもこれその特殊の事情ありしため不能の結果来したるに過ぎずして，その事情なかりせば錯誤に陥るの虞あり被告人の施したる手段方法は本来不能にあらざればこれすなわち詐欺未遂犯を以て論ずべく不能犯を云なするの余地なきものとす」と判示する。

このように，大審院判例当時から，詐欺罪の実行の着手を認めるために，被欺罔者が錯誤に陥る必要がないことが明らかにされており，この点は，その後，現在に至るまで，判例上確立した解釈といえる（大塚仁ほか編・大コンメンタール刑法第2版第13巻〔髙橋省吾執筆部分〕98頁参照）。

イ 次に，上記【大審院判例②】及び「詐欺未遂の犯罪を構成するには人を錯誤に陥れ又は錯誤に陥らしむべきおそれある程度以上に達せる事実ある

ことを必要とするものにあらずして，財物を騙取するため単に人を錯誤に陥らしむべき欺罔手段を用いし事実あるを以て足る」と判示した大判大正3年11月26日・刑録20輯2260頁【大審院判例③】などによると，大審院判例は，欺罔行為をもって詐欺未遂罪が成立すると解していたように思われる。

　もっとも，詐欺罪の予備行為（不可罰）にとどまるのか詐欺未遂罪が成立するのかが争われた事案のうち，例えば，大判明治43年5月27日・刑録16輯960頁【大審院判例④】は，「詐欺取財の目的を以て偽造証書に基き訴訟上の救助を申請したるは詐欺罪の予備行為に過ぎずして次いで訴訟を提起したるは即ちその実行行為に着手したるものとす」と判示し，また，大判大正3年6月20日・刑録20輯1289頁【大審院判例⑤】は，天草銀行名義の電信為替を偽造し肥後銀行等から金員を騙取しようとして，電報頼信紙3枚に発信人天草銀行名義を冒して虚偽の電信を作成して郵便局に提出したが局員に怪しまれて銀行への発信前に発覚した事案について，「前記銀行より金員を騙取せんとする予備行為に過ぎず未だ被欺罔者たるべき右銀行に対し何ら詐欺行為の実行に著手したるものにあらざる」と判示するなど，財物騙取を目的とした何らかの虚偽を含む行為（欺罔行為とみる余地のある行為）があったからといって，直ちに詐欺未遂罪の成立を認めていたわけでもなく，詐欺未遂罪の成立の前倒しに慎重な姿勢も示されていた。

　最高裁判例をみても，賭博詐欺が問題とされた最三小判昭和26年5月8日・刑集5巻6号1004頁【判例①】は，見物人に勝つ機会がないのにその機会があるように見せかけて客に勝負をすすめた時点ではなく，見物人が勝負しようと決心した時点まで事実摘示した上で欺罔着手があったとしているし，最二小判昭和29年10月22日・刑集8巻10号1616頁【判例②】は，競輪の選手と競輪競技施行者ではない第三者が通謀し，競輪選手が実力ではない八百長レースをして賞金及び払戻金を受領する手口による詐欺の実行の着手について，八百長レースを通謀した選手らが車券を買受けた時（選手が八百長レースを通謀していることを秘して，適正な購入を装って車券を購入した時）で

はなく，「八百長レースを通謀した選手らがスタートラインに立った時」と判示しており，実行の着手時期の前倒しに慎重な姿勢がみてとれる。他方で，【判例②】は，詐欺罪の実行の着手時期を，八百長通謀者が賞金・払戻金を請求した時点（交付請求時）にまで遅らせてはいなかったことも注目に値する。^(注3)

そのほか，保険金詐欺については，保険金詐取目的で家屋を放火する等したとしても，それだけでは詐欺罪の実行に着手したものではなく，保険会社に保険金の支払を請求した時に実行の着手があったとするのが，大審院判例時代から確立された実務であり，訴訟詐欺については，多数の判例が積み重ねられているが，各事案ごとに，どの行為が裁判所に対する欺罔行為に当たるかが問題とされていたようである。

このように，大審院判例，最高裁判例を通じて，「人を欺く行為」（欺罔行為）とみる余地のある行為がおよそ全く行われていない段階で，詐欺未遂罪を認めた判例は見当たらない（これらの判例の分析について，前掲大コメ〔髙橋〕99頁，佐久間修「詐欺罪における実行行為とその着手（二）」産大法学22巻2号37頁，佐藤拓磨・未遂犯と実行の着手154頁，冨川雅満「財物交付が要求されていない段階での詐欺未遂の成否」法律時報90巻3号115頁参照）。

ウ 下級審判例では，東京高判昭和34年7月2日・東高時報刑事10巻7号299頁【高裁判例①】が，電信電話債券を強制的に引き受けさせられている電話加入者を訪ね，電信電話公社社員と詐称するなどし，電話債券を不正に売買している事実があるから調査している等と嘘を言って電話債券の呈示を求め，しばらく貸してくれといって交付させて同債券を詐取することを企て，同様の犯行を繰り返したが，そのうち3件で，債券の呈示を求めた段階で，相手方が債券を所持していなかったため，債券の貸与を求めるまでに至らなかったとの事案について，債券を見せてくれといったのは，債券騙取のための一連の行為の一過程と認められ，その行為は，準備行為に留まるものとは認められず，その行為により，犯人の詐欺の意思は明確に表明され且つ

相手方を欺罔して財物を騙取するという法益侵害に密接した行為に外ならないとして，実行の着手に関する総論解釈を踏まえた説示をした上で，詐欺罪の実行の着手を認めており，注目される。ただし，ここでいう「電信電話公社社員を詐称するなどして債券の呈示を求める行為」をもって，詐欺罪の構成要件該当行為たる欺罔行為とみる余地がないのかどうかは，なお，留保を要するように思われる。

（注3）【判例②】の最高裁判所調査官解説は，「選手が車券を買受けた時と解するとすると，車券購入後翻意して公正なレースを行ったときでも，詐欺の中止未遂を認めざるを得なくなる」とし，翻意することが実際上不可能となる時点，選手がスタートラインに立った時点に，犯意の飛躍的表動を認めるのが相当としている。また，同解説は，詐欺の実行の着手時期を八百長謀議者が賞金・払戻金を請求した時と解する見解は，八百長レースこそ欺罔行為中不可欠の要素であるのに，レースを予備段階とみることになり，正当でないとする（寺尾正二・最高裁判所判例解説刑事篇昭和29年度313頁）。

（2）「実行の着手」の解釈に関連する判例

　実行の着手全般に関して参考となる判示をした最高裁判例としては，次のようなものがある。

　ア　最三小決昭和45年7月28日・刑集24巻7号585頁【判例③】

　被告人と共犯者1名が強姦する意思を相通じて，抵抗する被害者をダンプカー運転席に引きずり込んだ上，ダンプカーを発進させて約5800メートル離れた場所で，ダンプカー運転席内で被害者を姦淫して強姦したという事案において，被害者をダンプカー内に引きずり込む際に加えた暴行行為によって被害者に生じた傷害結果をもって強姦致傷罪が成立するかが問われる場面で，強姦罪の実行の着手が問題とされた。

　これについて，【判例③】は，被害者をダンプカーの運転席に引きずり込

もうとした段階において，すでに強姦に至る客観的な危険性が明らかに認められるから，その時点において強姦行為の着手があったとの事例判断を示した。

　イ　最三小決平成11年9月28日・刑集53巻7号621頁【判例④】

　大麻の密輸入を企てた被告人が，大麻を航空機預託手荷物，携帯手荷物にそれぞれ隠匿して航空機で新東京国際空港に到着し，機内預託手荷物は旅具検査場に搬入され，携帯手荷物を携帯した被告人は，上陸審査を受けたが，入国審査官により本邦からの退去を命じられたため，即日本邦を出国するための航空機に搭乗することとした時点で，大麻を通関線を突破して本邦に輸入しようとする意思を放棄し，その後に税関検査を受け，隠匿していた大麻が発見されたという事案において，禁制品輸入罪（関税法違反）の未遂罪が成立するかが問われる場面で，禁制品輸入罪（関税法違反）の実行の着手が問題とされた。

　これについて，【判例④】は，大麻を隠匿した機内預託手荷物は空港作業員により旅具検査場内に搬入させ，大麻が隠匿された携帯手荷物は被告人が自ら携帯して上陸審査場に赴いて上陸審査を受けるまでに至っていたのであるから，この時点においては被告人の輸入しようとした大麻全部について禁制品輸入罪（関税法違反）の実行の着手が既にあったとの事例判断を示した。

　ウ　最一小決平成16年3月22日・刑集58巻3号187頁【判例⑤】

　被告人両名が実行犯3名と共謀の上，被害者を殺害しようと企て，その殺害計画は，クロロホルムを吸引させて被害者を失神させた上（第1行為），その失神状態を利用して，被害者を港まで運び自動車ごと海中に転落させてでき死させる（第2行為）というものであり，この計画が遂行されて被害者が死亡したところ，第2行為前時点で既に被害者が第1行為により死亡していた可能性があり，客観的には第1行為は人を死に至らしめる危険性の相当高い行為であったものの，実行犯3名は，クロロホルムを吸引させる行為自体によって被害者が死亡する可能性があるとの認識は有していなかったとい

う事案において，殺人既遂罪が成立するかが問われる場面で，殺人罪の実行の着手が問題とされた。

　これについて，【判例⑤】は，①第１行為が第２行為を確実かつ容易に行うために必要不可欠なものであったこと，②第１行為に成功した場合，それ以降の殺害計画を遂行する上で障害となるような特段の事情が存しなかったこと，③第１行為と第２行為との間の時間的場所的近接性などに照らし，第１行為は第２行為に密接な行為であり，第１行為開始時点で既に殺人に至る客観的危険性が明らかに認められるとして，その時点で殺人罪の実行の着手があったとの事例判断を示した。

　エ　最三小判平成20年３月４日・刑集62巻３号123頁【判例⑥】

　被告人が共犯者らと共謀の上，外国で覚せい剤を密輸船に積み込んだ上，海上に投下し，回収担当者において小型船舶で回収して本邦に陸揚げするという方法による覚せい剤輸入を計画し，本邦内海の湾内に至って覚せい剤を投下したが，悪天候等のため，これを回収できなかったとの事案において，被告人らの行為につき輸入罪（覚せい剤取締法違反）及び禁制品輸入罪（関税法違反）の未遂罪が成立するかが問われる場面で，輸入罪（覚せい剤取締法違反）及び禁制品輸入罪（関税法違反）の実行の着手が問題とされた。

　これについて，【判例⑥】は，回収担当者が覚せい剤をその実力的支配下に置いていないばかりか，その可能性にも乏しく，覚せい剤が陸揚げされる客観的な危険性が発生したとはいえないとして，輸入罪（覚せい剤取締法違反）及び禁制品輸入罪（関税法違反）の実行の着手があったとは解されないとの事例判断を示した。

　オ　最二小判平成26年11月７日・刑集68巻９号963頁【判例⑦】

　被告人らが共謀の上，うなぎの稚魚在中のスーツケースを機内持込手荷物であると偽ってエックス線装置による検査を受けずに国際線チェックインカウンターエリア内に持ち込み，あらかじめ不正に入手していた保安検査済みシールをそのスーツケースに貼付し，これを機内預託手荷物として預けて航

空機に乗り込む手口で，うなぎの稚魚を無許可輸出しようと考え，スーツケースを機内持込手荷物と偽って同エリア内に持ち込み，手に入れていた保安検査済みシールをスーツケースに貼付したが，機内預託手荷物として運送委託をする前に本件が発覚した事案において，無許可輸出罪の未遂罪が成立するかが問われる場面で，無許可輸出罪の実行の着手が問題とされた。

　これについて，【判例⑦】は，入口にエックス線検査装置が設けられ，周囲から区画されたチェックインカウンターエリア内にある保安検査済みシールを貼付された手荷物は，航空機積載に向けた一連の手続のうち，無許可輸出が発覚する可能性が最も高い保安検査で問題のないことが確認されたものとして，チェックインカウンターで再確認されることなく，通常，そのまま機内預託手荷物として航空機に積載される扱いとなっていたことを指摘し，スーツケースを機内預託手荷物として搭乗予約済みの航空機に積載させる意図の下，機内持込手荷物と偽って保安検査を回避してチェックインカウンターエリア内に持ち込み，不正に入手した保安検査済みシールを貼付した時点では，航空機に積載するに至る客観的な危険性が明らかに認められるとして，無許可輸出罪の実行の着手があったとの事例判断を示した。

　3　学説の状況

（1）実行の着手に関する総論解釈の状況

　ア　実行の着手の判断基準

　実行の着手時期に関する学説は，犯罪意思が外部に表明されたときに実行の着手があるとする主観説と行為の客観的な危険性に着目する客観説に大別される。このうち，主観説は，犯罪的決意が確定的なものとなれば処罰できるとして，犯罪意思そのものを徴表する行為に着手時期を定めようとするものであり，例えば，「犯意の成立がその遂行的行為によって確定的に認められるとき」（牧野英一・日本刑法254頁），「犯意の飛躍的表動」（宮本英脩・刑法大綱178頁）があったときに，実行の着手があったとするものであるが，行為者の犯罪意思の危険性を処罰理由とする主観的刑法理論を基盤とするもの

とされ、未遂犯の処罰根拠を法益侵害の危険に求める客観主義に立つ現在の多くの学説からは支持されていない。

　客観説についてみると、基本的構成要件に該当する行為（実行行為）の開始が実行の着手であるとする形式的客観説（団藤重光・刑法綱要総論第3版354頁）、法益侵害の危険性を実質的に判断して実行の着手時期を定める実質的客観説（例えば、実行の着手を「犯罪構成要件の実現にいたる現実的危険性を含む行為を開始すること」とする大塚仁・刑法概説総論第4版171頁等）に分かれるとされる（以上につき、大塚仁ほか編・大コンメンタール刑法第3版第4巻〔野村稔執筆部分〕74頁以下参照）。

　形式的客観説は、定型的に判断されるため、着手時期を明確にする利点があるものの、未遂犯の成立する時期が遅すぎて結論の具体的妥当性を欠くことがあるという難点があり、実質的客観説は、結論の具体的妥当性を図りやすい利点があるものの、危険概念が程度概念であるため、実質的な危険性の判断によるだけでは、判断基準が不安定で、明確に処罰範囲を画することができず、実行の着手時期が曖昧になるという難点がある（山口厚・刑法総論第3版283頁参照）。

　そこで、実質的客観説の立場からも、形式的な基準によって限界設定を行うことを否定せず、「構成要件の要素をなす行為あるいはこれに接着する行為で、結果発生の切迫した危険のある行為がなされたことが必要」として、実行の着手に構成要件要素との接着性を求めており（平野龍一・刑法概説108頁等）、形式的基準と実質的基準とは相互補完的関係にあると理解する必要があると指摘されている（前掲山口283頁、橋爪隆「刑法総論の悩みどころ（9）実行の着手について」法学教室411号120頁等）。また、形式的客観説の立場からも、「実行の着手」という文言上の制約を重視しつつも、最低限の要件として、構成要件該当行為に接着する直前行為ないし密接行為を行うことが必要であるとして、直前行為ないし密接行為までさかのぼることを許容し、そのような直前行為の意義を明確化・具体化するためには、実質的客観説の基準

（法益侵害ないし構成要件の実現に至る現実的危険性）を併用すると主張される
などしている（井田良・講義刑法学総論397頁）。

　このように，現在では，形式的基準と実質的基準の両者の観点から「実行
の着手」を検討することが通説的見解であると思われる（これらの学説の議
論状況につき原口伸夫・未遂犯論の諸問題1頁以下参照。なお，前記【判例⑤】の
最高裁判所調査官解説は，実行着手の時期の判断においては，刑法43条の文言上の
制約からくる「密接性」の基準と，未遂犯の処罰根拠から導き出される「危険性」
の基準の双方を考慮に入れる必要があると指摘し，ある行為が当該犯罪の構成要件
該当行為に密接な行為であり，かつ，その行為を開始した時点で既に当該犯罪の既
遂に至る客観的な危険性があると評価できるときは，その時点で当該犯罪につき実
行の着手があったとする〔平木正洋・最高裁判所判例解説刑事篇平成16年
度162頁〕。）。
(注4)

　(注4)　「実行の着手」に関する学説では，その判断基準となるべき「危険性」
　　　を表す表現として，「犯罪構成要件の実現にいたる現実的危険性」（前掲大塚
　　　171頁），「結果発生の切迫した危険」（前掲平野108頁），「結果発生の客観的危
　　　険性」（前掲平野109頁），「法益侵害ないし構成要件の実現に至る現実的危険
　　　性」（前掲井田397頁），「既遂犯の構成要件的結果が惹起される現実的・客観的
　　　危険（具体的危険）」（前掲山口281頁，285頁），「既遂の高度の客観的危険」
　　　（前掲山口286頁），「法益侵害の具体的危険性」（前掲橋爪111頁），「実質的危険
　　　性を有する行為」（前掲橋爪111頁），「ある犯罪の既遂に至る客観的危険性」
　　　（前掲平木161頁），「当該犯罪の構成要件該当行為に至る客観的な危険性」（前
　　　掲平木170頁）など様々なものが用いられているが，これを詐欺未遂罪にあて
　　　はめて考えた場合に，その危険性判断のために，どのような事実や事情に着目
　　　すべきと考えられているのか，どの程度の危険性が求められているのか，結論
　　　が異なるのか，などは必ずしも明らかではなかったように思われる。
　　　　なお，「危険性」の判断方法に関しては，行為無価値論と結果無価値論の対
　　　立を背景として，㋐法益侵害の具体的危険性が発生した段階で未遂犯の成立を

認める説（結果犯説。前掲山口284頁，佐伯仁志・刑法総論の考え方・楽しみ方342頁，前掲橋爪110頁等）と，⑦実質的危険性を有する行為の開始に実行の着手が認められるとする説（行為犯説。前掲井田398頁等）に分かれている。しかし，行為犯説と結果犯説の違いは，間接正犯，離隔犯の問題において顕在化するものであり，本件においては，この対立による直接的影響はないと考えられる。

イ　実行の着手の判断要素

実行の着手が認められるために必要とされる危険性を判断する際に，行為者の主観，犯行計画を考慮できるかについては，学説上の対立がある。しかし，【判例⑤】及び【判例⑦】は，それぞれ「実行犯3名の殺害計画」あるいは「航空機に積載させる意図」を判断資料として危険性を判断する判示をしており，危険性を判断するために行為者の主観，犯行計画を考慮できることは，既に判例上確立しているといえ，学説上も，行為者の主観及び犯行計画を考慮できるとの見解が多数である（前掲平野104頁，前掲山口285頁，前掲井田399頁，前掲佐伯344頁，前掲橋爪114頁等。なお，行為者の主観及び犯行計画を考慮することの妥当性について前掲平木163頁以下参照）。

そのほか，構成要件行為（実行行為）の直前に位置する行為の開始によって未遂犯が成立するとの立場（修正された形式的客観説）から，どのような行為であれば，直前に位置する行為といえるのかを判断する具体的な考慮要素として，①構成要件行為に至る経過が自動的である行為，又は，構成要件行為に時間的に近接する行為であること，②犯罪類型において被害者領域が存在する場合には，直前行為は原則としてその領域への介入を伴っていなければならないことが挙げられるなどしている（塩見淳「実行の着手について（3・完）」法学論叢121巻6号18頁等）。
(注5)

（注5）　前記のとおり，【判例⑤】は，①第1行為が第2行為を確実かつ容易に

行うために必要不可欠なものであったこと，②第1行為に成功した場合，それ以降の殺害計画を遂行する上で障害となるような特段の事情が存しなかったこと，③第1行為と第2行為との間の時間的場所的近接性などを考慮し，第1行為は第2行為に密接な行為であり，第1行為を開始した時点で既に殺人に至る客観的な危険性が明らかに認められるとして第1行為開始時点で殺人罪の実行の着手があったと判示しており，いわゆる「早すぎた構成要件の実現」といわれる問題を含む特殊な事案についてではあるものの，実行の着手に関して，当該事案において考慮された事情を具体的に挙げているのが注目される。

なお，【判例⑤】の最高裁判所調査官解説（前掲平木172頁）は，準備的行為を経て構成要件該当行為に及び既遂の結果を発生させるという計画的（段階的）犯行において，実行の着手時期の判断において重視すべき事情として，①準備的行為と構成要件該当行為の不可分性，②準備的行為と構成要件該当行為との時間的場所的近接性，③準備的行為終了後の障害の有無（結果発生の自動性），④準備的行為自体が成功する可能性，を挙げる。

ウ　新たな判断基準

最近の学説上では，新たな対立構図も示されている（本件の原判決を契機に，詐欺罪の各論解釈も含めて対立軸を整理したものとして，樋口亮介「詐欺罪における実行の着手時点」法学セミナー759号50頁参照）。

すなわち，実質的客観説を基調とする学説の多くは，実行の着手論において問題とされる危険性判断と，不能犯論において問題とされる危険性判断とは，基本的に同じであるとの理解を示す（例えば，山口厚編著・クローズアップ刑法総論〔和田俊憲執筆部分〕「未遂犯」221頁，前掲佐伯348頁，前掲大コメ〔野村〕78頁等）。

これに対し，実行の着手については，犯行計画を基礎にして犯行の時系列を把握した上で，実際の事象経過の進行度合いが未遂犯処罰に値する段階に至ったかという判断枠組み（山口厚ほか編・西田典之先生献呈論文集〔樋口亮介執筆部分〕「実行行為概念について」38頁，前掲佐藤230頁等）で捉えるべきで

あるとして，実行の着手と不能犯は別個の問題であると整理し，実行の着手論において，不能犯論におけるものと同質の危険性判断が求められているとの考え方を疑問視する見解が有力に主張されている（前掲樋口「実行行為概念について」33頁，前掲佐藤46頁）。

（2）実行の着手に関する各論解釈の状況

本件においては，実行の着手をどのように理解するかという総論的理解に加えて，詐欺罪の構成要件該当行為（実行行為）をどのように捉えるべきかという，詐欺未遂罪の各論的理解についても検討する必要がある。

ア　構成要件的制約の要否

まず，強盗罪，恐喝罪，詐欺罪などのように構成要件的に手段が限定されている犯罪については，罪刑法定主義から許容される解釈の限界に照らし，暴行・脅迫・欺罔行為等の手段行為に着手しなければ，結果発生の危険があっても未遂の成立は認められないとして，構成要件的制約があるとする見解（前掲井田397頁，西田典之・刑法総論第2版305頁等）と，構成要件的制約を課す必然性はないとする見解（構成要件該当性が充足される切迫した危険が認められれば足りるとするものとして前掲佐伯347頁，実行行為の直前行為であることが認められれば足りるとするものとして前掲佐藤220頁等）とが対立している。

もっとも，構成要件上の制約を認める立場からはもちろん，構成要件上の制約を認めない立場においても，詐欺罪の場合は，単なる財物の領得ではなく，被害者の錯誤に基づく処分行為を通じた財物の領得という構造を有するため，欺罔行為がなければ結果発生の具体的危険性が発生しないなどとして，詐欺未遂罪の成立には，構成要件該当行為である「人を欺く行為」（欺罔行為）を必要とする見解が多数であったように思われる（前掲佐伯347頁，前掲大コメ〔髙橋〕98頁等）。

イ　詐欺罪にいう「人を欺く行為」（欺罔行為）の意義

詐欺罪の構成要件該当行為（実行行為）である「人を欺く行為」（欺罔行為）とは，「人を錯誤に陥らせる行為」であり，また，欺かれた者に財産的

処分行為をさせるような行為でなければならない（前掲大コメ〔髙橋〕29頁，31頁）。1項詐欺についていえば，財物の交付行為に向けられたものである必要があり（西田典之・刑法各論第6版193頁，山口厚・刑法各論第2版251頁，井田良・講義刑法学各論258頁等），その内容として，財物交付の判断の基礎となる重要な事項を偽るものでなければならないとされる（この点を明示した最一小決平成22年7月29日・刑集64巻5号829頁，最二小決平成26年3月28日・刑集68巻3号646頁，最二小決平成26年4月7日・刑集68巻4号715頁参照）。

　しかしながら，詐欺未遂罪が成立するのか予備（不可罰）にとどまるのかが問われる場面において，どのような嘘を告げた段階に至れば，「人を欺く行為」（欺罔行為）を開始した（前掲大コメ〔髙橋〕98頁）とみるべきなのか，あるいは，「人を欺く行為」（欺罔行為）の直前・密接行為に当たるとみるべきなのかという点に関しては，必ずしもこれまでの判例，学説上明らかではなく，「人を欺く行為」（欺罔行為）の意義自体，実行の着手との関係においては，厳密な検討がされていなかったように思われる（そのような問題意識を早くから指摘していたものとして，佐久間修「詐欺罪における実行行為とその着手（一）」産大法学22巻1号56頁，本件原判決を契機として問題提起するものとして，前掲冨川115頁）。

　4　検　討

（1）詐欺罪では，一度の機会に全ての行為が完遂されずに，一定の時間をかけて少しずつ段階を踏みながら行為を積み重ねていく手口により既遂に至ることも少なくない。特に，本件のような特殊詐欺では，詐欺グループ内で予め作り上げられた詐欺マニュアル（だましのための様々なトークの手口が記載されているもの）などに従って，時間をかけて種々の嘘を積み重ねることによって財物交付判断の基礎となるような重要な事項に関する虚偽ストーリーを構築し，また，その過程では，必ずしも財物交付に直結しないような嘘も交えて被欺罔者の信頼感を醸成しつつ，被欺罔者の錯誤を招き，最終的に財物交付要求を行うというような事案が多いものと思われる（劇場型詐欺）。

本件においても，その計画によれば，被害者が前日に100万円の別件詐欺被害に遭っていたという事実を背景として，被害者に対し，段階（2回の電話，被告人の訪問による現金交付要求という3段階）を踏みながら，「前日の詐欺被害を回復するために警察から協力を求められており，そのためには，預金口座から現金を払い戻して現金を被害者宅に移動させておかなければならず，被害者宅を訪問した警察官である被告人に現金を交付しなければならない」という虚偽ストーリーを誤信させて，現金交付を求める予定であったと認められ，このような虚偽ストーリー全体をもって，財物交付判断の基礎となる重要な事項を偽ることが予定されていたものと認められる。したがって，この計画が予定通りに全て遂行された時点においては，そのような虚偽ストーリーを構築する嘘を被害者に述べて財物交付要求に至る行為全体をもって，「人を欺く行為」（欺罔行為）に該当すると考えられる。^(注6)

　ところが，本件では，その計画の内，財物交付要求行為が行われる手前の段階までしか遂行されていない（末尾の別紙・参考図参照）。

（注6）「実行の着手」との関係において，「人を欺く行為」（欺罔行為）と評価
　　　できる段階をどのように捉えるにせよ，起訴状・判決書の「公訴事実」「罪と
　　　なるべき事実」には，財物交付判断の基礎となる重要な事項に関する虚偽スト
　　　ーリーを構築して被欺罔者に誤信させる行為全体を，「人を欺く行為」（欺罔行
　　　為）として記載すべきことは当然のことであろう。

（2）そこで，本件で既に行われていた行為をもって，「人を欺く行為」（欺罔行為）に該当すると評価できるかどうかがまず問題となる。

　ア　この点については，「人を欺く行為」（欺罔行為）といえるためには，「人による財物交付に向けられたものでなければならない」と解されていることの意味合いをどのように捉えるかによって，次のとおり，二つの見解に分かれるものと思われる。

〔2〕 詐欺罪につき実行の着手があるとされた事例

（a）財物交付要求行為がない以上，それまでに行われていた行為をもって，詐欺罪の実行行為である「人を欺く行為」（欺罔行為）とは，およそ評価できないとする見解

（b）財物交付要求行為がなくても，それまでに行われていた行為をもって，詐欺罪の実行行為である「人を欺く行為」（欺罔行為）と評価できる場合があり得るとする見解

イ　（a）の見解は，「人による財物交付に向けられた」欺罔行為と評価するためには，「財物を交付しなければならない」という中核部分についての錯誤を生じさせる行為（財物交付要求行為）が必要であり，それに至らない段階では，その前に積み重ねられていた行為のみでは，「人による財物交付に向けられた行為」とはいえず，実行行為と評価することはできないとするものであろう。

そして，（a）の見解に立ち，詐欺罪の実行の着手について構成要件的制約を認めるとすれば，詐欺罪の実行の着手が認められるためには，財物交付要求行為が必須であるという結論に至る。これが，原判決がとった立場であると考えられる。

他方，（a）の見解に立ち，構成要件的制約を認めない立場に立つとすれば，実行の着手に関する総論解釈を踏まえ，実行行為よりも前の行為をもって詐欺未遂罪の成立を認めてよいか否かを更に検討すべきことになり，総論解釈の違いによって，その判断基準や結論に対する見解が様々に分かれ得ることになる。

ウ　（b）の見解は，「人による財物交付に向けられた」と評価するためには，人による財物交付に向けられた犯行計画・意図に基づく，何らかの偽る行為があれば，必ずしも財物交付要求行為段階まで至っていなくても，「人を欺く行為」（欺罔行為）の一部を行ったと評価し得るとするものであるが，どのような行為が，どの程度行われれば，「人を欺く行為」（欺罔行為）の一部を行ったと評価して，実行の着手を認め得るのかに関しては，やはり，見

解が分かれ得ると考えられる。

　さらに，（ｂ）の見解に立ち，詐欺罪の実行の着手について構成要件的制約を認めないとすれば，詐欺未遂罪の成立範囲を更に広く解することが理論的には可能となるが，その場合の処罰範囲の限界をどうみるかは，見解が分かれ得るであろう。

　エ　詐欺未遂罪が成立するためには常に財物交付要求行為を必要とするとの立場（（ａ）の見解＋構成要件的制約を認めて実行行為以前への前倒しを認めない立場）をとると，詐欺未遂罪の成立範囲は極めて明確となるものの，処罰範囲が狭くなりすぎて実態にそぐわないという問題点がある。

　他方，それ以外の立場からは，詐欺未遂罪の処罰範囲をいかに明瞭かつ適切に画するかが課題となる。^(注7)

（注7）　本件事案（末尾の別紙・参考図を参照）に即して考えてみるとすると，例えば，（1）「人を欺く行為」（欺罔行為）を拡張する立場から，「警察官だ」という嘘も，犯行計画上，現金交付判断の基礎となる重要事項となるべき虚偽ストーリーの一部をなすものであるから，このような嘘を述べた段階で，直ちに実行行為の一部が開始されたものとみて実行の着手を認めるのか，「人を欺く行為」としての実行行為性が認められるためには，もう少し虚偽ストーリーの構築が進んだ段階でなければならないと解するのか，（2）実行行為より前の段階で実行の着手を認めるとの立場から，嘘をまだ述べる前の段階，例えば嘘を述べるための電話をかけようと名簿を準備して受話器を上げる行為をもって，実行行為の直前行為として実行の着手を認めるのか，それでは早すぎるとして何らかの制限的解釈をするのかなど，詐欺未遂罪の成立限界をどこにみるべきかは，理論的には様々な見解があり得るであろう（これらについての学説については，後注記載の各文献参照）。

　　　未遂犯処罰を決する実行の着手について，どのような理論構成を採用するにせよ，未遂犯処罰を認める段階が遅すぎると，当罰性の高い者が処罰を免れるということになりかねず，他方で，未遂犯処罰が認められる段階を早くに求め

すぎると，究極的には，専ら犯人の内心や計画にのみ依拠した判断とならざるを得ず，かつて主観説に対して向けられていたのと同様の批判を招くことになるという問題を常に内包しているように思われる。したがって，実務上は，理論的整理に加えて，バランスの取れた妥当な解決を導くための具体的な考慮事情を分析，検討することが重要になっていくものと思われる。

（3）財物交付要求行為の要否

以上を踏まえて，本判決の判示内容をみてみると，本判決は，まず，詐欺未遂罪の成立が認められるためには，必ずしも財物交付要求行為が必要ないことを明らかにしている。

もっとも，財物交付要求行為を不要とした点を含め，本判決は，本件事案に即した事例判断であることに留意する必要がある。すなわち，いわゆる特殊詐欺事案では，段階を踏みながら少しずつ被欺罔者を錯誤に陥れて財物交付をさせるための計画に基づき，だまし役や現金受取役，指示役などの予め決められた役割分担の下，手足のように動いて代替可能な詐欺グループ構成員によって，予め作られた詐欺マニュアルなどに従って詐欺罪が遂行されていくという組織的・計画的な性質を高度に備えていることが通常であり，本件は，そのような特殊詐欺事案を前提にしてなされた事例判断であるから，本判決の射程を考える際には，その点も十分留意しておく必要があろう。

（4）詐欺未遂罪の成否を判断する視点

次に，詐欺未遂罪成立のためには必ずしも財物交付要求行為が必要でないと解するとすると，詐欺未遂罪の成立する限界をどのように考えていくべきかが今後の課題となるが，この点に関し，本判決は，本件事案に即して，複数の視点から，その考慮事情を挙げて詐欺未遂罪の成立を肯定しており，今後の実務の参考になるものと思われる。

すなわち，本判決は，「本件嘘を一連のものとして被害者に対して述べた段階において，詐欺罪の実行の着手があった」とするものであるが，その理由は，

（一）既に述べられていた複数の嘘の中から，本件嘘として取り上げるべき嘘の内容を列挙し，本件犯行計画に照らし，本件嘘の内容的性質を分析する部分，

（二）段階を踏んで嘘を重ねながら現金を交付させるという犯行計画における時系列的な位置づけからみて，本件嘘を一連のものとして被害者に対して直接述べた段階における①現金交付要求行為との直接的つながり，②現金交付の危険性の二つの観点から分析する部分，
から成る。
(注8)

ところで，本判決は，上記各視点による分析を踏まえて本件嘘を一連のものとして被害者に述べた段階において詐欺罪の実行の着手を認めているが，その理論構成として，前記（ａ）の見解に立ち，詐欺罪の実行行為ではなく，その直前・密接行為が認められると判断したのか，それとも，（ｂ）の見解に立ち，本件嘘を一連のものとして述べる行為をもって，詐欺罪の実行行為（「人を欺く行為」（欺罔行為））に該当していると判断したのか，を明らかにしてはいない。

本件においては，（ａ）の見解に立ち，「人を欺く行為」（欺罔行為）該当性を狭く解したとすれば，どこまでの行為を直前・密接行為と評価するかを検討する必要が生じるし，（ｂ）の見解に立ち，実行行為である「人を欺く行為」（欺罔行為）該当性を緩やかに解するとすれば，どこまでの行為をもって実行行為として評価するのかを検討する必要が生じる。そして，理論的に（ａ）（ｂ）いずれの見解に立つにせよ，詐欺未遂罪の成立時期として妥当な結論を考えていくに当たっては，（一）（二）のような視点によって具体的な事情を分析，検討することが有用と考えられる。

本判決の法廷意見は，上記（一）（二）の視点から本件事案を分析，検討し，理論上（ａ）（ｂ）いずれの見解に立ったとしても，本件嘘を一連のものとして述べた段階において実行の着手を肯定できるとの判断に至り，本件では，（ａ）（ｂ）いずれの理論構成を採用するかによって，その結論を異にするとは

考えられなかったため，その理論構成を明示しなかったものと推察される。また，これまでの判例上，下級審判例・裁判例を含め，詐欺未遂罪の成立限界という観点で詐欺罪の実行の着手の有無に関して判断がされた事例は少なく，議論の蓄積もない状況下で，最高裁としての判断を明示する段階ではないと考えられたようにも思われる。

(注8)　本判決は，これらの分析をするに際して，いずれも犯行計画を考慮しているが，前記のとおり，既に判例上，実行の着手を判断する際に犯行計画を考慮できるものとされている。

　　　そもそも，詐欺未遂罪の成否を検討するに当たっては，犯行計画を含む行為者の意図を考慮しなければ，行為の意味合いを判断して評価すること自体が困難であり，実行の着手の判断において，犯行計画の考慮が不可欠である場合が少なくないであろう。

ア　述べられた嘘の内容的性質の検討（財物交付判断の基礎となる重要事項との関係性）

本件では，被害者に対して直接述べられた嘘として，

①犯人グループの氏名不詳者らが警察官を名乗る嘘

②犯人グループらが警察官であることを信用させるための嘘（例えば，「昨日，駅の所で，不審な男を捕まえた。その犯人が被害者の名前を言っています。」という嘘）

③被害者が銀行に行って預金を下ろして現金化する必要がある旨の嘘

④前日の詐欺の被害金100万円を取り戻すために警察に協力する必要がある旨の嘘

⑤特殊詐欺犯人を捕まえるために警察が動いていることを信用させるための嘘（例えば，「僕らの方から犯人側グループに電話することもあるんですよ。」という嘘）

⑥警察官が間もなく被害者宅を訪問する旨の嘘

などが挙げられる。

　本判決は，これらのうち，①，③，④，⑥の嘘を挙げ（本判決判示の本件嘘），本件嘘について，「被害者をして，本件嘘が真実であると誤信させることによって，あらかじめ現金を被害者宅に移動させた上で，後に被害者宅を訪問して警察官を装って現金の交付を求める予定であった被告人に対して現金を交付させるための計画の一環として行われた」ことを指摘した上で，本件嘘の内容が，「その犯行計画上，被害者が現金を交付するか否かを判断する前提となるよう予定された事項に係る重要なものであった」との判断を示し，②や⑤といった被害者の信頼感を醸成するための周辺的な嘘を述べる行為については触れられていない。

　この判示部分は，本件犯行計画で予定されていた行為の全体像（「前日の詐欺被害を回復するために警察から協力を求められており，そのためには，預金口座から現金を払い戻して現金を被害者宅に移動させておかなければならず，被害者宅を訪問した警察官である被告人に現金を交付しなければならない」との虚偽ストーリーを誤信させる嘘を述べて現金交付要求する行為）が，現金交付の判断の基礎となる重要な事項を偽るもので，詐欺罪の実行行為である「人を欺く行為」（欺罔行為）に該当することを踏まえた上で，その計画遂行の一環として述べられた本件嘘の内容が，そのような「人を欺く行為」（欺罔行為）の一部を構築するよう予定されていた重要なものであることを指摘しているものと考えられる。[注9]

　本判決は，詐欺未遂罪の成否を検討するに当たって，犯行計画を踏まえ，実際に述べられた嘘について，内容的性質を検討する必要性を示唆するものであり，詐欺未遂罪の成否に関する大審院時代からの判例実務の流れ，及び「人を欺く行為」（欺罔行為）該当性判断における重要事項性に係る前記判例を踏まえ，犯行計画に照らして「人を欺く行為」（欺罔行為）をおよそ構築しない事項に係る嘘を述べる行為（被欺罔者からの信頼を得るために，現金交

付には関係しない周辺的嘘を述べる行為など）や，嘘を述べる以前の段階の行
為（例えば，受話器を上げる行為や，詐欺マニュアル・だますターゲットの名簿
を準備する行為など）しか行われていない段階での詐欺未遂罪の成否に関し
て慎重な姿勢を示しているように思われる。^(注10)

（注9） 「判断の基礎となる」ではなく「判断する前提となる」という言葉が用
　　いられているのは，判断の基礎となる重要事項は，虚偽ストーリー全体であ
　　り，本件で述べられた嘘は，虚偽ストーリー全体を構築する一部にとどまるた
　　めであろう。

（注10） （ｂ）の見解から，本件嘘を述べた行為をもって「人を欺く行為」（欺罔
　　行為）の一部であるというためには，本件嘘の内容が本文記載のような性質を
　　有することが最低限必要とされよう。また，（ａ）の見解に立ったとしても，詐
　　欺未遂罪処罰の限界を考えるに当たって，構成要件的制約をどこまで厳格に求
　　めるべきかはともかくとして，犯罪をしようとする意思（詐欺罪に向けた内
　　心・計画）そのものではなく，法益侵害及びこれを惹起するものとして刑法が
　　定める禁止行為に処罰根拠を求める客観主義を出発点にしていることに鑑みれ
　　ば，現に行われた行為の当罰性を判断するに際しては，既遂犯として刑法が定
　　める構成要件に照らし，述べられた嘘の内容的性質を検討することには意味が
　　あるように思われる。

イ　現金交付要求行為との直接的つながり

　本判決は，「預金口座から現金を下ろして被害者宅に移動させることを求
める趣旨の文言」や「間もなく警察官が被害者宅を訪問することを予告する
文言」を挙げ，本件嘘の中に現金交付要求行為に「直接つながる嘘」が含ま
れていることを指摘する。

　本判決は，この判示部分において，現金交付要求行為と直接つながる嘘で
あるかどうかという視点の下で，本件事案に即し，本件犯行の目的物である
現金の移動あるいは現金への接近（被告人の訪問）といった，本件詐欺の目

的物に近接していく動きに関する事情に注目されているように思われる。[注11]

さらに，本判決は，このような現金交付要求行為に直接つながる嘘を真実であると被害者に誤信させることが，現金交付の危険性を著しく高めると評価しており，このような現金交付要求行為とのつながりの程度が，危険性判断に連動することも示している。

以上のとおり，本判決において，財物交付判断の基礎となる重要事項との関係性という視点のほかに，本件嘘の中に現金交付要求行為と直接つながる嘘が含まれているという視点が別途指摘されていることに照らすと，本判決は，例えば，本件事案において単に「警察官だ」という嘘を述べるにとどまる段階で，詐欺未遂罪の成立を認めることに対して慎重な姿勢を示しているように思われる。

なお，実務上は，未遂犯処罰を基礎づける実行の着手時期を，ある程度類型的・外形的に決せられるような判断基準が求められていると考えられるところ，現金交付要求行為と直接つながる嘘であるかという視点は，そのような類型的・外形的判断に資する側面があり，詐欺未遂犯処罰の限界を考えていく上で重要な視点になるものと考えられる。[注12]

(注11)　現金交付要求行為に直接つながる嘘であるかどうかという視点は，現金交付要求行為との時間的接着性をも取り込む判断要素としても機能し得るようにも思われる。なお，特殊詐欺においては，だまし役と受け取り役が組織的に分担され，だまし役は，電話により嘘を述べるものであるため，場所的接着性は，未遂の成否判断場面において，ほとんど意味を有さないと考えられる。

(注12)　(ｂ)の見解に立てば，「人を欺く行為」(欺罔行為)該当性の判断要素として，現金交付要求行為との直接的つながりを検討することには合理性があろう。また，(ａ)の見解に立ったとしても，構成要件該当行為との密接性・直前性を判断する場面において(形式的基準)，あるいは，犯行計画を基礎に事象経過の進行度合いから未遂犯処罰に値する段階に至ったかを判断する場面において(進捗性基準)，判断の基点となり得る現金交付要求行為とのつながりの

程度を検討することは有用であると思われる。

ウ　現金交付の危険性

（ア）被欺罔者側の事情と危険性判断との関係について

　本件においては，被害者は，1回目の電話の時点では，本件犯人グループ
の氏名不詳者が述べた嘘を真実であると誤信し，実際に，預金を銀行から下
ろして自宅に移動させることまでしていたが，その後2回目の電話の前に，
だまされていることを知ることとなり，以後，警察による「だまされたふり
作戦」が実施され，その後に，本件犯人グループの氏名不詳者らが2回目の
電話で嘘を述べているとの事実経過が認められる。

　したがって，本判決において本件嘘として取り上げられている2回目の電
話での嘘が述べられた時点では，被害者の置かれていた客観的状況に照らせ
ば，被害者がだまされる可能性も，また，被告人に現金を交付する可能性も
実際には，ほぼなかったといえる。

　しかしながら，詐欺罪においては，被欺罔者が実際に，①述べられた嘘を
真実と誤信して錯誤に陥ったかどうか，②述べられた嘘を当初真実と誤信し
たものの途中で嘘を看破したかどうか，③述べられた嘘を真実と誤信し，錯
誤に陥ったものの現金交付判断を行うかどうかは，いずれも被欺罔者の能力
や被欺罔者が置かれていた偶然的な状況次第であり，そのような被欺罔者側
の偶然的な事情によって，詐欺未遂罪の成否が決せられるとは考えられてい
ない。このことは，前記のとおり，詐欺未遂罪の成立が肯定されるために
は，被欺罔者が実際に錯誤に陥ったかどうかは問われないとの解釈が大審院
時代以来の判例によって確立されていることから明らかといえる（前掲大コ
メ〔髙橋〕98頁等）。

　本判決が，実行の着手を認めた理由として摘示した事実関係の中に，被欺
罔者である被害者が置かれていた客観的な状況や被害者の実際の誤信状況に
関する事実（被害者が，偶然，本件詐欺被害に気付き，だまされたふり作戦が開

始されていたことなど）が挙げられていないのは，上記のようなことが考えられたためと思われる。

以上のとおり，本件において，本判決が言及している「危険性」は，被欺罔者側の実際の事情に照らして判断されているものではない。

なお，本判決には，本件嘘が被害者に対して直接述べられたものであるとの事実が判示されており，本件嘘が直ちに被欺罔者である被害者に到達している事案であることが判断の前提とされていることには留意が必要であろう。

（イ）段階を踏む犯行計画と危険性判断の関係について

本判決は，本件嘘が段階を踏んで嘘を重ねながら現金を交付させるための犯行計画の下において述べられたことを指摘した上で，本件嘘を一連のものとして被害者に述べた段階で詐欺罪の実行の着手があったとするものであるから，本件犯行計画で定められていた各段階の進行状況を踏まえ，時系列的な流れの中で，本件嘘を述べた段階では，危険性が著しく高まっているとの評価をしたものと思われる。

このように，計画的，段階的犯行であることを踏まえて，実行の着手を判断するという点では，クロロホルム事件の【判例⑤】の判断手法が踏襲されていると考えられる。

（ウ）危険性評価の内容

本判決は，本件嘘には現金交付要求行為に直接つながる嘘が含まれていることを指摘した上で，「既に100万円の詐欺被害に遭っていた被害者に対し，本件嘘を真実であると誤信させることは，被害者において，間もなく被害者宅を訪問しようとしていた被告人の求めに応じて即座に現金を交付してしまう危険性を著しく高めるものといえる」と判示する。

まず，本判決が，評価している危険性の内容は，「被告人による現金交付要求に応じて被害者が現金を交付する危険性」であって，現金交付要求行為に至る危険性ではない。これは，詐欺罪では，現金交付要求行為が単体で行われたとしても，それだけでは現金交付に至る危険性が高いとはいえず，虚

偽ストーリーを告げる等の錯誤を招くための行為と共に存在する現金交付要求行為であるからこそ，全体として「人を欺く行為」（欺罔行為）が構築され，これによって錯誤に陥った被欺罔者による現金交付に至る危険性が高まるという詐欺罪の構成要件の特質を踏まえ，「殺人に至る客観的な危険性」が判断された【判例⑤】とは異なる理由づけがなされたものと思われる。[注13]

　次に，本判決が，危険性を著しく高めているとした評価対象は，「本件嘘を述べる行為」ではなく，「本件嘘を真実であると誤信させること」である。これは，詐欺未遂罪の成否は，実際に被欺罔者が嘘を真実と誤信したか否かに関わりがないとされているため，被欺罔者が誤信した場合における法益侵害の危険性を評価しなければならないからであろう。

（エ）危険性の程度

　本判決は，本件嘘を述べる段階において実行の着手を認めた理由として，本件嘘を真実であると誤信させることが，「被害者が現金を交付してしまう危険性を著しく高める」点を挙げている。これは，本件において，現金交付要求行為に直接つながる嘘を含む本件嘘が述べられた段階では，本件嘘を真実と誤信した者は，予め現金を自宅に準備し，間もなく訪問予定であると予告されていた警察官を装う被告人から現金交付を要求されれば，被害金を取り戻すための協力として，被告人に現金を交付しなければならないと直ちに誤信し，即座にその現金を交付してしまうであろう程に危険性が高まっていたといえるからであろう。

　そして，本判決には，被告人が間もなく被害者宅を訪問しようとしていたとの事実も判示されており，本件嘘を述べる行為と現金交付要求行為とのつながりの強さに加えて，実行の着手を認めた段階と現金交付要求行為との間の時間的近接性があることも踏まえて，本件における危険性の高まりが評価されていると考えられる。

　なお，本判決には，被害者が既に100万円の詐欺被害に遭っていたとの事実も判示されているが，これは，被害者自身のだまされやすさという意味で

はなく，被害金を取り戻す等の虚偽ストーリー構築の一環として述べられた本件嘘が，本件被害者による現金交付判断において持つ意味合いを示すための事実として記載されたものであろう。[注14]

（オ）ところで，本判決の法廷意見は，「客観的危険性」という言葉を使用していない。「客観的」との表現は多義的であるところ，行為者の犯罪意思といった主観的危険性を評価したものではない点などにおいて，本判決が行った危険性判断も，当然，客観的というべきではあるものの，段階を踏んで計画的に行われた詐欺未遂罪の成否において検討されるべき危険性判断の内実（上記（ア）ないし（エ））は，【判例③】【判例⑤】【判例⑥】【判例⑦】で検討されていた危険性判断とは異なる点を有することが考慮されたように思われる。

(注13) ①詐欺罪の構成要件である「人を欺く行為」（欺罔行為）には，現金交付要求行為だけでなく，被欺罔者の錯誤を招く行為（本件では，本件嘘を含む虚偽ストーリーを誤信させる行為）が存在することが当然に必要とされている点，②詐欺罪の構成要件の構造上，「人を欺く行為」（欺罔行為）の他に，被欺罔者による現金交付行為が必要とされている点に加え，③詐欺未遂罪の成立のためには，被欺罔者が錯誤に陥っているかどうかが問われないと解されている点などに照らすと，本件嘘を述べる行為と本件現金交付要求行為との間の関係性は，クロロホルム事件における第2行為（自動車ごと海中に転落させる行為）と第1行為（第2行為の準備行為としてのクロロホルムを吸引させる行為）との間の関係性とは，性質を異にする部分が多々あるように思われる。本判決で，クロロホルム事件の【判例⑤】で判示されている「第1行為が第2行為を確実かつ容易に行うために必要不可欠なものであったこと」及び「第1行為と第2行為との間に障害がないこと」との表現を用いた検討がされていないのも，そのようなことが考慮されたためであろう。

(注14) （b）の見解に立てば，構成要件該当性の判断として，「人を欺く行為」（欺罔行為）該当性を考える上で，本文のような危険性を検討することが有用と思われる。（a）の見解に立ったとしても，「人を欺く行為」（欺罔行為）との

密接性・直前性を判断する場面において，通説的見解（形式的基準と実質的基準の併用）からすれば，危険性を検討することは当然のことと考えられるし，最近の有力説（進捗性基準）からしても，犯行計画に照らして事態の進行度合いが未遂犯処罰に値するか否かを検討する際の判断事情の一つとして，本文のような危険性の高まりを検討することが考えられるのではなかろうか。

（5）本判決の射程

本判決は，本件事案に即した事例判断であるから，本判決において考慮された各事情が認められる場合に詐欺罪の実行の着手が認められて詐欺未遂罪が成立するとしたというにとどまり，本判決で考慮された各事情のうちのいずれかが欠けたような事例において，実行の着手が認められ得るのか否かに関し，本判決は何ら明らかにするものではない。また，本判決は，詐欺グループによって組織的に行われる特殊詐欺の事例判断として，詐欺未遂罪の成立のためには，現金交付要求行為が必須ではないことを明らかにしているものの，詐欺未遂罪の成立のためには現金交付要求行為が常に不要であるとしたものでもない。これらの点をいかに解すべきかについては，今後の事例及び議論の積み重ねに委ねられたものといえよう。

さらに，本判決は，詐欺罪の構成要件を念頭に判断されたものであり，本判決で示された視点が，他の犯罪類型においてどこまで妥当するのかについては，それぞれの犯罪類型や事案に応じた慎重な検討を要するものと思われる。

（注15）　例えば，本件は，1回目の電話及び2回目の電話までが実際に既に行われていた事案であることから，本判決は，1回目及び2回目の電話によって述べられた本件嘘を一連のものとして判断しているものであり，仮に，本件同様の事案で，1回目の電話による嘘にとどまる段階において，実行の着手が認められるのか否かは，本判決からは明らかではない。なお，後記のとおり，山口厚裁判官は，その補足意見において，本件事案において詐欺未遂罪の成立が認められるためには，2回目の電話（間もなく警察官が被害者宅を訪問すること

を予告する内容）によって，現金を交付する危険性が著しく高まり，詐欺の実行行為に密接な行為がなされたと明らかにいえるとして，2回目の電話の重要性を説いている。

（6）山口厚裁判官の補足意見について

本判決には，山口厚裁判官の補足意見が付されている。その内容は次のとおりである。

「詐欺の実行行為である『人を欺く行為』が認められるためには，財物等を交付させる目的で，交付の判断の基礎となる重要な事項について欺くことが必要である。詐欺未遂罪はこのような『人を欺く行為』に着手すれば成立し得るが，そうでなければ成立し得ないわけではない。従来の当審判例によれば，犯罪の実行行為自体ではなくとも，実行行為に密接であって，被害を生じさせる客観的な危険性が認められる行為に着手することによっても未遂罪は成立し得るのである（最高裁平成15年（あ）第1625号同16年3月22日第一小法廷決定・刑集58巻3号187頁参照）。したがって，財物の交付を求める行為が行われていないということは，詐欺の実行行為である『人を欺く行為』自体への着手がいまだ認められないとはいえても，詐欺未遂罪が成立しないということを必ずしも意味するものではない。未遂罪の成否において問題となるのは，実行行為に『密接』で『客観的な危険性』が認められる行為への着手が認められるかであり，この判断に当たっては『密接』性と『客観的な危険性』とを，相互に関連させながらも，それらが重畳的に求められている趣旨を踏まえて検討することが必要である。特に重要なのは，無限定な未遂罪処罰を避け，処罰範囲を適切かつ明確に画定するという観点から，上記『密接』性を判断することである。

本件では，預金口座から現金を下ろすように求める1回目の電話があり，現金が被害者宅に移動した後に，間もなく警察官が被害者宅を訪問することを予告する2回目の電話が行われている。このように，本件では，警察官に

なりすました被告人が被害者宅において現金の交付を求めることが計画され，その段階で詐欺の実行行為としての『人を欺く行為』がなされることが予定されているが，警察官の訪問を予告する上記2回目の電話により，その行為に『密接』な行為が行われていると解することができる。また，前日詐欺被害にあった被害者が本件の一連の嘘により欺かれて現金を交付する危険性は，上記2回目の電話により著しく高まったものと認められる。こうして，預金口座から下ろした現金の被害者宅への移動を挟んで2回の電話が一連のものとして行われた本件事案においては，1回目の電話の時点で未遂罪が成立し得るかどうかはともかく，2回目の電話によって，詐欺の実行行為に密接な行為がなされたと明らかにいえ，詐欺未遂罪の成立を肯定することができると解されるのである。」

　本判決の法廷意見は，前記のとおり，詐欺罪の実行の着手を判断する場面における「人を欺く行為」（欺罔行為）の意義を，どのように理解すべきかについて明示していないし，本件において，実行行為として「人を欺く行為」（欺罔行為）を肯定したのか，実行行為に直前・密接性のある行為を肯定したのかを含め，その理論的立場を明らかにしてはいない。これに対し，山口厚裁判官の上記補足意見では，財物交付要求行為がなければ実行行為には当たらないとしても，実行行為に密接で客観的な危険性があれば実行の着手が認められるとの理論的見地から，密接性と客観的な危険性判断が重畳的に求められている趣旨を踏まえ，処罰範囲を適切かつ明確に画定する観点から密接性を判断することの重要性を指摘するなどして，本判決の法廷意見を補足する説明がされており，参考になるものと思われる。

　5　本判決の意義

　本判決は，特殊詐欺における詐欺未遂罪の成立時期という，近時生じた法律上の問題について，最高裁として初めての事例判断を示したものとして，非常に重要な意義を有すると考えられる。

（後注）　本判決及び原判決の評釈，本判決及び原判決に言及する論文等として知
　　　り得たものとして，本文中に掲げたものの他，矢野隆史「警察官を装った組織
　　　的詐欺のだまし役が被害者に預金を払い戻すよう申し向けたものの未だ現金を
　　　交付するよう明確に告げていない段階で逮捕された受け子の詐欺未遂罪の成否
　　　について実行の着手が問題となった事例」研修830号95頁，冨川雅満「ドイツ
　　　判例に見る詐欺未遂の開始時期」立教法務研究11号156頁，佐藤拓磨「実行の
　　　着手について」研修838号3頁，豊田兼彦「詐欺罪の実行の着手」法学セミナ
　　　ー761号121頁，成瀬幸典「詐欺罪の実行の着手が認められた事例」法学教室
　　　454号140頁，前田雅英「詐欺罪の着手時期」捜査研究810号2頁，羽柴愛砂
　　　「刑事判例研究493」警察学論集71巻7号177頁，中川正浩「特殊詐欺対策とし
　　　てのいわゆる『だまされた振り作戦』に関する法的問題と捜査手法の正当性に
　　　ついて」警察学論集71巻12号62頁，樋口亮介「実行の着手」東京大学法科大学
　　　院ローレビュー13巻57頁，佐藤拓磨＝二本栁誠「特集・詐欺罪における実行の
　　　着手」刑事法ジャーナル57号17頁，塩見淳「特殊詐欺事案で見えてきた解釈問
　　　題」法学教室461号49頁，髙橋直哉「実行の着手論雑考」研修854号3頁，和田
　　　俊憲「被害者に現金の交付を求める文言を述べていなくても詐欺罪の実行の着
　　　手があるとされた事例」ジュリスト1531号150頁，冨川雅満「特殊詐欺におけ
　　　る実行の着手」法律時報91巻11号74頁，髙橋則夫「特殊詐欺をめぐる犯罪論上
　　　の諸問題」判例秘書ジャーナル文献番号HJ200015，冨川雅満「刑事判例研究
　　　（3）」法学新報126巻3，4号101頁，佐藤拓磨「未遂・承継的共同正犯」法学
　　　セミナー779号10頁，東條明徳「詐欺罪につき実行の着手があるとされた事例」
　　　論究ジュリスト31号202頁，江見健一「特殊詐欺の受け子の罪責に関する諸問
　　　題－特殊詐欺の現状と近時の最高裁判例を踏まえて－（上）」警察学論集72巻
　　　11号1頁，橋本正博「実行行為の開始と実行の着手」研修857号3頁，安田拓
　　　人「特殊詐欺における実行の着手」法律時報92巻12号7頁がある。

　　　　　　　　　　　　　　　　　　　　　　　　　　　（向井　香津子）

〔2〕 詐欺罪につき実行の着手があるとされた事例

【別紙・参考図】

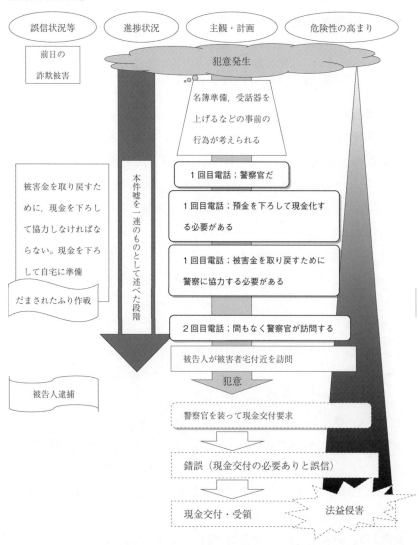

- 95 -

〔3〕 いわゆる STR 型による DNA 型鑑定の信用性を否定した原判決が破棄された事例

(平成29年(あ)第882号　同30年5月10日第一小法廷判決　破棄自判)
(第1審大阪地裁堺支部　第2審大阪高裁　刑集72巻2号141頁　)

〔判決要旨〕

犯行現場で採取された精液様の遺留物について実施されたいわゆる STR 型による DNA 型鑑定について，15座位の STR 型の検出状況を分析した結果等に基づいて，遺留物が1人分の DNA に由来し，被告人の DNA 型と一致するとした鑑定の信用性を否定し，被告人を無罪とした原判決は，同鑑定が遺留物を1人分の DNA に由来するとした理由の重要な点を見落とした上，科学的根拠を欠いた推測によって，鑑定の信用性の判断を誤り，重大な事実の誤認をしたというべきであり（判文参照），刑訴法411条3号により破棄を免れない。

〔参照条文〕

刑法130条前段，174条，刑訴法411条3号

〔解　説〕

第1　事案の概要等

1　事案の概要と経緯

本件は，被告人（当時27歳）が，正当な理由がないのに，他人が看守するマンションに，1階オートロック式の出入口から住人に追従して侵入し，マンション内通路において，自己の陰茎を露出して手淫した上，射精したとの邸宅侵入，公然わいせつの事案である。

被告人は，犯人性を争い，無罪を主張した。犯人性に関する証拠は，上記住人の110番通報で臨場した警察官が上記住人方玄関ドア下の通路で採取した精液様の遺留物（本件資料）について，捜査段階で大阪府警科学捜査研究所が実施した DNA 型鑑定（科捜研鑑定）及び第1審で大学教授が実施した

DNA 型鑑定（本件鑑定）であり，主に本件鑑定の信用性が問題となった。

第1審判決（大阪地裁堺支部・平成28年9月21日）は，本件資料は，犯人が犯行の際に遺留した精液であり，各鑑定により，その DNA 型は被告人に由来するもので，被告人の精液であると認められる，被告人が犯人として射精する以外に被告人の精液が現場に遺留されるような理由は見当たらないとして，被告人を犯人と認めて上記犯罪事実を認定し，被告人を懲役1年の実刑に処した。

これに対し，原判決（大阪高裁・平成29年4月27日）は，本件資料に他人の DNA が混合した疑いを払拭することができず，本件鑑定の信用性には疑問があり，被告人と犯人との同一性については合理的疑いが残るとして，事実誤認を理由に第1審判決を破棄し，被告人に対し無罪を言い渡した。

そこで，検察官が上告し，上告趣意として，判例違反（専門的鑑定意見が証拠となる場合の裁判所の判断の在り方に関する最二判平成20年4月25日刑集62巻5号1559頁，有罪認定の立証の程度に関する最一決平成19年10月16日刑集61巻7号677頁）及び重大な事実誤認があると主張した。

2　当審判示（最高裁第一小法廷・平成30年5月10日判決）

本判決は，上告趣意は，判例違反をいう点を含め，実質は事実誤認の主張であって，適法な上告理由に当たらないとした上で，所論に鑑み，職権により調査し，以下のとおり，本件鑑定の信用性に関する原判決の判断には重大な事実誤認があるとし，原判決を破棄し，被告人の控訴を棄却した（裁判官全員一致の意見によるものである。）。

原判決は，一般には，資料が1人分の DNA に由来すれば，1座位に3種類以上の STR 型が出現することがないのに，本件鑑定で，1座位において，3種類の STR 型を検出し，かつ，本件資料がマンションの通路上という他者の DNA の混合があり得る場所で採取されたことから，2人分以上の DNA が混入している疑いが生ずる，本件鑑定が本件資料に他人の DNA が混合した疑いがないとしたのは，刑事裁判の事実認定に用いるためのものと

しては十分な説明がされていない，とする。

　しかし，本件鑑定は，本件資料から抽出した３つのDNA試料液の分析結果に基づいて，15座位で，それぞれ１本又は２本のSTR型のピークが明瞭に現れ，かつ，そのピークの高さが１人分のDNAと認められるバランスを示していると説明するところ，１座位で３つ目のSTR型が検出された点に関する説明（男性生殖細胞の突然変異等に起因するというもの）を含め，その内容は専門的知見に裏付けられた合理的なものと認められる。

　これに対し，原判決は，本件資料が混合資料であるとすれば，混合したSTR型の種類や量によっては，外観上多くの座位で１人分のDNAに由来するように見える形で，もととなる型とは異なるSTR型が出現する可能性がある，というが，本件鑑定人が原審の証人尋問でその可能性を否定しているのに対し，原判決の根拠となる専門的知見は示されていない。そして，原判決は，本件鑑定で被告人のSTR型と完全に一致したのは14座位であったことの推認力に限界があると指摘する一方，本件鑑定が，上記15座位で現れたSTR型のピークと高さを分析した結果に基づいて，本件資料が１人分のDNAに由来すると説明した点については，特に検討していない。

　さらに，原判決は，科捜研鑑定についても，混合資料の一部が当初のオリジナルなSTR型以外の形式で再現されたものである可能性が否定できない，本件鑑定と科捜研鑑定の結果が食い違っているから，本件資料が精子であるとの前提が確実に成り立つかどうかも疑問である，という。しかし，本件資料が採取された経緯，その保管及び各鑑定の実施方法には問題がないこと，科捜研鑑定の精液検査で精子が確認され，本件鑑定と科捜研鑑定の結果がほとんど一致していることを踏まえると，本件資料に犯人の精子以外の第三者のDNAが混入した可能性は認め難い。結局，原判決は，本件鑑定が本件資料を１人分のDNAに由来するとした理由の重要な点を見落とした上，科学的根拠を欠いた推測によって，その信用性の判断を誤ったというべきである。

以上によれば，原判決が，本件資料は1人分の DNA に由来し，被告人の DNA 型と一致する旨の本件鑑定の信用性には疑問があるとして，被告人と犯人との同一性を否定したのは，証拠の評価を誤り，ひいては重大な事実の誤認をしたというべきであり，これが判決に影響を及ぼすことは明らかであって，原判決を破棄しなければ著しく正義に反すると認められる。

第2 説　　明

1　STR 型による DNA 型鑑定

本件で実施された各鑑定は，いずれも STR（Short Tandem Repeat）型による DNA 型鑑定である。ヒト細胞には染色体が集合した核があり，父親から受け継いだ1本と母親から受け継いだ1本が対になり，23対（46本，常染色体22×2本と性染色体1×2本）の染色体を有している。STR 型による DNA 型鑑定は，この染色体上の特定の箇所（座位，ローカス）における主に4塩基の配列を1単位とし，その繰返しの回数を型として，終生不変の型の組合せにより個人識別をするものである。我が国では，平成15年から9座位，平成18年から15座位の STR 型を同時に調べる検査キットが利用されて(注1)いる。各座位には，概ね十から十数種類の STR 型が存在し，通常は1座位から1つ（両親から同じ型を受け継いだ場合，ホモ型）又は2つ（両親から異なる型を受け継いだ場合，ヘテロ型）の STR 型が検出される。各座位に出現する STR 型の種類とその頻度が明らかにされ，その頻度が相互に独立しているため，15座位における各 STR 型の出現頻度を掛け合わせることにより，天文学的数字分の一程度まで個人識別の精度を高めることが可能である。

DNA 型鑑定の手順は，まず資料にヒトに由来する血痕，唾液，精液，汗，尿その他の事件に関連する付着物があるかどうかを調べる。科捜研鑑定では，まず本件資料の精液検査が実施され，試薬検査，顕微鏡検査により多数のヒト精子のみを認め，精子以外の特異な細胞を認めなかった（扁平上皮細胞等の粘膜細胞を確認すれば，唾液や膣液の混在が疑われるので分離が必要になる。）。本件鑑定では，科捜研鑑定により本件資料が精子であることが明らか

であったため，改めて精液検査を実施する必要はないとして，この点は鑑定事項とはされなかった。

次に資料からDNAを抽出して精製する。本件資料は滅菌綿棒で採取されたため，綿球部分から一部を切り取り，専用のキットを使って細胞からDNAを抽出精製する。^(注2)次にマルチプレックスPCR（Polymerase Chain Reaction）法により多型のDNAを増幅する。PCRは，1000塩基程度までのDNAを10万倍から100万倍に増幅する手法であり，これにより資料に含まれる多型のDNAが多量に増幅できるため，微量な資料でも分析することが可能となる。上記キットには，標的となる各STR型のDNAを切り出すプライマーのセット（後記フラグメントアナライザーで複数座位の分子サイズが重なり合わないようにDNAのサイズが調節され，かつ識別の便宜のために蛍光染色される。）等が含まれ，資料中の多型のDNAが同時にPCR増幅される。

最後に，増幅されたDNAをフラグメントアナライザーという装置にかける。資料を高分子ポリマーの毛細管カラムに入れ，高電圧をかけて電気泳動させると，DNAの長さによって移動速度が異なるため，STR型の違いを検出することができる。分析の結果は，解析ソフトにより，エレクトロフェログラム（電気泳動図）という図表に示される。STR型の各座位ごとに，ピークを表す山形のグラフと，その下に数字でSTR型（4塩基の繰返しの回数）と高さが表示される。ピークの高さは，通常は元の資料に含まれるSTR型のDNA量に比例する。解析ソフトはエレクトロフェログラムを分析した結果を自動表示するが，最終的な型判定は，鑑定人が，ピークの数，高さ，そのバランス等を総合的に判断することにより行う。

（注1）　同時に性染色体のアメロゲニン型検査が実施される。警察では，21座位のSTR型を同時に調べる新たなキットによるDNA型鑑定を導入し，平成31年4月から実施している。

（注2）　科捜研鑑定で1種類，本件鑑定で2種類のキット（通常のキット及び主

に精子を分離抽出するキット）が使用された。後者のキットは，精子核の壊れ
にくい性質を利用し，DNA 抽出処理後，遠心分離した上澄み部と沈殿部から，
それぞれ試料液を採取し，沈殿部からは主に精子核の DNA が回収される。

2　問題の所在

末尾別紙表のとおり，科捜研鑑定では，本件資料の15座位の STR 型が口
腔内細胞から採取した被告人の DNA 型と全て一致した。しかし，本件鑑定
では，14座位の STR 型は科捜研鑑定と一致したものの，D19S433の座位で
被告人と一致する 2 つの STR 型（14，15.2）に加え，3 つ目の STR 型
（14.2）を検出した。資料が 1 人分の DNA に由来する場合，通常は 1 座位か
ら 1 つ（ホモ型）又は 2 つ（ヘテロ型）の STR 型が検出され，3 つ以上の
STR 型が検出されることはない。そこで，上記 1 座位で 3 つ目の STR 型を
検出したことにより，本件資料に被告人以外の他人の DNA が混入した疑い
が生ずるかどうかが問題とされた。

本件鑑定人は，第 1 審と原審に出廷し，提出した鑑定書に基づいて，エレ
クトロフェログラムを分析した結果等について，15座位の STR 型の検出
(注3)
状況から，本件資料は 1 人分の DNA に由来し，被告人の DNA 型と一致す
る，D19S433の座位で検出した14.2のピークは，本件資料が精子であること
も考慮すると，スタターピーク(注4)や他者の DNA の混在ではなく，男性生殖細
胞が突然変異した変異精原細胞に起因すると考えられる旨説明した。(注5)

(注3)　上記 2 種類のキットを使って抽出した 3 種類の試料液から，それぞれエ
レクトロフェログラムの14座位に 1 本（ホモ型）又は 2 本（ヘテロ型）のピー
クが明瞭に検出された。ヘテロ型の 2 つのピークはそれぞれほぼ同じ高さであ
り，かつホモ型のピークがヘテロ型のピークの 2 倍程度に高くなっている。D
19S433の座位について，14と15.2にほぼ同じ高さの高いピークがあり，他の
ヘテロ型のピークともほぼ同じ高さとなっている。3 つ目に検出した14.2のピ

ークは，15.2のピークより1反復単位分少ない位置にあり，14と15.2のピーク
と較べて相当低く，ピーク高比（低いピークの高さを高いピークの高さで割っ
た値）が約14〜17％で，スタターと見なす高さを若干超える程度であった。

　下図が本件鑑定のエレクトロフェログラムのうち4座位分のイメージ図であ
る（座位名，検出したSTR型と高さの表示を省略している。）。最も左側のピ
ーク群がD19S433の座位を表す。2本の高いピークの左側が14，右側が15.2
のSTR型を，その間にある低いピークが14.2のSTR型を示す。

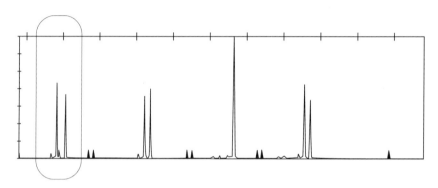

　日本DNA多型学会の「DNA鑑定についての指針（2012年）」によれば，
「確立されたPCR条件で，各ローカスのアリルのピークが充分な高さを持ち，
ヘテロ個体のピークが均等に近い場合，PCR条件に適した高分子DNAが含ま
れていて正しい結果が得られたものと推定できる。（中略）ピーク高およびス
タターピークとの区別を考慮に入れ，再現性を含めて判定する。」とされてい
る。通常はピーク高比が70％以上であれば，ヘテロ型のピークとして不自然で
はないと見なしている（John M. Butler，福島弘文・五條堀孝監訳「DNA鑑
定とタイピング」137，346，347頁）。

（注4）　PCR増幅する際，本来のピークより1反復単位分少ない箇所（例えば
　　　15.2→14.2）に現れる低いピークを意味する。PCR増幅の過程で不可避的に
　　　生ずる副産物である。資料の状態やPCR条件等にもよるが，通常は1反復単
　　　位分少ない箇所に現れる，ピーク高比が概ね15％未満のピークをスタターと見
　　　なし，STR型の検出とは扱わないこととされている。上記図において，14の
　　　ピークの左側に見られる極めて低いピークがスタターと判別された。

（注5）　男性精巣内の精原細胞が減数分裂するうちに本来の STR 型から1反復
単位分が抜けた変異精原細胞が生じ，この細胞から精子が生成することによ
る。減数分裂における突然変異は，ヒトの DNA 型が多型となった主な要因で
あり，文献によれば約0.1～0.2％の確率で起こるとされている。本件鑑定人
は，14.2のピークはスタッターにそれ以外のものが加わったと考えられる，科捜
研鑑定で検出しなかったピークを検出したのは，変異した精子が精液中にモザ
イク状に偏って存在した可能性が高い，精液中の精子は血液のように体全体を
循環してほぼ一様に混ざっていない，科捜研鑑定と本件鑑定では採取した綿球
の部位が異なり，本件鑑定が変異した精子を多く含む部分を切り取ったためで
あると説明した。

3　DNA 型鑑定の位置付け

　刑事手続における DNA 型鑑定は，鑑定資料と被告人等関係者から採取す
るなどした対照資料との同一性を明らかにするものであり，鑑定結果が犯人
性，事件性等の判断と結び付くかどうかは，現場資料の付着状況や遺留の状
態，被害者や目撃者の供述といった関係証拠から，犯人や事件との結び付き
をどの程度強く推認させるかにより左右される。本件では，犯行直後に現場
に臨場した警察官が，住人方玄関ドア下の通路に遺留された新鮮な精液様の
溜まりから十分な量の資料を採取したもので，本件資料の DNA 型鑑定の結
果が犯人性の認定に直接結び付く事案であった。[注6]

　DNA 型鑑定の証拠価値について，最二決平成12年7月17日刑集54巻6号
550頁（足利事件確定審）は，「本件で証拠の一つとして採用されたいわゆる
MCT118DNA 型鑑定は，その科学的原理が理論的正確性を有し，具体的な
実施の方法も，その技術を習得した者により，科学的に信頼される方法で行
われたと認められる。したがって，右鑑定の証拠価値については，その後の
科学技術の発展により新たに解明された事項等も加味して慎重に検討される
べきであるが，なお，これを証拠として用いることが許されるとした原判断
は相当である。」と判示した。MCT118DNA 型鑑定[注7]の精度については，15座

位のSTR型によるDNA型鑑定と較べると相当低く，またその後の技術の進展により疑問が呈されていた。さらに，同事件の再審手続を通じて，STR型によるDNA型鑑定等により遺留資料が別人のDNAに由来するとされ，同事件のMCT118DNA型鑑定が科学的に信頼される方法で行われたとする点にも疑いが残るとされた。^(注8)そこでMCT118DNA型鑑定のみならずSTR型によるDNA型鑑定についても，その証拠価値の判断には慎重な姿勢が必要であり，特にこれを唯一の証拠として犯人性等を認定することは避けるべきであるとの見解も見られた。^(注9)しかし，現在のSTR型によるDNA型鑑定は，科学的原理が十分に確立し，これを実用化した技術の信頼性も専門家により等しく承認されている。鑑定資料と対照資料のSTR型が15座位で一致し，混合資料の疑いがないときには，合理的な反証がない限り，同一人に由来すると認めることができるとするのが常識に適うと考えられる。ここで注意すべきなのは，DNA型鑑定の信用性（鑑定資料の採取・移動・保管，検査者・検査手法，エレクトロフェログラムの分析等）の問題と鑑定結果に基づく事実認定の判断を切り分け，具体的事案におけるDNA型鑑定の位置付けに応じ，どこが問題になるかを意識して検討することであろう。^(注10)

　上記のとおり，本件では，犯人と鑑定資料との結び付きが明らかであり，最近では，このような事案において，STR型によるDNA型鑑定の信用性のみが争われるケースが少なくないと指摘されている。^(注11)そして，本件では，（ア）資料の採取，移動，保管の過程が適切に管理されていた，（イ）鑑定人は，それぞれ十分な資格，能力を備え，豊富な鑑定経験を有していた，（ウ）信頼性が高い検査キットを使用し，DNA抽出，PCR増幅，電気泳動，コンピュータソフトによる解析といった所定の手順に従って適正に実施されたことが，第1審における各鑑定人及び関係者の証人尋問で確認され，原審でも上記（ア）から（ウ）については全く問題が指摘されていなかった。

　本件はDNA型鑑定の内容に関する解釈の当否に争点が絞られ，最高裁において，STR型によるDNA型鑑定のみによって犯人性が認められたケース

〔3〕　いわゆる STR 型による DNA 型鑑定の信用性を否定した原
　　　判決が破棄された事例

として意義がある。

（注6）　本件のような事案とは異なり，犯行現場である被害者の居室内で発見さ
　　　れたタバコの吸い殻，毛髪，微細な組織片等を鑑定したような事例では，犯行
　　　以外の機会に遺留された可能性や，DNA 型の持ち主の移動・所在とは別の理
　　　由で現場に残置された可能性等を慎重に検討しなければならず，また，当該事
　　　件の事実関係を踏まえ，DNA 型を検出した資料の存在が犯人性や事件性に関
　　　する間接事実としてどの程度意味があるのかを見極めることが重要であるとさ
　　　れている（「科学的証拠とこれを用いた裁判の在り方」（司法研究報告書第64輯
　　　第2号）98頁参照）。

（注7）　科学警察研究所が平成元年に我が国で初めて導入した DNA 型鑑定の手
　　　法。第1染色体に存在する MCT118領域は，基本的な塩基配列が16塩基単位
　　　で，反復の回数が25から29通りの多型であることを利用し，その型の組合せに
　　　よって個人識別を行う。STR 型の1座位と比較すると個人識別力が高い利点
　　　があった一方，DNA の塩基数が比較的多いため，断片化した DNA の場合，
　　　PCR 増幅に対応できないなどの難点があった。9座位さらに15座位の STR 型
　　　を同時に分析できる STR 型検査が普及してからは実施されなくなった。

（注8）　同事件の科警研の鑑定では，MCT118DNA 型及び血液型（ABO 式，ル
　　　イス式）における出現頻度が1000人中1，2人程度とされたが，その後に
　　　MCT118の塩基数や塩基配列の異なるものの存在が判明した。再審無罪判決
　　　（宇都宮地判平成22年3月26日判時2084号157頁）確定後に同鑑定を検証した結
　　　果について，警察庁「足利事件における警察捜査の問題点等について（平成22
　　　年4月）」参照

（注9）　和田俊憲「遺伝情報・DNA 鑑定と刑事法」慶應法学18号79頁，笹倉香
　　　奈・法学セミナー704号116頁（横浜地判平成24年7月20日判タ1386号379頁の
　　　判例評論）

（注10）　上記司法研究報告書136頁〜

（注11）　村瀬均・刑事法ジャーナル58号153頁。上記横浜地判平成24年7月20日
　　　等 STR 型による DNA 型鑑定の内容が争われた最近の判決が紹介されている。
　　　その後の下級審判決として，仙台高裁秋田支部判平成30年12月19日，横浜地判

平成30年12月20日，東京地判平成31年2月20日等がある（各判例秘書登載）。

4　DNA 型鑑定における専門的知見

前掲最二判平成20年4月25日は，精神科医による責任能力鑑定について，「被告人の精神状態が刑法39条にいう心神喪失又は心神耗弱に該当するかどうかは法律判断であって専ら裁判所にゆだねられるべき問題であることはもとより，その前提となる生物学的，心理学的要素についても，上記法律判断との関係で究極的には裁判所の評価にゆだねられるべき問題である（中略）。しかしながら，生物学的要素である精神障害の有無及び程度並びにこれが心理学的要素に与えた影響の有無及び程度については，その診断が臨床精神医学の本分であることにかんがみれば，専門家たる精神医学者の意見が鑑定等として証拠となっている場合には，鑑定人の公正さや能力に疑いが生じたり，鑑定の前提条件に問題があったりするなど，これを採用し得ない合理的な事情が認められるのでない限り，その意見を十分に尊重して認定すべきものというべきである。」と判示した。DNA 型鑑定についても，資料の同一性に関する判断は，最終的には裁判所の評価によるものの，エレクトロフェログラムのデータが何を意味するかは，科学的知見に基づく高度な専門的判断であるといえる。すなわち各座位の STR 型を判定し，資料の同一性の判断に至るには，（あ）資料を適正に採取，移動，保管したか，汚染（コンタミネーション）の可能性はないか，（い）資料の性状に適した検査キット，機器を選択したか，（う）DNA 抽出，PCR 増幅，電気泳動，ソフトによる解析といった所定の手順を遵守したか，（え）エレクトロフェログラムが示すピークの有無，本数，高さとそのバランスの意味と相関関係，（お）PCR 増幅の過程で生ずるスタター，ノイズとピークとの区別，（か）オフラダー[注12]，アリルドロップイン・ドロップアウト[注13]等の可能性はないか，（き）資料が1人分の DNA に由来するか，他者の DNA との混合の可能性はないか[注14]，（く）フラグメントアナライザーによる解析の特徴と限界の考慮等といった過程を経ることにな

る。これらは専ら科学的知見の集積を踏まえた専門的な経験則と論理則によ
って決定される事柄である（上記司法研究報告書，上記「DNA 鑑定とタイピン
グ」参照）。

　本件は上記平成20年判決が示した，専門的知見に関する事実認定において
鑑定の信用性を欠くような特別の事情がない限り，専門家の意見を尊重して
判断すべき一事例を加えるものとしても意義がある。

（注12）　エレクトロフェログラムにピークが現れていても，想定される既知の型
　　と合わないため，解析ソフトで型判定が不能となることをいう。

（注13）　極めて微量の資料や高度に変性した資料の場合，由来不明の STR 型が
　　検出されること，あるいはある検査で検出された STR 型が再度同一条件で検
　　査しても全く検出されないことをいう。標的となる鋳型 DNA の量が少なく，
　　PCR 増幅の過程で結果にばらつきが生ずるため，STR 型の検出結果の再現性
　　が失われると考えられている。

（注14）　混合資料の場合，鑑定資料から全ての座位で対照資料の STR 型と一致
　　する STR 型が検出されたとしても，これと一致しない STR 型も一緒に検出さ
　　れるため，鑑定資料が対照資料を提出した者の DNA 型と矛盾しないといえる
　　にとどまる。関与者の数が明らかな場合は，ピーク高比等を計算することによ
　　り，それぞれの型の推定を行うことが可能な場合があるといわれるが，各ピー
　　クのバランスやスタターピークとの区別等慎重な判断が必要になると考えられ
　　る。

5　本件鑑定の信用性に関する判断

　本判決は，本件鑑定が15座位でそれぞれ 1 本又は 2 本の STR 型のピーク
が明瞭に現れ，かつ，そのピークの高さが 1 人分の DNA と認められるバラ
ンスを示しているとした説明について，D19S433の座位で 3 つ目の STR 型
を検出した点に関する説明を含め，その内容が専門的知見に裏付けられた合
理的なものと認められるとして，信用性を認めた。

これに対し，原判決は，本件資料がマンション内通路で採取され，上記3つ目のSTR型が検出されたことから，他者のDNAの混入が疑われるとした上で，(ア)混入した資料の数や量次第では，外観上，多くの座位で1人分に由来するように見える，もととなるSTR型とは異なるSTR型が検出される可能性がある，(イ)男性精原細胞で突然変異が起こる可能性があり，その場合，1反復単位分が抜けたSTR型を有する精子が形成される可能性が高いことに関する鑑定人の見解と同旨の文献も存在しているものの，突然変異が生ずる確率はそれほど高いものではなく，また，本件で突然変異が生じたことを積極的に示す根拠は示されていないなどとして，本件鑑定は，本件資料が混合資料である可能性を合理的疑いなく排除できるだけの積極性まで有するものではない，鑑定人の説明は，刑事裁判の有罪認定に用いるためのものとしては十分なものとはいえないとした。

　しかし，(ア)，(イ)を支持するような専門的立場からの見解は示されていなかった。(ア)について，本件資料がマンション内通路で採取されたため他者のDNAが混入する可能性があったことは否定できない。弁護人は，マンションの住人とその関係者，警察官らが遺留物の上を通過した際，衣服や身体から微物が落下して本件資料に混入した可能性や廊下の床面に付着していた第三者由来の微物を綿棒でこすり取った可能性があると主張した。原判決が，(ア)でどのように混合した場合を想定したのかは必ずしも明らかではないが，あえていえば，「別人に由来する資料Aと資料Bが混合し，それぞれSTR型の一部が検出されず，その結果，資料Aと資料Bに含まれるSTR型の一部が合わさって1人分に由来するように見える形で検出された，D19S433の座位のみで，資料Aと資料Bに含まれる3種類のSTR型が検出された」というものと考えられる。しかし，本件鑑定人は，多数の鑑定経験や上記エレクトロフェログラムのピークの出現状況等から，そのような可能性を明確に否定していた。^(注15)さらに，本件資料が十分な量の新鮮な精液であったことから，仮に犯人以外の第三者に由来する微物が混入したとしても，そもそ

もエレクトロフェログラムや STR 型の判定には影響しないというのが一致
した専門的知見であったと考えられる。^(注16)原判決の(ア)の指摘は，専門的知見
による裏付けを欠き，およそ考え難い想定であったように思われる。

　(イ)について，原判決は，男性精原細胞に突然変異が生ずることを裏付け
る文献はあるが，突然変異の確率は高くなく，被告人が変異精原細胞を有す
ることを積極的に示す根拠がないから，14.2のピークが変異精原細胞から生
成した精子によるものであると断定するには疑問が残ると判断したと考えら
れる。たしかに，被告人が変異精原細胞を有することや，科捜研鑑定で検出
しなかった上記ピークを本件鑑定が検出した理由に関する本件鑑定人の説明
は推論の域を出ないものである。^(注17)しかし，男性精原細胞に突然変異が生ずる
可能性があることは，ヒトの DNA 型が多型となった原因として多くの文献
で言及されていて，上記説明は科学的に合理的な根拠を有する。また本件で
問題となるのは，14.2のピークを検出したことが，本件資料に犯人以外の
DNA が混入した疑いを生じさせるか，ひいては1人分に由来する資料とし
て型判定をした本件鑑定と科捜研鑑定の信用性に影響するかである。原判決
は，本件鑑定人が，エレクトロフェログラムの15座位にそれぞれ1本又は2
本のピークが明瞭に現れ，かつそのピークの高さが1人分の DNA と認めら
れるバランスを示しているとした分析結果等に基づいて，本件資料に他者の
DNA の混入がなく1人分に由来すると説明したことをどのように考慮した
のか検討した形跡がない。^(注18)(イ)の点は，混合資料の疑いが生ずるかどうかを
検討する事情の一つとして考慮されるべき事柄であって，このような抽象的
可能性のみから直ちに混合資料の疑いが生ずると評価することはできず，結
局上記分析結果等に基づく本件鑑定人の判断に疑問は生じないというべきで
ある。

　さらに原判決は，科捜研鑑定の結果自体には特に疑問な点はないとしなが
ら，本件鑑定と科捜研鑑定の結果が異なるから，本件資料が均一なものであ
るとの保証はなく，本件資料が精子であるとの前提が成り立つかも疑問であ

るとした。しかし，上記(ア)，(イ)のような抽象的可能性から本件鑑定の信用性を否定した上，科捜研鑑定も同様に混合資料であった疑いが生ずるとしたもので，科捜研鑑定の上記精液検査の結果及びエレクトロフェログラムの分析結果に関する考察を欠いている点で，この点も不合理な推論というべきである。

　本判決が，上記(ア)，(イ)により混合資料である疑いが残るとした原判決は，本件鑑定が本件資料を1人分に由来するとした理由の重要な点を見落とした上，科学的根拠を欠いた推測によって，その信用性の判断を誤ったというべきであるとしたのは，上記のような理由からであると思われる。

(注15)　本件鑑定人は，15座位には概ね10種類以上のSTR型が存在するから，親子や一卵性双生児でない2人を検査した場合や，他者のDNAが混ざった場合は，複数の座位で，必ず3種類か4種類のSTR型が検出される，他人のDNAが混合しているのに14座位のSTR型が一致して，あと1つの座位だけが違うということは経験則としてはない，エレクトロフェログラムを見れば1人分に由来するとしか考えようがない旨繰り返し説明していた。

　　上記のとおり，エレクトロフェログラムのピークの高さは，通常は資料に含まれるSTR型のDNA量に比例すると考えられるところ，15座位でそれぞれ1本又は2本の高いピークが明瞭に現れ，かつ上記14.2のピーク及びスタッターと見なされた微小なピークを除き，他のピークが全く現れないという本件のエレクトロフェログラムの結果は，2名以上のDNAが混合した場合とは整合しないと考えられる。

(注16)　勝又義直「最新DNA鑑定」によれば，「問題となるのは，試料とは別のヒト細胞の混入である，実際には10分の1量以下の混入量ではほとんど影響がないので，試料量が十分あれば問題はない」(47頁)。また，2名のDNAを様々な比率で混合した資料について15座位を同時に検査するアイデンティファイラーキットにより混合資料として検出できる混合比率の限界は20：1であり，両者に含まれる全ての対立遺伝子が検出される混合比率は5：1であったとの報告がある（笠井賢太郎ほか「証拠資料からのDNA型検査法（第3報）」

科警研報告58巻 1 号32頁）。弁護人は，上告審で，混合した資料が微量である
場合，アリルドロップイン・ドロップアウトが生ずると主張したが，本件鑑定
人は，本件のように十分な量の資料である場合，アリルドロップイン・ドロッ
プアウトは問題にならない旨述べて否定していた。注13のとおり，アリルドロ
ップイン・ドロップアウトは，検査の対象となる DNA の量自体が極めて少な
い場合の現象であり，十分な量の資料に，他者に由来する微物が極めて微量混
入しても，STR 型の検出，判定には影響しないと考えられる。

(注17)　身体から直接精子を強制採取することは，理論的にはともかく，実務上
　　ほとんど実施されたことがなく，必要性を認めることは難しいと思われる。仮
　　に何らかの任意の協力を得た場合であっても，変異精原細胞の存否は，親子間
　　で STR 型による DNA 型鑑定の結果を比較し，父親の型の承継の有無を確認
　　したとしても判明するとは限らないもので，結局，本件で14.2のピークが被告
　　人の変異精原細胞から生成した精子に由来することを科学的に確定することは
　　極めて困難であろう。

(注18)　原判決は，本件鑑定人が15座位のうち14座位の STR 型が一致すれば資
　　料の同一性を肯定する考えを前提としている旨説示する。しかし，本件鑑定人
　　は，原審の証人尋問で，15座位のうち 1 つが矛盾するのであれば，14座位だけ
　　を使って同一性を判断するという考え方もあるが，それでは非科学的になる，
　　（同一性を認めるかどうかは）15番目の座位が一致しない理由による，その場
　　合 Y 染色体のキットやミトコンドリア DNA のキット等の検査キットを用いて
　　更に調べるのが基本であるが，本件資料は精子であることが明らかで，3 つ目
　　の STR 型の検出は精原細胞の突然変異によると判断できるので追加の検査は
　　必要ないと考えた旨説明し，14座位の一致のみで同一性を肯定する考え方を否
　　定していた。

6　本判決の意義

　本判決は，STR 型による DNA 型鑑定の内容の解釈のみが争われ，専ら鑑
定結果に基づいて犯人性を認めた事例判断として意義を有する。STR 型に
よる DNA 型鑑定は，その科学的原理，知見の信頼性が確立し，個人識別力

の高さから，犯罪事実の立証において大きな役割を果たしている。犯人性が争点となり，専らDNA型鑑定によって犯人性を立証する事案，あるいはDNA型鑑定結果の不一致を指摘して犯人性を否定する事案がなお一層増えていくことが見込まれる。

　前掲最一決平成19年10月16日は，刑事裁判における合理的な疑いの意義について，「刑事裁判における有罪の認定に当たっては，合理的な疑いを差し挟む余地のない程度の立証が必要である。ここに合理的な疑いを差し挟む余地がないというのは，反対事実が存在する疑いを全く残さない場合をいうものではなく，抽象的な可能性としては反対事実が存在するとの疑いをいれる余地があっても，健全な社会常識に照らして，その疑いに合理性がないと一般的に判断される場合には，有罪認定を可能とする趣旨である」と判示した。STR型によるDNA型鑑定のように科学的知見に基づく専門家の判断の当否が問題となる場合，健全な社会常識に基づいた合理的な判断をするためには，裁判所と当事者が，専門家である鑑定人や証人から基礎となる専門的知見や判断のポイントについて分かりやすい説明を受けた上で，さまざまな仮説（可能性）を多角的に検討することが重要である。そこで検討すべき仮説とは，単なる思い付きや抽象的可能性による疑いではなく，専門的知見に裏付けられた仮説である必要がある。このように専門家の意見を求めてもなお疑問が解消しない場合，必要があれば，他の専門家の意見を聴くことや再鑑定を実施することも考慮すべきであると思われる。

　本判決は，専門的知見に係る事実認定に関する事例判断の１つであるが，争点整理や審理運営上も参考となるものであり，今後の実務に影響を与えると思われる。

　本判決の評釈として知り得たものに，前掲・村瀬（注11）151頁，宮崎香織・警察学論集71巻8号159頁，前田雅英・捜査研究811号2頁，原田和往・法学教室460号149頁，高倉新喜・法学セミナー763号126頁，松倉治代・季刊刑事弁護98号123頁，洲見光男・平成30年度重要判例解説・ジュリスト臨時

〔3〕 いわゆる STR 型による DNA 型鑑定の信用性を否定した原
判決が破棄された事例

増刊1531号176頁，徳永光・新・判例解説 Watch24号183頁，城祐一郎・捜
査研究829号24頁がある。 （齊藤　啓昭）

別　紙

座位	被告人 （口腔粘膜）	科捜研鑑定 （本件資料）	本件鑑定 （本件資料）
アメロゲニン	X, Y	X, Y	X, Y
D8S1179	a, b	a, b	a, b
D21S11	c	c	c
D7S820	d	d	d
CSF1PO	e	e	e
D3S1358	f	f	f
TH01	g	g	g
D13S317	h, i	h, i	h, i
D16S539	j, k	j, k	j, k
D2S1338	l, m	l, m	l, m
D19S433	14, 15.2	14, 15.2	14, 15.2, **14.2**
vWA	n, o	n, o	n, o
TPOX	p	p	p
D18S51	q, r	q, r	q, r
D5S818	s, t	s, t	s, t
FGA	u, v	u, v	u, v

〔4〕 被告人が強姦及び強制わいせつの犯行の様子を隠し撮りした各デジタルビデオカセットが刑法19条1項2号にいう「犯罪行為の用に供した物」に当たるとされた事例

$$\left(\begin{array}{l}\text{平成29年（あ）第530号　同30年6月26日第一小法廷決定　棄却}\\\text{第1審宮崎地裁　第2審福岡高裁宮崎支部　刑集72巻2号209頁}\end{array}\right)$$

〔決定要旨〕

被告人が強姦及び強制わいせつの犯行の様子を被害者に気付かれないように撮影し各デジタルビデオカセットに録画したのは，被害者にそれぞれその犯行の様子を撮影録画したことを知らせて，捜査機関に被告人の処罰を求めることを断念させ，刑事責任の追及を免れようとしたためであるという本件事実関係の下においては，当該各デジタルビデオカセットは刑法19条1項2号にいう「犯罪行為の用に供した物」に当たる。

〔参照条文〕

刑法19条1項2号，刑法（平成29年法律第72号による改正前のもの）176条，177条

〔解　説〕

第1　事案の概要

1　本件は，アロマサロンを開業し，自ら施術者として利用客にマッサージ等のサービスを提供していた被告人が，被告人からアロマに関する指導を受けるなどしていた女性に対する強姦未遂1件（被害者A），アロママッサージを受けに来た女性客合計4名に対する強姦1件（被害者B）及び強制わいせつ3件（被害者C，D，E）に及んだという事案である。[注1]

2　本件においては，各犯罪の成否のほか，被告人が強姦1件及び強制わいせつ3件の各犯行の様子を隠し撮りしたデジタルビデオカセット合計4本（以下「本件デジタルビデオカセット」という。）について，その没収の可否が争われた。

第2　審理経過

1　第1審（宮崎地判平成27年12月1日）

（1）被告人は，各事件について，被害者の反抗を著しく困難にする程度の暴行・脅迫がない，自らの行為について被害者の同意があった，被害者の同意がなかったとしても，被告人は，被害者の同意があると誤信していたので故意がないなどとして無罪を主張するとともに，デジタルビデオカセットの没収の可否を争ったが，第1審判決は，各犯罪の成立を認め有罪の宣告をするとともに，本件デジタルビデオカセットについて，刑法19条1項2号所定の「犯罪行為の用に供した物」に当たるとして，没収の言渡しをした。^(注2)

（2）第1審判決は，没収に関する判断の前提として，次の事実を認定するとともに被告人の供述を摘示している。^(注3)

ア　被告人は，Bら4名に対する判示第2から第5までの各犯行に及ぶに当たり，^(注4)それぞれ，同人らにアイマスクを着用させ，同人らに無断でビデオカメラを設置，操作し，各犯行の様子を隠し撮りして本件デジタルビデオカセットに録画した。

イ　本件デジタルビデオカセットは，被告人の所有物として，被告人によってその貼付に係る紙面上にそれぞれ当該女性の氏名や撮影年月日等が記入され，特定できるようにして保管されていた。

ウ　もっとも，被告人は，B事件の翌日，同被疑事件で逮捕されるに当たり，詳細は明らかでないものの，本件デジタルビデオカセットをいずれも本件店舗以外の場所に移し，捜査機関からの押収を免れていた。

エ　そして，本件デジタルビデオカセットのうち，Bに関するものについては，被告人が暴行脅迫を加えていないことが明らかになるなどと考え，主任弁護人を通じ，捜査機関に任意提出された。他方，その余については，Bの場合と異なり，捜査機関に明かされなかったが，起訴後のCら3名の証人尋問終了後に，主任弁護人から，検察官への証拠開示を経て証拠請求されるに至った。なお，これらの映像については，機器の制約等のため，捜査機

関による複製物が公判廷で取り調べられた。

　オ　被告人は，このような隠し撮りを行った理由につき，後に当該女性ら
との間でトラブルになった場合に備えて防御のために撮影したものであり，
以上の映像の内容は，自らの無罪を証明するとともに，女性らが虚偽の供述
をしていることを示すものであるなどと供述している。

　（3）第1審判決は，以上の事実関係等を前提として，要旨，次のとおり説
示し，本件デジタルビデオカセットは刑法19条1項2号所定の「犯罪行為の
用に供した物」に当たるとした。

「本件デジタルビデオカセットは，被告人が当該性犯罪と並行して意図的に
これを録画したものであることが明らかである。このような録画を行った被
告人の意図については，自己の性的興奮を高めることなど，検察官が主張す
るような事情も，可能性としてはあり得るけれども，少なくとも前記のよう
な被告人の供述を含めて検討すると，被告人としては，本件各犯行に及ぶと
ともに，その撮影に及んだ当初から，被害者らとの間で後に紛争が生じた場
合に，本件デジタルビデオカセットをその内容が自らにとって有利になる限
度で証拠として利用することを想定していたと認めることができ」る。「そ
して，このような被告人による隠し撮りは，Bら4名に対する実行行為その
ものを構成するものでなく，もとより被告人がこうした隠し撮りを行ったこ
とをもって訴追されたわけでもない。しかしながら，これらの隠し撮りが被
告人の当該性犯罪と並行して行われ，その意味で密接に関連しているといえ
るだけでなく，結局それらの映像が無罪の証明につながるものでなかったと
はいえ，被告人としては，Bら4名に対する各犯行状況を撮影して録画する
に当たり，自らに有利な証拠を作出し得るという認識を持ち，そのような利
用価値を見出していたといえるのであり，そのような撮影行為によって客観
的に記録した当該映像を確保できること自体が，被告人の上記各犯行を心理
的に容易にし，その実行に積極的に作用するものであったと評価できる。し
たがって，本件デジタルビデオカセットについては，被告人のBら4名に

対する各犯行を促進したものといえ，刑法19条１項２号所定の『犯罪行為の用に供した物』に当たる。(注６)」

２　控訴審（福岡高宮崎支判平成29年２月23日）

被告人が控訴し，犯罪の成立に関して事実誤認，理由齟齬，没収に関して法令適用の誤りを主張したが，原判決は，控訴を棄却し，没収に関して，要旨，次のとおり説示し，(注７)第１審判決の認定判断は以下の説示に沿う限度で相当であるとした。

「関係証拠によれば，被告人は，ビデオ撮影の目的について，後に利用客との間でトラブルになった場合に備えて防御のために撮影したものである旨説明しているところ，本件ビデオ映像（B）(注８)について，Bは，被告人の第１審弁護人から連絡があり，本件ビデオ映像（B）に係る本件デジタルビデオカセットの映像を法廷で流されたくなかったら示談金ゼロで告訴の取下げをしろと要求された旨供述しており，被告人も，仮に示談が成立したのであれば被告人の手元にビデオ映像が残るのはBにとってかわいそうだから処分するということで納得したが，示談交渉が決裂しているので今はそのつもりはない，第１審弁護人は，B側に対し，裁判になれば，証拠として提出しないといけないから，自分の裸や性行為がされているところが映っても，メリットがないのだから，告訴を取り下げなさいというような話をしていたようだという趣旨の供述をしていることに照らすと，被告人のいう利用客との間でトラブルになった場合に備えての防御とは，単に自己に有利な証拠として援用するために手元に置いておくことにとどまらず，被害者が被害を訴えた場合には，被害者に対して前記映像を所持していることを告げることにより，被害者の名誉やプライバシーが侵害される可能性があることを知らしめて，捜査機関への被害申告や告訴を断念させ，あるいは告訴を取り下げさせるための交渉材料として用いることも含む趣旨と認められる。そうすると，第１審判決判示第２ないし第５の各犯行時に隠し撮りをして，各実行行為終了後に各被害者にそのことを知らせて捜査機関による身柄拘束を含む捜査や刑事

訴追を免れようとする行為は，各犯行による性的満足という犯罪の成果を確保し享受するためになされた行為であるとともに，捜査や刑事訴追を免れる手段を確保することによって犯罪の実行行為を心理的に容易にするためのものといえるから，本件各実行行為と密接に関連する行為といえる。以上のとおり，本件デジタルビデオカセットは，このような実行行為と密接に関連する行為の用に供し，あるいは供しようとした物と認められるから，刑法19条1項2号所定の犯行供用物件に該当する。」

第3　上告趣意

　被告人が上告し，犯罪の成立に関して事実誤認，没収に関して法令違反を主張した。このうち，没収に関する弁護人の上告趣意は，要旨，次のとおりである^(注9)。

「被告人は自己の施術に対するいわれのないクレームなどからの防御の目的でビデオ撮影をした」。「被告人自身は，第1審弁護人がBとの示談交渉をしていた当時，既に警察に本件ビデオ映像（B）を提出しており，それを見れば暴行も脅迫もないことが明確なので起訴されることはないと思っていた」。「犯罪を実行しているとの認識を持っている人間は，その犯行を促進し容易にするために，自分の行為をビデオに録画しておくことはしない。ビデオ撮影中に犯罪を実行すれば，そのビデオが自らの犯行を立証する最良の証拠になることは余りにも明白である」。「防御目的でのビデオ撮影を，犯行を容易にするとの評価は誤っている」。「原判決が各ビデオを犯罪供用物件として没収を命じたのは刑法19条1項2号の解釈・適用を誤るもので，違法というほかない」。

第4　当審判示

　1　本決定は，弁護人及び被告人本人の各上告趣意は，いずれも事実誤認，単なる法令違反の主張であって，刑訴法405条の上告理由に当たらないとした。

　2　その上で，本決定は，没収に関して次のとおり職権で判断を示した。

「被告人は，本件強姦1件及び強制わいせつ3件の犯行の様子を被害者に気付かれないように撮影し本件デジタルビデオカセットに録画したところ，被告人がこのような隠し撮りをしたのは，被害者にそれぞれその犯行の様子を撮影録画したことを知らせて，捜査機関に被告人の処罰を求めることを断念させ，刑事責任の追及を免れようとしたためであると認められる。以上の事実関係によれば，本件デジタルビデオカセットは，刑法19条1項2号にいう『犯罪行為の用に供した物』に該当し，これを没収することができると解するのが相当である。」

第5　説　　明

　1　問題の所在

　本件は，被告人が強姦及び強制わいせつの犯行の様子を隠し撮りした本件デジタルビデオカセットが刑法19条1項2号にいう「犯罪行為の用に供した物」に当たると判断された事案である。同号は，「犯罪行為の用に供し，又は供しようとした物」（犯罪供用物件）を没収することができる旨規定している。同号にいう「犯罪行為の用に供した物」とは，犯罪行為の遂行に現に使用した物であるとされ，「犯罪行為の用に供しようとした物」とは，犯罪行為の遂行に使用するために用意したが，現実には使用しなかった物であるとされるが，どのような物が犯罪供用物件に該当するのか，同号の規定の文言^(注10)から直ちに明らかになるわけではない。本決定は，このような規定を適用する根拠事実を摘示して判断の理由とし，適用の理論的根拠については今後の議論に委ねたものとなっている。そこで，本件デジタルビデオカセットが「犯罪行為の用に供した物」に当たるとされた理論的根拠や，本決定が事実関係を摘示して判断の理由とした事情などについて，以下に検討することとする。

　2　犯罪供用物件の範囲について

　検討の前提として，どのような範囲の物が犯罪供用物件に該当するのかということについて論ずる見解を概観することとする。

〔4〕被告人が強姦及び強制わいせつの犯行の様子を隠し撮りした各デジタルビデオカセットが刑法19条1項2号にいう「犯罪行為の用に供した物」に当たるとされた事例

（1）限定説

刑法19条1項2号にいう「犯罪行為」は，刑罰規定の構成要件該当行為に限られ，「用に供した物」は，構成要件該当行為それ自体に使用した物に限られるとする見解である。[注11]限定説に対しては，そのように厳格に解すべき理由に乏しいという批判がみられる。[注12]

（2）密接関連行為説

刑法19条1項2号にいう「犯罪行為」は，構成要件該当行為のほかこれと密接に関連する行為を含むとする見解であり，実行の着手前又は終了直後に，実行行為を容易にし，あるいは逃走を容易にし，逮捕を免れ，その他犯罪の成果を確保する目的でされた行為も，実行行為と密接な関連性を有するものである限り，「犯罪行為」に属し，その際その行為に使用された物も「犯罪行為の用に供した物」に該当するという。[注13]密接関連行為説に対しては，犯罪供用物件の限界が不明確にならざるを得ない，[注14]罪刑法定主義との関連で疑問がある，[注15]供用対象となる犯罪行為の意義を拡張的に捉えるもので，犯罪生成物件や犯罪取得物件における「犯罪行為」の解釈と異なることになると[注16]いった批判がみられる。

（3）促進説

刑法19条1項2号にいう「犯罪行為」は，構成要件該当行為に限られるとした上で，「用に供し，又は供しようとした物」には，構成要件該当行為それ自体に使用し，又は使用しようとした物のほか，構成要件該当行為の遂行を促進するように使用し，又は使用しようとした物が含まれるとする見解で[注17]あり，[注18]犯罪供用物件は，人と物との違いはあるものの，実行行為を促進したという意味において，幇助犯と類似の関係にあり，幇助の因果性に関する議論と同様の考え方に基づき，附加刑として没収されると理解することができるという。[注19]

3　裁判例

犯罪供用物件に該当するか否かについて判断するなどした裁判例として

は，以下のものなどを挙げることができ，裁判例の大勢は，限定説以外の見解に依拠しているものということができる。

（1）仙台高裁秋田支判昭和25年3月29日高刑判特8号74頁

被告人が強盗の際に覆面として用いた手拭について，脅迫行為に供し又は供しようとしたことを認めることができないから，強盗行為の犯罪供用物件として没収し得ないとした。この裁判例は，限定説に依拠するものと考えられる。

（2）最一小判昭和25年9月14日刑集4巻9号1646頁

住居侵入罪が起訴されず窃盗罪のみが起訴された侵入盗の事案において，侵入用具として用いた鉄棒は，結局窃盗の手段としてその用に供した物と解することができるとした。限定説以外の見解に依拠するものと考えられるが，限定説の立場からも肯定されるようである。[注20]

（3）東京高判昭和28年6月18日高刑集6巻7号848頁

被告人が鶏を窃取したという事案において，刑法19条1項2号にいう「犯罪行為に供した物」には，犯罪の構成要件たる行為自体に供した物の外，犯罪完了直後その結果を確保するための用に供した物をも含むものと解するのを相当とするとし，鶏を窃取した後その現場又は現場附近において運搬しやすいようにその首を切るために使用したナイフ等を，犯罪行為に供した物として没収した第1審判決を是認した。

（4）最一小決平成2年6月28日刑集44巻4号396頁

北海道海面漁業調整規則違反の密漁事件において，密漁船船体のほか，巡視艇等の出動状況等を密漁船に連絡するため陸上で自動車に乗せ使用されていた無線機等を同規則の没収規定（「漁船又は漁具その他水産動植物の採捕の用に供される物は，没収することができる。」）により没収した第1審判決を是認した原判決を是認した。ただし，上記無線機等の没収の可否については，所論で指摘されておらず，同決定は，原判決の肯認した第1審判決の没収を前提として没収の相当性について判断を示しているものである。[注21]

〔4〕 被告人が強姦及び強制わいせつの犯行の様子を隠し撮りした各デジタルビデオカセットが刑法19条1項2号にいう「犯罪行為の用に供した物」に当たるとされた事例

（5）東京高判平成14年12月17日東高刑時報53巻1〜12号123頁

　先に被害者に送信した電子メールの内容を前提にしながら，後続のメールを送信することを反復累行していたストーカー行為等規制法違反事件において，被告人が送信済の電子メールをファイルとして保管することは，次の電子メール送信行為の前提となる行為であって，実行行為と密接に関連する行為ということができ，被害者への電子メール送信には使用せず送信済の電子メールのファイルの保管に使用していたパソコンを，犯罪行為に供した物であるということができるとして，これを没収した第1審判決を是認した。

（6）最二小判平成15年4月11日刑集57巻4号403頁

　覚せい剤の密輸入事件において，台湾から入国した被告人が我が国で覚せい剤を陸揚げ（密輸入の実行行為）した直後に逮捕された時点で，陸揚げに使用するために購入した各種用具及び犯行翌日に我が国を出国し台湾に戻るために所持していた復路航空券につき，刑法19条1項2号の「犯罪行為の用に供し，又は供しようとした物」に当たると認めるのが相当であるとした。^(注22)

　4　本決定について

　本決定は，前記のとおり，本件デジタルビデオカセットに対する刑法19条1項2号適用の理論的根拠について今後の議論に委ねたものとなっているが，以下に検討するように，促進説に近い考え方に依拠しているものと考えられる。

（1）事実関係について

　本決定は，被告人が隠し撮りをしたのは，被害者にそれぞれその犯行の様子を撮影録画したことを知らせて，捜査機関に被告人の処罰を求めることを断念させ，刑事責任の追及を免れようとしたためであるとしている。この事実摘示は，この点に関する原判決の判断を是認したものである。犯罪の成立が認められることに加え，Bに対しての告訴取下げ要求に関する原判決指摘の事実などに鑑みれば，原判決の判断は不合理でないとしたものと考えられる。所論は，被告人はいわれのないクレームに備えて防御のために撮影した

ものであり，実際に警察にデジタルビデオカセットを提出しているなどという。確かに，本件デジタルビデオカセットは施術の際に苛烈な暴行脅迫が加えられていないことを示すものであろうが，犯罪の成立や告訴取下げ要求に関する事実のほか，本件デジタルビデオカセットは被告人が被害者にアイマスクを着用させて隠し撮りをしたものであることからすると，所論は採用することができないといえるであろう。[注23]

（2）法令適用の理論的根拠について

ア　本決定は，前記のとおり，被告人が隠し撮りをしたのは，被害者にそれぞれその犯行の様子を撮影録画したことを知らせて，捜査機関に被告人の処罰を求めることを断念させ，刑事責任の追及を免れようとしたためであるという事実を摘示し，以上の事実関係によれば，本件デジタルビデオカセットは犯罪行為の用に供した物に該当するとしたものである。[注24]

イ　性犯罪は，被害者にとって被害を受けたことを他人に知られたくない犯罪である。したがって，行為者からすると，犯行の様子を撮影録画することは，被害者にその事実を知らせて捜査機関に行為者の処罰を求めることを断念させ刑事責任の追及を免れるための有効な手段を確保することになり，その意味において，犯行に及ぶ心理的障害を除去ないし軽減する機能を果たし犯行遂行を促進する効果を有するものであるということができる。本決定は，その摘示する事実関係からすると，本件が以上のような性質を有する性犯罪の事案であり，その犯行の様子を撮影しデジタルビデオカセットに録画することには実行行為に対して上記のような促進効果があること，被告人が隠し撮りをしたのはそのような効果を意図したものであるといえることに鑑み，促進説に近い考え方に依拠して，本件デジタルビデオカセットは「犯罪行為の用に供した物」に当たるとしたものと解される。[注25][注26]

ウ　そして，促進説が幇助の因果性に関する議論と同様の考え方に基づいていると理解されることからすると，犯罪供用物件は，実行行為の終了までに，実行行為を促進するようにその用に供し，又は供しようとしたが，現実

にはその用に供しなかった物をいうことになるであろう。本決定が，促進説に近い考え方に依拠しているとすれば，本件デジタルビデオカセットは，実行行為の終了までにその用に供されたことを要することになる。この点，本件デジタルビデオカセットは，犯行の様子が録画されることに実行行為に対する促進効果が認められるのであるから，犯行の様子が録画されることによって実行行為の終了前にその用に供されたと理解することができる。

エ　したがって，本決定は，「被害者に犯行の様子を撮影録画したことを知らせて，捜査機関に被告人の処罰を求めることを断念させること」（口止め）を実行行為（構成要件該当行為）と密接に関連する行為と捉え，本件デジタルビデオカセットをその用に供したと捉えているものではない。すなわち，本決定は，Bに関してデジタルビデオカセットの存在を告げて口止めをした状況等について特に触れることなく，口止めについては隠し撮りの目的として説示していることや，口止めに及んでいないC，D，Eに関するデジタルビデオカセットも，「犯罪行為の用に供した物」に当たるとしていることから，口止め行為を実行行為と密接に関連する行為であると捉え，デジタルビデオカセットをその用に供し，又は供しようとした物と理解しているわけではないといえる。本件において，犯行後，実際に口止めをしなければならない状況になるか，また，その時期がいつ到来するかは不確定であり，そのような口止め行為を実行行為と密接に関連する行為とみることは困難であろう。(注27)

オ　また，本件については，犯行の様子を撮影録画する行為を実行行為と密接に関連する行為と捉え，本件デジタルビデオカセットをその用に供したと理解することも考えられないわけではない。(注28)確かに，撮影録画行為は，実行行為と並行して行われており，これと時間的に，更には場所的にも密接に関連していたといえる。しかし，本決定自体，撮影録画行為を実行行為と密接に関連する行為であるなどと説示していない。本決定が摘示する事実関係を踏まえれば，これまでの検討のとおり，本決定においては，端的に，本件

デジタルビデオカセットは犯行の様子が録画されることによって実行行為の用に供されたものであるとされていると理解するのが自然であろう。

（３）本決定の説示について

　ア　前記のとおり，本決定は，刑法19条１項２号の規定を適用する根拠事実を摘示して判断の理由としている。

　イ　このような説示がされたのは，促進説に近い考え方に依拠して，「本件デジタルビデオカセットは犯行を促進したものであるから犯罪行為の用に供した物に当たる」というような説示をした場合，法令適用の理論的根拠を明らかにすることにはなるが，犯罪供用物件の限界を明らかにすることがないと考えられたためであろう。どのような物が具体的に犯罪供用物件に該当するのか（実行行為を促進するものであるのか）ということをあらかじめ明示し，没収の範囲を明確に画することは困難である。実行行為を促進し犯罪供用物件に該当するか否かの判断は，事柄の性質上，事案に即した個別具体的な判断とならざるを得ず，事例の集積によってその範囲が明らかにされていくほかないものであると考えられる。そこで，本決定は，本件事案に即して，本件デジタルビデオカセットが「犯罪行為の用に供した物」に当たるというのに十分な事実関係を法令適用の根拠として摘示し判断の理由としたものと解される。

　ウ　したがって，本決定は，性犯罪の犯行の様子を撮影録画した場合であっても，犯行時の性的興奮ないし満足を高める目的，後に再生して自らの享楽に使用する目的，販売目的など本件と異なる事実関係の下で撮影録画された記録媒体について，それらが犯行供用物件に該当するか否かの判断をあらかじめ示すものではないといえる。

（４）刑法の改正について

　平成29年法律第72号による改正前の刑法176条（強制わいせつ罪），177条（強姦罪）及びこれらの未遂罪は，同法180条１項により，親告罪とされ，告訴がなければ公訴を提起することができないとされていたが，同改正によ

〔4〕 被告人が強姦及び強制わいせつの犯行の様子を隠し撮りした
各デジタルビデオカセットが刑法19条1項2号にいう「犯罪
行為の用に供した物」に当たるとされた事例

り，親告罪の規定は削除され，改正後の刑法176条（強制わいせつ罪），177条
（強制性交等罪）及びこれらの未遂罪は，告訴が訴訟条件ではなくなった。

　本件は，刑法改正前の事案であり，本決定は，改正前刑法の適用を前提と
した判断であるが，その判断内容は，改正後の刑法が適用される事案におい
ても基本的に妥当するものと考えられる。

　5　本決定の意義

　本決定は，以上のとおり，被告人が強姦及び強制わいせつの犯行の様子を
隠し撮りしたデジタルビデオカセットが，本件事実関係の下において，刑法
19条1項2号にいう「犯罪行為の用に供した物」に当たるとしたものであ
る。その理論的根拠については今後の議論に委ねたものとなっているが，促
進説に近い考え方に依拠しているものと考えられること，どのような物が具
体的に犯罪供用物件に該当するのかということは，事例の集積によって明ら
かにされていくほかない性質のものであることなどに照らし，本決定は，事
例判断として重要な意義を有するものと考えられる。

（注1）　本件各犯行は，平成22年4月から同25年12月までに実行されたものであ
り，平成29年法律第72号（平成29年6月23日公布，同年7月13日施行）による
改正前の刑法が適用される事案である。

（注2）　なお，本件デジタルビデオカセットについては，第1審判決に先立ち，
弁護人に対する第1審裁判所の提出命令を是認した特別抗告棄却決定（最三小
決平成27年11月19日刑集69巻7号797頁）がある。同決定の要旨は，「本件デジ
タルビデオカセットは，主任弁護人により警察官への任意提出や検察官への証
拠開示，その一部についての証拠請求がされ，更にその全部の複製DVDが公
判期日で被告人及び弁護人らの異議なく取り調べられているから，被告人の意
思に基づく訴訟活動の結果，本件デジタルビデオカセットに記録された情報の
全ては，もはや『秘密』でなくなったことが明らかであって，本件デジタルビ
デオカセットは，押収拒絶権に関して規定する刑訴法105条の『他人の秘密に
関するもの』に当たらないというべきである」というものである。

(注3) 刑集72巻2号255頁以下

(注4) 本件各犯行は，Aに対する第1審判決判示第1の強姦未遂，E，C，Dに対する同判示第2から第4までの強制わいせつ，Bに対する同判示第5の強姦の順で行われている。

(注5) 刑集72巻2号256頁以下

(注6) 第1審判決に関する評釈として，中村功一「判批」警察学論集69巻2号145頁（平成28年），岡田志乃布「判批」研修813号25頁（平成28年）がある。

(注7) 刑集72巻2号295頁以下

(注8) Bに対する事件の際に被告人がビデオカメラで隠し撮りした映像の複製DVDの内容をいう。

(注9) 刑集72巻2号211頁以下

(注10) 伊達秋雄＝松本一郎『総合判例研究叢書 刑法（20）没収・追徴』25, 29頁（昭和38年），団藤重光編『注釈刑法（1）』136頁［藤木英雄］（昭和39年），大塚仁ほか編『大コンメンタール刑法（第三版）第1巻』422頁［出田孝一］（平成27年）

(注11) 伊達＝松本・前掲（注10）29頁

(注12) 藤木・前掲（注10）137頁，安田拓人「判批」〔東京高判平成22年6月3日〕平成23年度重判解（ジュリ1440号）151頁（平成24年）

(注13) 藤木・前掲（注10）136頁，出田・前掲（注10）422頁

(注14) 伊達＝松本・前掲（注10）29頁

(注15) 山口厚「わが国における没収・追徴制度の現状」町野朔＝林幹人編『現代社会における没収・追徴』31頁（平成8年）

(注16) 安田・前掲（注12）152頁

(注17) 鈴木左斗志「犯罪供用物件没収（刑法19条1項2号）の検討－最高裁平成15年4月11日判決（刑集57巻4号403頁）を契機として－」研修724号7, 8頁（平成20年），西田典之ほか編『注釈刑法第1巻』128頁［鈴木左斗志］（平成22年），安田・前掲（注12）152頁，同「本件判批」法学教室457号134頁（平成30年）

(注18) 安田・前掲（注12）152頁は，藤木・前掲（注10）137頁が「犯罪構成要件に該当する行為の遂行に実質的な寄与をなした物件はこれを没収することが

できるものと解すべきである。」と論じていることから，実際には促進説に帰
着するであろうと指摘する。滝谷英幸「判批」刑事法ジャーナル58号140頁
（平成30年）も，藤木・前掲（注10）137頁を摘示して，促進説に類似する発想
自体は古くから見られたと指摘する。さらに，樋口亮介「判批」平成30年度重
判解（ジュリ1531号）155頁（平成31年）は，「密接性という議論を示した藤
木・前掲（注10）136-137頁は，『実行の終了直後』との限定を付すとともに，
犯行への実質的な寄与も問題としていた。その後の議論において，まず密接性
の範囲が拡張され，さらに促進性に注目する議論が密接性と対立する形で主張
されたものの，密接性を犯罪の終了までに限定すれば，密接性は促進性と対立
するものではなく，むしろ促進の対象を示すものと解される。」と指摘する。
これらの指摘が示唆するとおり，犯罪供用物件が没収対象とされる実質的な理
由は促進説が説くところにあると考えられる。

(注19)　安田・前掲（注12）152頁，樋口亮介「没収・追徴」法学教室402号126
頁（平成26年），滝谷・前掲（注18）139頁。なお，幇助犯の処罰根拠につい
て，正犯の実行行為を通じ法益侵害を惹起する点に求める見解（因果的共犯
論）が有力であり，幇助犯の成立に必要な因果性の程度については，幇助行為
が正犯行為を物理的又は心理的に容易にし，又は促進したと法的に評価される
ような両者の連関が必要であるとする見解（促進的因果関係説）が現在の通説
とされる（大塚仁ほか編『大コンメンタール刑法（第三版）第5巻』713頁以
下［堀内信明＝安廣文夫＝中谷雄二郎］（令和元年））。

(注20)　伊達＝松本・前掲（注10）27頁は，この判例を指摘して，「犯行に直接
使用された物でなくても，吸収関係，牽連関係等主刑の犯罪と一罪の関係にあ
る行為につき利用され，それが主刑の犯行に役立った場合は，間接的に主刑の
犯罪に利用されたものとして没収することができる。」と論ずる。

(注21)　原田國男・最判解説刑事篇平成2年度〔6事件〕117頁以下

(注22)　上田哲・最判解説刑事篇平成15年度〔8事件〕225頁は，「被告人……の
我が国への出入国自体が，覚せい剤輸入の実行行為（陸揚げ）を行うため
（『だけ』といってもよいであろう）に外国から入国し，犯行後には検挙を免れ
るため速やかに我が国から出国しようとするというものであるから，実行行為
と密接な関連性を有するものといえ」，……「復路航空券……もまた，『犯行後

犯行の目的を達成するために使用される物件』として，犯罪供用物件（犯罪行為の用に供しようとした物）に当たると解することができよう。」とする。

（注23）　本件隠し撮りの目的に関する原判決の判断を合理的であるとするものとして，前田雅英「判批」WLJ 判例コラム141号（平成30年）

（注24）　本件は隠し撮りの事案であり，被害者は犯行当時撮影録画されていることに気付いていない。したがって，撮影録画が被害者に心理的圧迫を加えるものとして脅迫行為に該当するというようなことは考えにくいであろう。東京高判平成22年6月3日判タ1340号282頁は，被告人が被害者の住居に侵入した上で強盗強姦の犯行の様子を撮影したビデオテープについて，「犯罪遂行の手段として用いられたものといい得る。したがって，犯行に供した物として刑法19条1項2号を適用して没収することが可能であり，かつ，没収するのが相当である」と判示しているが，本件とは事案を異にするものと考えられる。

（注25）　同旨，安田・前掲（注17）法学教室457号134頁，樋口・前掲（注18）155頁，海老澤侑「判批」法学新報126巻5＝6号198頁以下（令和元年），荒木泰貴「判批」論究ジュリ32号194頁（令和2年）

（注26）　本田稔「判批」法セ764号113頁（平成30年）は，「没収の対象は，主刑が科された犯罪の実行行為やそれを促進する作用を有した行為に使用された物に限定すべきである。」として，本件については，「撮影と録画は強姦等の手段行為の脅迫に含まれず，また被害者に被害届を出さないよう脅迫したわけでもない。従って，本件デジタルビデオカセットは没収の対象にはなりえないはずである。被告人に強要目的があったことを理由に供用物件に当たると認定されているが，それは従来の認定方法を柔軟化するものであり，妥当性につき疑問が残る。」とする。また，浅田和茂「判批」速判解（法セ増刊）25号175頁（令和元年）は，「促進説に賛成であるが，心理的促進では不十分であり物理的促進に限るべきである」とする。しかし，本件デジタルビデオカセットのように実行行為に対して心理的促進の効果が顕著な場合を軽視することはできないように思われる。

（注27）　同旨の指摘をするものとして，鈴木・前掲（注17）研修724号5頁，滝谷・前掲（注18）141頁，樋口・前掲（注18）155頁，海老澤・前掲（注25）198頁以下，荒木・前掲（注25）195頁

(注28)　そのように理解することもできると指摘するものとして，今井將人「判
批」捜査研究67巻9号12頁（平成30年），河原雄介「判批」研修844号36頁（平
成30年），矢崎正子「判批」警察公論74巻1号94頁（平成31年）。矢田悠真「判
批」東北ローレビュー6号64頁（平成31年），桑島翠「判批」早稲田法学95巻
1号351頁（令和元年），久保英二郎「判批」阪大法学69巻6号326頁以下（令
和2年）も参照

(注29)　幇助犯の場合に類似する問題と考えられる。幇助犯は，他人の犯罪を容
易にするものであり，その性質上，処罰の範囲をあらかじめ明確に画すること
は困難である。

(注30)　なお，滝谷・前掲（注18）140頁は，自己の性的興奮を高めるために撮
影録画した場合，促進効果を認めることは容易であろうとする。

（野村　　賢）

〔5〕 刑訴法299条の4，299条の5と憲法37条2項前段

(平成30年（し）第170号 同年7月3日第二小法廷決定 棄却)
(原々審神戸地裁姫路支部 原審大阪高裁 刑集72巻3号299頁)

〔決定要旨〕

刑訴法299条の4，299条の5は，憲法37条2項前段に違反しない。

〔参照条文〕

憲法37条2項，刑訴法299条の4，299条の5

〔解　説〕

第1　規定及び事案の概要

1　規定の概要

　刑訴法299条の4，299条の5は，刑事訴訟法等の一部を改正する法律（平成28年法律第54号）によって新設された規定であり（平成28年6月3日公布，同年12月1日施行），その概要は，次のとおりである。

　（1）刑訴法299条の4は，検察官が，証人，鑑定人，通訳人又は翻訳人の尋問を請求するに際し，相手方に対し，証人等の氏名及び住居を知る機会を与えるべき場合において，証人等又はその親族に対する加害行為等のおそれがあるときには，被告人の防御に実質的な不利益を生ずるおそれがある場合^(注1)を除き，1項において，弁護人にその証人等の氏名及び住居を知る機会を与えた上でこれらを被告人に知らせてはならない旨の条件を付す等の措置（条件付与等措置）をとることができるとし，2項において，条件付与等措置によっては加害行為等を防止できないおそれがあるときには，被告人及び弁護人に対し，その証人等の氏名又は住居を知る機会を与えず，証人等の氏名に代わる呼称，住居に代わる連絡先を知る機会を与える措置（代替開示措置）をとることができるなどとする。^(注2)

　（2）刑訴法299条の5は，1項において，被告人又は弁護人は，検察官のとった措置に不服があるとき，裁判所に対して裁定請求をすることができる

とし，3項において，裁判所は，裁定請求について決定をするとき，検察官の意見を聴かなければならないとし，4項において，裁判所の決定に不服があるとき，即時抗告をすることができるなどとする。

2　事案の概要

（1）本件は，被告人が，共犯者らを報酬あるいは暴力によって支配し，これらの者を背後から意のままに動かすことにより，平成21年から同23年にかけ，自らの意に沿わない者5名に対し，逮捕監禁するなどした上，このうち2名を殺害するとともに，1名を監禁の途中で予期せず死亡させるなどした(注3)として，平成24年から同27年までの間に公訴が提起された殺人等被告事件について，検察官がした証人等の氏名等の代替開示措置に関する特別抗告事件である。

（2）上記被告事件の主たる争点は，共犯者らとの共謀であるが，共犯者らのうち主要な実行行為を行ったとされる者が否認し，2名の遺体も発見されていないことなどから，多数の証人尋問が請求され，そのうち，かつて被告人の配下にあって犯行に関わった者，被害者あるいは被害者側の人物として事情を知る者，犯行場所と被告人のつながりを知る者など，合計16名の証人について，検察官が，刑訴法299条の4第2項により，被告人及び弁護人に対し，その住居を知る機会を与えず，住居に代わる連絡先として神戸地検姫路支部の連絡先を知らせる措置（本件代替開示措置）をとった。(注4)

第2　審理経過

1　原々審（神戸地姫路支決平成30年2月21日）

弁護人が，本件代替開示措置の取消しを求めて裁定請求をし，⑦本件証人等に対する加害行為等のおそれはない，①本件代替開示措置により被告人の防御に実質的な不利益を生ずるおそれがある，⑨少なくとも条件付与等措置をとれば加害行為等を防止することができると主張した。

原々決定は，①被告人は，これまで，配下の者を使って，逃亡者や敵対者の居場所を突き止め，暴力を振るうなどしてきており，本件証人に対し第三

者を介するなどして加害行為等に及ぶおそれがある，被告人は，実質的な訴訟活動に携わっていない者も含めて多数の弁護人を選任しており，一部の弁護人の過失等による漏えいの危険を排除する必要性も高い，②弁護人には本件証人の氏名及びその供述調書等が全て開示されており，被告人との利害関係の有無を把握し，予想される公判での証言内容の信用性を事前に吟味・検討する手段が確保されている上，これらの証人は被告人側からみて敵性証人であり，弁護人との接触について消極的ないし拒絶的な姿勢を示しているが，検察官を通じて事前面談等の意向を確認することも可能である，そうすると，弁護人に本件証人と直接連絡をとって事前面談の依頼ないし説得等をする手段が確保されていないからといって，被告人の防御に実質的な不利益を直ちに生ずるものとは認め難いとして，請求を棄却した。^(注5)

2　原審（大阪高決平成30年3月22日）

弁護人が，即時抗告し，㋐被告人及び弁護人に対し証人の氏名又は住居を知る機会を与えないことは，被告人は証人に対して審問する機会を十分に与えられるとする憲法37条2項前段に違反する，㋑弁護人が十分な反対尋問をするためには，証人と面談したり，居住地の周辺を調査したりして，その供述の信用性に関する情報を得る必要があり，弁護人が証人の氏名及び住居を知ることは，同条3項が被告人に保障する弁護人の援助を受ける権利の一環である，㋒刑訴法299条の5は，受訴裁判所に，証拠採用されない供述調書等に基づいて，加害行為等のおそれの有無を判断させ，被告人が証人の住居を知れば加害行為等のおそれがあるとの予断を抱かせるものであり，憲法37条1項が被告人に保障する公平な裁判所の裁判を受ける権利を侵害するものであると主張した。

原決定は，①被告人が6年以上身柄拘束され，この間，妻を除く一般人との接見禁止が続いているにもかかわらず，証人のうち複数の者が被告人の親族や関係者から威迫されたり，接触されたりした旨供述しており，証人の住居が被告人に知られるようなことがあれば，被告人が親族や関係者を通じて

〔5〕 刑訴法299条の4，299条の5と憲法37条2項前段

加害行為等に出るおそれがあると認められる，②原々決定②の認定判断に加え，検察官は，弁護人から証人への連絡や面談の要請があれば，その旨を証人に伝達するだけでなく，その要請内容に応じて，弁護人の連絡先を伝達するなどし，その伝達の結果を回答したり，弁護人からの信書を証人に交付したりして，その要請に可能な限り応じるとし，実際，弁護人からの要請で，検察官が場所を提供し，検察官の立会いなしで弁護人と証人との面談が実現したこともうかがわれ，被告人の防御に実質的な不利益があるとまでは認められない，本件証人は，被告人と一定のつながりがあった者が大半であり，その氏名や立場等については開示されているのであるから，証人の住居が開示されないことによって，被告人の防御に実質的な不利益を生ずるとは考えられない，③前記①の事情からすれば，被告人に証人の住居が知られることを確実に防止しなければならず，それは弁護人の過失により被告人に証人の住居等が知られる可能性をも排除するものでなければならない，条件付与等措置によって加害行為等のおそれを防止できるとはいえない，④前記②のとおり，本件代替開示措置により所論㋐㋑指摘の権利の侵害があるとはいえない，⑤憲法37条1項にいう公平な裁判所とは，構成その他において偏頗ではない裁判所をいうのであって，所論㋒は前提を欠く上，受訴裁判所が決定を行うために必要な限りにおいて事実の取調べを行うことは，刑訴法自体が予定・許容しており，係属中の事件について直ちに予断を抱いたことになるわけでもなく，全く当を得ないとして，即時抗告を棄却した。(注6)

第3 特別抗告の趣意

弁護人が，特別抗告を申し立て，㋐検察官請求証人の氏名及び住居を知る権利は，反対尋問権の保障に含まれ，その核心に当たる，㋑刑訴法299条の5第1項は，加害行為等のおそれがないこと，被告人の防御に実質的な不利益が生ずるおそれがあることの立証責任を被告人側に負わせている，㋒被告人の憲法上の権利の核心に対する制約の当否が，証拠法の規制が及ばない事実の取調べによって行われ，被告人には疎明資料の真正や信用性を争う機会

- 135 -

が保障されていない，㋴以上によれば，刑訴法299条の4，299条の5は，被告人の証人審問権を保障した憲法37条2項前段に違反する，㋵また，刑訴法299条の5が，受訴裁判所に裁定請求を審査させ，加害行為等のおそれの有無を判断させることは，被告事件について予断と偏見を抱かせるものであり，裁定請求について判断した裁判官が構成する受訴裁判所は，偏頗や不公平のおそれのない組織と構成をもった裁判所ではなくなるから，同条は，憲法37条1項に違反するとともに，無罪推定を受ける権利を保障した市民的及び政治的権利に関する国際規約14条2項に違反すると主張した。

第4　当審判示

1　本決定は，本件抗告の趣意のうち，刑訴法299条の4，299条の5が憲法37条2項前段に違反する旨の主張について，要旨，以下のとおり判示し，刑訴法299条の4，299条の5は，被告人の証人審問権を侵害するものではなく，憲法37条2項前段に違反しないとした。

（1）条件付与等措置及び代替開示措置は，証人等又はその親族に対する加害行為等のおそれがある場合に，弁護人に対し証人等の氏名及び住居を知る機会を与えた上で一定の事項が被告人その他の者に知られないようにすることを求めることなどでは，証人等の安全を確保し，証人等が公判審理において供述する負担を軽減することが困難な場合があることから，加害行為等を防止するとともに，証人等の安全を確保し，証人等が公判審理において供述する負担を軽減し，より充実した公判審理の実現を図るために設けられた措置であると解される。このうち，代替開示措置については，検察官が，被告人及び弁護人に対し，証人等の氏名又は住居を知る機会を与えなかったとしても，それにより直ちに被告人の防御に不利益を生ずることとなるわけではなく，被告人及び弁護人は，代替的な呼称又は連絡先を知る機会を与えられることや，証人等の供述録取書の取調べ請求に際してその閲覧の機会が与えられることその他の措置により，証人等と被告人その他の関係者との利害関

係の有無を確かめ，予想される証人等の供述の証明力を事前に検討することができる場合があり，被告人の防御に実質的な不利益を生ずるおそれがないこととなる場合があるということができる。

（2）しかしながら，検察官は，被告人の防御に実質的な不利益を生ずるおそれがあるときには，条件付与等措置も代替開示措置もとることができない。さらに，検察官は，条件付与等措置によっては加害行為等を防止できないおそれがあるときに限り代替開示措置をとることができる。裁判所は，検察官が条件付与等措置若しくは代替開示措置をとった場合において，加害行為等のおそれがないとき，被告人の防御に実質的な不利益を生ずるおそれがあるとき，又は検察官が代替開示措置をとった場合において，条件付与等措置によって加害行為等を防止できるときは，被告人又は弁護人の裁定請求により，決定で，検察官がとった措置の全部又は一部を取り消さなければならない。裁定請求があった場合には，検察官は，裁判所からの意見聴取において，刑訴法299条の5第1項各号に該当しないことを明らかにしなければならず，裁判所は，必要なときには，更に被告人又は弁護人の主張を聴くなどすることができるということができる。そして，裁判所の決定に対しては，即時抗告をすることができる。これらに鑑みれば，刑訴法299条の4，299条の5は，被告人の証人審問権を侵害するものではなく，憲法37条2項前段に違反しないというべきである。

（3）以上のように解すべきことは，当裁判所の判例（最大判昭和24年5月18日刑集3巻6号789頁，最大判昭和25年9月27日刑集4巻9号1774頁，最大判昭和27年4月9日刑集6巻4号584頁）の趣旨に徴して明らかである。

2　また，本決定は，本件抗告の趣意のうち，刑訴法299条の5が憲法37条1項に違反する旨主張する点は，刑訴法299条の5は，所論のいうように受訴裁判所の裁判官に係属中の被告事件について予断を抱かせるものではないから（最大判昭和25年4月12日刑集4巻4号535頁参照），前提を欠き，その余は単なる法令違反の主張であって，刑訴法405条の上告理由に当たらない

とした。

第5　説　　明

　1　問題の所在

　刑訴法299条の4，299条の5は憲法37条2項前段に違反するのかというこ
とが，本件の問題である。

　2　制定の経緯

（1）刑訴法299条1項は，「検察官，被告人又は弁護人が証人，鑑定人，通
訳人又は翻訳人の尋問を請求するについては，あらかじめ，相手方に対し，
その氏名及び住居を知る機会を与えなければならない。証拠書類又は証拠物
の取調を請求するについては，あらかじめ，相手方にこれを閲覧する機会を
与えなければならない。但し，相手方に異議のないときは，この限りでな
い。」と規定する。同規定は，取調べを請求しようとする証拠方法をあらか
じめ相手方の知悉可能な状態に置くことによって，証拠調べ請求に対し適切
な意見を述べることを可能にさせ，もって不意打ちを防止し公正な審理を確
保しようとするものであるとされる。[注7]しかし，他方で，相手方に対し証人等
の氏名及び住居を知る機会を与えることにより，証人等に対する加害行為等
のおそれを生じさせる場合もないではない。そのような場合については，
証人等に対する加害行為等を防止するとともに，証人等の安全の確保やそ
の負担の軽減を図り，より充実した公判審理を実現する必要があるといえ
る。

（2）この点に関しては，従前から，刑法105条の2に，証人等威迫罪が規
定され，刑訴法89条5号においては，審判に必要な知識を有すると認められ
る者等に対する加害行為等のおそれがあるときにはそのことが権利保釈の除
外事由とされ，さらに，同法96条1項4号においては，加害行為等を行った
ときなどにはそのことが保釈等の取消事由とされていた。

（3）また，平成11年には，組織的犯罪対策関連立法の一環として，刑訴法
299条の2が新設され，検察官又は弁護人は，同法299条1項の機会を与える

に当たり，証人等に対する加害行為等のおそれがあると認めるときは，相手方に対し，その旨を告げ，これらの者の住居，勤務先その他その通常所在する場所が特定される事項が，犯罪の証明若しくは犯罪の捜査又は被告人の防御に関し必要がある場合を除き，関係者（被告人を含む。）に知られないようにすることその他これらの者の安全が脅かされることがないように配慮することを求めることができることとされた。

（4）さらに，平成19年には，犯罪被害者等保護関連法整備の一環として，刑訴法299条の3が新設され，検察官は，同法299条1項の機会を与えるに当たり，被害者特定事項が明らかにされることにより，被害者等に対する加害行為等のおそれがあると認めるときは，弁護人に対し，その旨を告げ，被害者特定事項が，被告人の防御に関し必要がある場合を除き，被告人その他の者に知られないようにすることを求めることができることとされた。

（5）平成28年改正は，捜査，公判が取調べ及び供述調書に過度に依存した状況にあるとの指摘を踏まえ，そのような状況を改めて，刑事手続を時代に即したより機能的なものとし，国民からの信頼を確保するため，刑訴法等を改正して，刑事手続における証拠の収集方法の適正化・多様化及び公判審理の充実化を図るものである。(注8)同法299条の4，299条の5は，その一環として，証人等に対する加害行為等を防止するとともに，証人等の安全を確保し，証人等が公判審理において供述する負担を軽減し，より充実した公判審理の実現を図るための，より実効性のある方策を規定したものである。(注9)本決定がこの点を初めに説示するのは，立法目的が正当であることを指摘したものと考えられる。(注10)

3 本決定について

本決定は，刑訴法299条の4，299条の5は憲法37条2項前段に違反しないということを最高裁が初めて判示したものであり，その理由とするところは，次のように解される。

（1）代替開示措置による被告人の防御への影響について

ア　本決定は，刑訴法299条の4，299条の5が憲法37条2項前段に違反しないということを説示するに当たり，まず，証人等の氏名又は住居を知る機会を与えられなかったとしても，それにより直ちに被告人の防御に不利益を生ずることとなるわけではなく，被告人及び弁護人は，代替的な呼称又は連絡先を知る機会を与えられることや，証人等の供述録取書の取調べ請求に際してその閲覧の機会が与えられることその他の措置により，証人等と被告人その他の関係者との利害関係の有無を確かめ，予想される証人等の供述の証明力を事前に検討することができる場合があり，被告人の防御に実質的な不利益を生ずるおそれがないこととなる場合があることを指摘する。

イ　これに対し，刑訴法299条の4は，その規定中に「被告人の防御に実質的な不利益を生ずるおそれがあるとき」の例として「証人等の供述の証明力の判断に資するような被告人その他の関係者との利害関係の有無を確かめることができなくなるとき」を挙げており，証人等の氏名又は住居を知る機会を与えられなければ，およそ証人等と被告人その他の関係者との利害関係，証人等の偏見，予断等の有無を確認し予想される証人等の供述の証明力を事前に検討することができず，被告人の防御に実質的な不利益を生ずるおそれがあることになるとする見解がある。同法299条の4，299条の5が憲法^(注11)37条2項前段に違反するという主張は，この見解を前提に，代替開示措置がとられた場合は，およそ予想される証人等の供述の証明力を事前に検討することができないから，被告人の防御に実質的な不利益を生ずるおそれがあり，証人審問の機会はあるものの反対尋問を実効的に行うための準備をすることができないことになるため，同項前段が刑事被告人は証人審問の機会を「充分に」与えられるとしていることに違反すると主張するものであると解される。^(注12)

ウ　確かに，証人等の氏名又は住居を知ることができないことにより，当該証人等と被告人その他の関係者との利害関係等があるのかないのか，被告

人の防御に実質的な不利益を生ずるおそれがあるのかないのかを判断することができない場合もあり得ると考えられる。^(注13)

エ しかしながら，①暴力団の対立抗争事件において，稼業名を用いていた元構成員が暴力団を脱退し転居してひそかに生活していたところ，同人の氏名又は住居を被告人及び弁護人に知らせなかったとしても，同人の供述録取書の開示により（氏名又は住居の記載部分を除く。），^(注14)その供述内容から，被告人又は弁護人において，証人となる者がいかなる人物であるのか識別できる場合や，ストーカー事件の被告人が被害者の氏名又は住居を知らないときに，これらを被告人及び弁護人に知らせなかったとしても，被害者の供述録取書の開示により（氏名又は住居の記載部分を除く。），その供述内容から，被告人又は弁護人において，証人となる者が被害者であることを識別できる場合など，開示された証拠から，証人が被告人側の知っている特定の人物であることが分かる場合，②証人が，たまたま現場に居合わせて事件を目撃した者であって，被告人その他の関係者と利害関係を有しないことが明らかな場合などにおいては，代替開示措置がとられたとしても，証人等と被告人その他の関係者との利害関係の有無等を確かめ，予想される証人等の供述の証明力を事前に検討することができ，被告人の防御に実質的な不利益を生ずるおそれがない場合があるであろう。^(注15)

オ また，原決定が指摘するように，代替開示措置がとられたとしても，弁護人が，証人等との面談を要請し，検察官が，証人等にその旨連絡して，証人等の承諾の下，場所を提供し，弁護人に対して，証人等との面談の機会を与える措置がとられた場合などにおいては，証人等と被告人その他の関係者との利害関係の有無等を確かめ，予想される証人等の供述の証明力を事前に検討することができ，被告人の防御に実質的な不利益を生ずるおそれがないこととなる場合があるであろう。このような措置は，本決定がいう「その他の措置」に当たると考えられる。^(注16)

カ 以上のとおり，代替開示措置がとられたとしても，それにより直ちに

被告人の防御に実質的な不利益を生ずるおそれがあるということになるわけではない場合があるといえるであろう。[注17]

（2）被告人の防御に実質的な不利益を生ずるおそれがあるときについて

ア　本決定は，以上のとおり代替開示措置がとられたとしてもそれにより直ちに被告人の防御に実質的な不利益を生ずるおそれがあるということになるわけではない場合があることを前提に，刑訴法299条の4，299条の5は憲法37条2項前段に違反しない理由として，まず，これらの規定が，被告人の防御に実質的な不利益を生ずるおそれがあるときには代替開示措置をとることができない旨規定していることを指摘する。

イ　被告人の防御に実質的な不利益を生ずるおそれがあるときというのは，予想される証人等の供述の証明力を事前に検討することができず反対尋問を実効的に行うための準備をすることができないことをいうものと考えられるが，前記のとおり，代替開示措置がとられたとしてもそれにより直ちに被告人の防御に実質的な不利益を生ずるおそれがあるということになるわけではない場合があり，刑訴法299条の4，299条の5は，被告人の防御に実質的な不利益を生ずるおそれがあるときには代替開示措置をとることができない旨規定しているのであるから，これらの規定が憲法37条2項前段に違反するというのは困難であるというほかないと解される。[注18]

（3）条件付与等措置によっては加害行為等を防止できないおそれがあるときについて

ア　本決定は，刑訴法299条の4，299条の5は憲法37条2項前段に違反しない理由として，次に，これらの規定が，条件付与等措置によっては加害行為等を防止できないおそれがあるときに限り代替開示措置をとることができる旨規定していることを指摘する。

イ　弁護人が選任されている場合において条件付与等措置によっては加害行為等を防止できないおそれがあるときとしては，①被告人に証人等の氏名又は住居が知られた場合には，当該証人等に深刻な加害行為等が及ぶおそれ

が強く，これを確実に防止するためには，弁護人の過失により被告人に証人
等の氏名又は住居が知られる可能性も排除しておく必要があることから，弁
護人に対しても知らせないこととせざるを得ないような場合，②被告人が，
弁護人に対し，証人等の氏名又は住居を教示するよう強く求めている場合な
ど，弁護人が被告人に対してこれらを秘匿することに困難が予想される場
合，③弁護人が，被告人の所属する暴力団組織に，被告人の事件の証拠の内
容を漏らしているなどの事情があり，弁護人と暴力団組織の癒着が疑われる
場合などが考えられる。[注19]

　ウ　これらに鑑みれば，代替開示措置をとることができるのは，かなり限
定的であるということになる。もとより，被告人の防御に実質的な不利益を
生ずるおそれがあるときには代替開示措置をとることができないのであるか
ら，条件付与等措置によっては加害行為等を防止できないおそれがあるとき
に限り代替開示措置をとることができるということは，同措置が憲法37条2
項前段に違反しないということとの関係では，その合憲性を支えるものとし
て指摘されていると考えられる。

（4）裁判所に対する裁定請求等について

　ア　本決定は，刑訴法299条の4，299条の5は憲法37条2項前段に違反
しない理由として，さらに，①裁判所は，検察官が条件付与等措置若しくは
代替開示措置をとった場合において，加害行為等のおそれがないとき，被告
人の防御に実質的な不利益を生ずるおそれがあるとき，検察官が代替開示措
置をとった場合においては，条件付与等措置によって加害行為等を防止でき
るとき，被告人又は弁護人の裁定請求により，決定で，検察官がとった措置
の全部又は一部を取り消さなければならないこと，②裁定請求があった場合
には，検察官は，裁判所からの意見聴取において，刑訴法299条の5第1項
各号に該当しないことを明らかにしなければならず，裁判所は，必要なとき[注20][注21]
には，更に被告人又は弁護人の主張を聴くなどすることができること，③そ[注22]
して，裁判所の決定に対しては即時抗告をすることができることを指摘す

る。

　イ　これらは，代替開示措置がとられたことにより被告人の防御に実質的
な不利益を生ずるおそれがあると認められる場合などに関してそのような事
態を是正する手続であり，このような手続が設けられていることは，代替開
示措置について定める規定の合憲性を担保するものとして指摘されていると
考えられる。^(注23)

（5）判例の趣旨に徴して明らかであることについて

　本決定は，以上の諸点から，刑訴法299条の4，299条の5は，被告人の証
人審問権を侵害するものではなく憲法37条2項前段に違反しないとし，この
ように解すべきことは，次の最高裁判所の判例の趣旨に徴して明らかである
とする。これらの判例は，一定の要件の下，証人に対して直接に審問する機
会を与えずに，伝聞証拠の取調べを許容することも，被告人の証人審問権を
侵害するものではない旨判示したものであり，証人審問の機会が与えられて
いない場合であっても同項前段違反になるわけではないとするこれらの判例
の趣旨に徴すれば，証人審問の機会がある場合について同項前段違反をいう
のは困難であろう。^(注24)

　ア　最大判昭和24年5月18日刑集3巻6号789頁は，「被告人の請求がある
ときに証人尋問の機会を与えれば供述録取書は証拠とすることができる旨の
刑訴応急措置法12条^(注25)の規定により，検察官調書を以上の制限内で証拠として
も憲法37条2項の趣旨に反しない。」旨判示する。

　イ　最大判昭和25年9月27日刑集4巻9号1774頁は，「憲法37条2項は，
常に現実に被告人の反対尋問にさらされない証人の供述又はこれに代わるべ
き証拠書類を証拠とすることを憲法上絶対に禁止した規定ではない。刑訴応
急措置法12条1項の規定が憲法37条2項の趣旨に違反するものではないこと
は当裁判所の判例とするところである（判例ア参照）。」旨判示し，被害届を
証拠として採用したことを是認している。

　ウ　最大判昭和27年4月9日刑集6巻4号584頁は，「被告人のため反対尋

問の機会を与えていない証人の供述又は供述録取書であっても，現にやむを得ない事由があって，その供述者を裁判所において尋問することが妨げられ，そのために反対尋問の機会を与えられないような場合にあっては，これを裁判上証拠とし得ると解したからといって，必ずしも憲法37条2項に違反するものではない。刑訴法321条1項2号はこれと同一の見地に出た立法である。」旨判示し，証言を拒絶した証人の検察官調書を証拠として採用したことを是認している。

4　その他の問題

（1）本決定は，本件抗告の趣意のうち，刑訴法299条の5が憲法37条1項に違反する旨主張する点については，「起訴前の強制処分に関与し，かつ，起訴後第1回公判期日までの間に保釈請求却下の決定をした裁判官が第1審の審理判決をしたからといって，除斥，忌避の理由があるとは認められないから，第1審の判決が憲法37条1項に違反するとはいえない。」旨判示した最大判昭和25年4月12日刑集4巻4号535頁を参照して，刑訴法299条の5は，所論のいうように受訴裁判所の裁判官に係属中の被告事件について予断を抱かせるものではないから，前提を欠き，その余は単なる法令違反の主張であって，適法な上告理由に当たらないとした。

（2）刑訴法299条の5の裁定請求において，裁判所は，証人等に対する加害行為等のおそれがあるか否か，代替開示措置をとることにより被告人の防御に実質的な不利益を生ずるおそれがないか否か，条件付与等措置によっては加害行為等を防止できないおそれがあるか否かを判断するのであるから，受訴裁判所の裁判官に，係属中の被告事件について予断を抱かせるものではなく，同条が憲法37条1項に違反する旨の主張は前提を欠くというほかないであろう。[注26]

5　本決定の意義

本決定は，刑訴法299条の4，299条の5について憲法37条2項前段に違反しないということを最高裁が初めて判断したものであり，これらの規定が合

憲とされる理由を判示するものとして，今後の実務の参考になる判断を提供するものと考えられる。

　なお，改正法施行から本件原決定後の平成30年4月までの間に，弁護人からの刑訴法299条の5第1項の裁定請求を認め代替開示措置を取り消した証人等の数は6件あり，裁定請求を棄却したものは本件のほかには見当たらないことからは，慎重な判断がされていることが看取される。^(注27)

（注1）　本稿においては，刑訴法299条の4第1項にいう「第299条第1項の規定により証人，鑑定人，通訳人又は翻訳人の氏名及び住居を知る機会を与えるべき場合において，その者若しくはその親族の身体若しくは財産に害を加え又はこれらの者を畏怖させ若しくは困惑させる行為がなされるおそれがある」ことを「証人等に対する加害行為等のおそれがある」などと略記することとする。

（注2）　検察官が，証拠書類又は証拠物の取調べを請求するに際し，相手方に対し，それを閲覧する機会を与えるべき場合において，証拠書類若しくは証拠物に氏名若しくは住居が記載され若しくは記録されている者であって検察官が証人，鑑定人，通訳人若しくは翻訳人として尋問を請求するもの若しくは供述録取書等の供述者（検察官請求証人等）若しくは検察官請求証人等の親族に対する加害行為等のおそれがあるときについては，刑訴法299条の4第3項，4項に，1項，2項と同旨の規定がある。

（注3）　刑集72巻3号320頁

（注4）　刑訴法299条の4，299条の5の各規定は，同法316条の23第2項，3項，316条の28第2項により，公判前整理手続及び期日間整理手続の証拠開示に準用される。本件代替開示措置及び裁定請求は，公判前整理手続における証拠開示に際してされたものである。

（注5）　刑集72巻3号313頁以下

（注6）　刑集72巻3号319頁以下

（注7）　平場安治ほか編『注解刑事訴訟法（全訂新版）中巻』541頁［髙田卓爾］（昭和57年），伊藤栄樹ほか編『注釈刑事訴訟法（新版）第4巻』249頁［佐々

〔5〕 刑訴法299条の4，299条の5と憲法37条2項前段

木史朗〕（平成9年），河上和雄ほか編『大コンメンタール刑事訴訟法（第二版）第6巻』250頁［高橋省吾］（平成23年），河上和雄ほか編『注釈刑事訴訟法（第3版）第4巻』354頁［木口信之］（平成24年），伊丹俊彦ほか編『逐条実務刑事訴訟法』665頁［三村三緒］（平成30年）

(注8)　吉川崇ほか「刑事訴訟法等の一部を改正する法律（平成28年法律第54号）について（1）」法曹時報69巻2号29頁（平成29年）

(注9)　保坂和人ほか「刑事訴訟法等の一部を改正する法律（平成28年法律第54号）について（2）」法曹時報69巻3号39頁（平成29年）

(注10)　同旨，小島淳「判批」平成30年度重判解（ジュリ1531号）171頁（平成31年），川出敏裕『刑事手続法の論点』169頁（令和元年）

(注11)　小坂井久ほか編著『実務に活かすQ&A平成28年改正刑事訴訟法等のポイント』170頁以下［河津博史］（平成28年），河津博史「証人等の氏名及び住居の開示に係る措置」自由と正義67巻9号18頁以下（平成28年）

(注12)　同旨，川出・前掲（注10）170頁。伊藤睦「判批」速判解（法セ増刊）25号188頁（令和元年）参照

(注13)　大澤裕ほか「『新たな刑事司法制度』の構築に向けて－法制審議会答申の検討」論究ジュリ12号39頁［小野正典発言］（平成27年），伊丹ほか編・前掲（注7）672頁［伊丹俊彦］

(注14)　刑訴法299条の4第4項に規定する場合に該当するときには，同項により，供述録取書の供述者の氏名又は住居が明らかにされないであろう。

(注15)　法制審議会新時代の刑事司法制度特別部会第2作業分科会第6回議事録8頁［上冨敏伸幹事発言］，同第10回議事録20頁［同幹事発言］，小川佳樹「被害者等および証人を保護するための方策の拡充」法律時報88巻1号42頁（平成28年）

(注16)　保坂ほか・前掲（注9）55頁も，同様の措置を指摘する。

(注17)　同旨，法制審議会新時代の刑事司法制度特別部会第2作業分科会第1回議事録20頁［酒巻匡委員発言］，同第6回議事録8頁［同委員発言］，9頁［上冨敏伸幹事発言］，隅田陽介「刑事手続における犯罪被害者等及び証人の保護－近時の刑事訴訟法改正を中心に－」刑事法ジャーナル54号52頁（平成29年），川出・前掲（注10）166,170,171頁

(注18) 同旨，川出・前掲（注10）170頁

(注19) 保坂ほか・前掲（注9）50頁，伊丹ほか編・前掲（注7）673頁［伊丹
俊彦］，川出・前掲（注10）167頁

(注20) 同旨の指摘をするものとして，伊丹ほか編・前掲（注7）675頁［合田
悦三］

(注21) 所論⑦（刑訴法299条の5は立証責任を転換させるものであるとして憲
法37条2項前段違反をいう点）は，検察官において刑訴法299条の5第1項各
号に該当しないことを疎明しなければならないことは当然のことと解されるか
ら，前提を欠くといわざるを得ないと考えられる。

(注22) 所論⑰（刑訴法299条の5は事実の取調べによって証人審問権の侵害の
有無を判断するものであるから憲法37条2項前段に違反するという点）は，事
実の取調べによる判断が所論のいうような違憲になるものではないから，前提
を欠くといわざるを得ないと考えられる。

(注23) 同旨，小島・前掲（注10）171頁，川出・前掲（注10）170頁

(注24) 同旨，小島・前掲（注10）171頁

(注25) 日本國憲法の施行に伴う刑事訴訟法の應急的措置に関する法律（刑訴応
急措置法）（昭和22年5月3日施行，同24年1月1日失効）第12条 証人その
他の者（被告人を除く。）の供述を録取した書類又はこれに代わるべき書類は，
被告人の請求があるときは，その供述者又は作成者を公判期日において訊問す
る機会を被告人に與えなければ，これを証拠とすることができない。但し，そ
の機会を與えることができず，又は著しく困難な場合には，裁判所は，これら
の書類についての制限及び被告人の憲法上の権利を適当に考慮して，これを証
拠とすることができる。

(注26) 同旨，小島・前掲（注10）171頁

(注27) これまで引用したもののほか，本決定の評釈として知り得たものとし
て，榎本雅記「判批」法学教室459号155頁（平成30年），中村真利子「判批」
刑事法ジャーナル59号119頁（平成31年），飯島滋明「判批」速判解（法セ増
刊）24号29頁（平成31年）がある。 （野村　賢）

〔6〕　被告人を殺人及び窃盗の犯人と認めて有罪とした第1審判決に事実誤認があるとした原判決に，刑訴法382条の解釈適用を誤った違法があるとされた事例

$$\left(\begin{array}{l}\text{平成29年（あ）第837号　同30年7月13日第二小法廷判決　破棄差戻し}\\\text{第1審鳥取地裁　第2審広島高裁松江支部　刑集72巻3号324頁}\end{array}\right)$$

〔判決要旨〕

　被告人を殺人及び窃盗の犯人と認めて有罪とした第1審判決に事実誤認があるとした原判決は，全体として，第1審判決の説示を分断して個別に検討するのみで，情況証拠によって認められる一定の推認力を有する間接事実の総合評価という観点からの検討を欠いており，第1審判決が論理則，経験則等に照らして不合理であることを十分に示したものとはいえず（判文参照），刑訴法382条の解釈適用を誤った違法があり，同法411条1号により破棄を免れない。

〔参照条文〕

　刑訴法382条，411条1号

〔解　　説〕

第1　事案の概要等

　本件は，被告人が，約2週間前まで店長を務めていたホテルの事務所で金品を物色中，支配人Ａに発見されたことから，金品を強取しようと考え，殺意をもって，Ａの頭部を壁面に衝突させ，頸部をひも様のもので絞め付けるなどして反抗を抑圧し，現金約43万2910円を強取し，その際，前記暴行により，Ａに遷延性意識障害を伴う右側頭骨骨折，脳挫傷，硬膜下血腫等の傷害を負わせ，6年後に死亡させて殺害したとされる強盗殺人[注1]の事案である。

【公訴事実の要旨】

　被告人は，平成21年9月29日午後9時40分頃，鳥取県米子市所在のホテル

新館2階事務所において、金品を物色するなどしていたところ、同ホテル支配人A（当時54歳）に発見されたことから、金品を強取しようと考え、同人に対し、殺意をもって、その頭部を壁面に衝突させ、頸部をひも様のもので絞め付けるなどしてその反抗を抑圧し、同所にあった同人管理の現金約43万2910円を強取し、その際、前記暴行により、同人に遷延性意識障害を伴う右側頭骨骨折、脳挫傷、硬膜下血腫等の傷害を負わせ、よって、平成27年9月29日、前記遷延性意識障害による敗血症に起因する多臓器不全により同人を入院中の病院で死亡させて殺害した。

（注1）　起訴罪名は強盗殺人未遂であったが、第1審公判前整理手続中に被害者が死亡したことにより、強盗殺人に訴因変更された。

　　　なお、被告人は、年収・勤続年数を偽ってクレジットカードの発行を申し込み、その旨誤信させてカードをだまし取ったという詐欺でも起訴され、本件と併合審理されたが、第1審は同事実につき無罪を言い渡した（同事実については検察官が控訴せず無罪が確定）。

第2　審理経過
　1　被告人は、主に犯人性を争い、無罪を主張したところ、第1審判決（鳥取地裁・裁判員裁判）は、要旨、以下の理由により被告人を本件の犯人と^(注2)認定した上で、強盗の故意を否定して殺人罪及び現金約26万8000円の窃盗罪を認定し、被告人を懲役18年に処した。
　（1）本件の犯人は、本件事務所から少なくとも二百数十枚の千円札を含む約26万8000円の現金を奪取したと認められるところ、被告人は、本件発生から約12時間後、ATMから自己名義の預金口座に230枚の千円札を入金している。日常生活において、このような大量の千円札を持ち合わせることは通常ないと考えられることも併せると、被告人が、偶然に、本件とごく近接した時間帯にこれらの千円札を所持し、入金したとは考え難く、この事実は、

特段の事情がない限り，被告人が本件の犯人であることを強く推認させる。被告人は，本件の約2週間前まで店長として本件ホテルで勤務し，本件当時は休職中であったところ，「入金した千円札は，集金等の際にドロワー現金（客室の自動精算機の不具合・釣銭不足に備えてフロントのレジで保管されていた千円札約40枚を含む5万円程度の現金）の千円札が不足することに備え，自分の一万円札を本件ホテルのスロット機の売上げで得た千円札と両替するなどして貯めたものである」旨供述するが，種々の不合理な点があって信用できない。

（2）本件は，当日午後9時34分頃から午後10時12分頃の数分前までの間に発生したと認められるところ，被告人は，午後8時頃，本件ホテルの従業員であるBから電話で「客室のスロット機の売上回収方法等を教えてほしい」旨依頼を受け，午後9時13分頃，本件ホテル周辺に到着し，午後10時頃，本件ホテルの従業員用出入口付近で本件ホテルの従業員であるCと出会ったと認められる。したがって，被告人には本件犯行に及ぶ機会があった。

（3）本件事務所は，1階部分に客室専用駐車場が設けられていないほかは，建物の外側から見て他の客室と特段の違いはない上，その位置関係や本件ホテルの施錠状況等に照らし，本件ホテルの内部構造を知らない者にとっては，本件ホテルの建物内で最もアクセスしにくい場所であったといえるところ，本件ホテルの内部構造や施錠状況等に関する知識があった被告人は，これらの間接事実等から推認される犯人像に合致する。

（4）以上に加え，①被告人が本件直後に県外へ移動し，妻や交際相手との音信を絶ち，警察官からの出頭要請を無視していたという一連の行動は，本件による検挙を恐れての逃走と評価でき，②被告人以外の本件ホテルの従業員が本件犯行を行った可能性は認められないという事実関係が同時に存在することについては，被告人が犯人であると考えなければ合理的な説明がつかない。よって，被告人が本件の犯人である。

（注2）　第1審判決は，検察官の主張に沿って（3）（2）（1）（4）の順に検討を加
　　　　えているが，本判決は，（1）（2）（3）（4）の順で引用している。順番を並べ替
　　　　えた趣旨は判文上明らかではないが，各間接事実の重要度や相互の関係等を意
　　　　識したのではないかとも推察される。

　　2　これに対し，検察官は強盗殺人罪の成立を否定して殺人罪及び窃盗罪
を認定した点の事実誤認を理由に，弁護人は被告人を殺人罪及び窃盗罪の犯
人と認定した点の事実誤認等を理由に，それぞれ控訴したところ，原判決
（広島高裁松江支部）は，要旨，以下の理由により被告人を犯人と認定した第
1審判決には事実誤認があるとして弁護人の控訴趣意をいれ，検察官の控訴
趣意について検討することなく第1審判決を破棄し，被告人に対し無罪の言
渡しをした。
（1）被告人が所持していた230枚の千円札が被害金そのものであることを
裏付ける直接証拠はないこと，被告人が犯人であることの立証責任は検察官
にあることに鑑みれば，その入手経路に関する被告人の弁解の信用性にある
程度の疑問があっても，これを虚偽として排斥しきれない以上，被告人を犯
人と認定することはできない。前記1（1）の事実があれば，特段の事情がな
い限り，被告人が本件の犯人であることを強く推認させるとした第1審判決
の判断枠組みは，無罪推定の原則に反し，到底支持できない。また，千円札
の入手経路等に関する被告人供述を虚偽として排斥することもできない。
（2）被告人には本件犯行に及ぶ機会があったとした第1審判決の認定が不
合理とはいえない。
（3）本件ホテルの構造や本件事務所の外観・位置関係等をもって，第1審
判決がいうように犯人は本件ホテルの内部構造や施錠状況等に関する知識を
有していた人物であったとは断定できない。被告人が本件の犯人像に合致す
るとした第1審判決の認定は不合理で事実誤認がある。
（4）被告人が自宅に戻らなかったのは，精神的に不安定な妻と会いたくな

い一方，交際相手と会いたかったからである可能性が十分にあるし，「過去
の厳しい取調べ経験から出頭する気になれなかった」旨の被告人供述を虚偽
として排斥することはできない。また，被害者から解雇されて恨んでいたこ
とがうかがえる元店長や，一緒に清掃作業をしていた従業員3名ないしうち
2名が共謀して本件犯行に及んだ可能性も否定できない。

（5）以上のとおり，前記1のうち(1)(3)(4)に関する第1審判決の認定
評価には誤りがあり，(2)のみで被告人が犯人であると推認できないことは
明らかである。状況証拠による犯人性の認定に当たっては，状況証拠によっ
て認められる間接事実中に，被告人が犯人でないとしたならば合理的に説明
することができない（あるいは少なくとも説明が極めて困難である）事実関係
が含まれていることを要し，これに至らない間接事実をいくつ積み上げて
も，犯人性の立証には足りないというべきであるから，被告人が犯人である
ことの証明は十分ではなく，第1審判決には，判決に影響を及ぼすことが明
らかな事実誤認がある。

3　これに対し，検察官が上告した。上告趣意は，①第1審判決の事実認
定が論理則，経験則等に照らして不合理であることを具体的に示していない
旨の判例違反（後掲最一小判平成24年2月13日），②有罪認定に必要とされる
立証の程度に関する判例違反（後掲最一小決平成19年10月16日），③各間接事
実の総合評価による事実認定の検討を欠いている旨の判例違反（後掲最三小
判平成22年4月27日），④犯人性に関する事実誤認の4点である。

第3　当審判示

本判決は，検察官の上告趣意は刑訴法405条の上告理由に当たらないとし
つつ，職権で次のとおり判示して，原判決を破棄し，原審（広島高裁）に差
し戻した。^(注3)

刑訴法382条の事実誤認とは，第1審判決の事実認定が論理則，経験則等
に照らして不合理であることをいうものと解するのが相当であり，控訴審が
第1審判決に事実誤認があるというためには，第1審判決の事実認定が論理

則，経験則等に照らして不合理であることを具体的に示すことが必要である（最高裁平成23年(あ)第757号同24年2月13日第一小法廷判決・刑集66巻4号482頁）が，原判決は，第1審判決の事実認定について，論理則，経験則等に照らして不合理な点があることを十分に示したものとは評価できない。

（1）第1審判決は，前記2（筆者注：本解説第2の1。以下同様）（1）から（3）までの事情を中心に，同(4)の諸事情も総合考慮して，被告人が本件の犯人であると結論付けたものと解される。これに対し，原判決は，以下に詳述するとおり，全体として，第1審判決の説示を分断して個別に検討するのみで，情況証拠によって認められる一定の推認力を有する間接事実の総合評価という観点からの検討を欠いている。

（2）原判決は，第1審判決の前記2（1）の説示のうち，被告人が本件発生の約12時間後にATMから自己名義の預金口座に230枚の千円札を入金した事実及び本件犯人が本件事務所から少なくとも二百数十枚の千円札を含む現金約26万8000円を奪取した事実を認定した点は不合理といえないとした。その一方で，第1審判決が「日常生活において，このような大量の千円札を持ち合わせることは通常ないと考えられることも併せると，被告人が，偶然に，本件とごく近接した時間帯にこれらの千円札を所持し，入金したとは考え難く，この事実は，特段の事情がない限り，被告人が本件の犯人であることを強く推認させる」とした点については，要旨「被告人が所持していた230枚の千円札が被害金そのものであることを裏付ける直接証拠はないこと，被告人が犯人であることの立証責任は検察官にあることに鑑みれば，その入手経路に関する被告人の弁解の信用性にある程度の疑問があっても，これを虚偽として排斥しきれない以上，被告人を犯人と認定することはできない。第1審判決の判断枠組みは，無罪推定の原則に反し，到底支持できない」旨判示した。さらに，第1審判決が「入金した千円札は，集金等の際にドロワー現金の千円札が不足することに備え，自分の一万円札を本件ホテルのスロット機の売上げで得た千円札と両替するなどして貯めたものである」旨の被

- 154 -

〔6〕　被告人を殺人及び窃盗の犯人と認めて有罪とした第1審判決に事実誤認があるとした原判決に，刑訴法382条の解釈適用を誤った違法があるとされた事例

告人供述は信用できないとした点についても，被告人の供述を虚偽として排斥することはできないとして，第1審判決には事実誤認があるとした。

　しかし，日常生活において，230枚もの千円札を持ち合わせることが通常ないことは第1審判決が指摘するとおりであって，本件犯人が本件ホテルから二百数十枚の千円札を盗み，その約12時間後である金融機関の開店直後の時間帯に，被告人が230枚の千円札を ATM（証拠によれば，米子市内の金融機関のものと認められる。）で入金しているという客観的事実は，それ自体，これらの千円札の同一性，ひいては被告人の犯人性を相当程度推認させる事情となり得るはずであるが，原判決がそのような観点からこれらの事情を検討した形跡は判文上うかがえない。これらの客観的事実による推認力は，被告人が230枚の千円札を本件とは別の事情から有していた可能性との兼ね合いで判断されるべきものであって，第1審判決の「特段の事情がない限り，被告人が本件の犯人であることを強く推認させる」旨の説示は，推認力の程度を示すものとしてはいささか強いきらいはあるが，第1審判決は，被告人が説明する千円札所持の経緯に関し，当事者双方の主張立証を踏まえて検討した上で信用性を否定し，さらに，他の間接事実をも総合考慮した上で被告人が犯人であると結論付けていることが判文上明らかであって，それらを全体としてみれば，第1審判決の判断枠組みが無罪推定の原則に反するとの原判決の指摘は当を得ない。

　また，第1審判決は，千円札所持の経緯に関する被告人の説明について，要旨，①本件ホテルの従業員らは，被告人が大量の千円札を所持していることを見聞きしたことはなく，従業員らの証言や出納票によれば，ドロワー現金の千円札が現に不足し，自動精算機内の千円札等によるドロワー現金への両替補充もできなかったことはない上，被告人自身，「両替必要時に備えて被害者から本件事務所の金庫（普段から釣銭の補充用として数百枚の千円札と硬貨合計45万円程度が保管され，被害者が週1回程度，集金等の業務で本件ホテルを訪れる際に適宜補充するなどしていた。）のスペアキーを預かっており，現に

同金庫から3万円分の千円札を取り出したことがある」旨供述していることからして、被告人が、ドロワー現金の両替・補充等のため、個人的に大量の千円札を所持しておく必要があったとは考え難い、②被告人は、業務のため大量の千円札が必要であったと言いながら、本件当時は近々休職から復帰予定だったというのに、事件直後になって突然千円札を手放した理由につき合理的な説明もない、③被告人は、自宅の借地代や公共料金の滞納を続け、本件の2か月程前から妻に生活費を渡さず、本件の4日前に妻から生活費を要求された際は5000円しか渡さなかったというのであるから、20万円超の小遣いを貯め込んでいたということ自体が相当に疑わしい、といった理由から信用できないとしたものである。これに対し、原判決は、「230枚の千円札の入手経路に関する弁護人らの主張ないし被告人の供述について、これらを虚偽として排斥できるかどうかを検討する」とした上で、第1審判決の説示を分断し、被告人の説明の信用性が否定できない理由をほとんど示さないまま、被告人の説明によれば第1審判決の判断は不合理であるなどと結論付けている部分が見受けられ、被告人供述の信用性を否定した第1審判決の前記判断が不合理であることを具体的に示したものとは評価できない。

（3）また、原判決は、前記2（2）記載の各事実から「被告人には本件犯行に及ぶ機会があった」と認定した第1審判決の認定が不合理とはいえないとしつつ、その事実のみで被告人が犯人であると推認できないことは明らかであるとしている。

　しかし、第1審判決が認定した事実関係によれば、被告人は、Bから依頼を受け、客室備付けのスロット機の売上回収方法等を教えるために本件ホテルに向かい、午後9時13分頃には本件ホテル付近に到着し、午後10時頃に本件ホテルでCと出会うまでの40分間以上にわたり、本件ホテル付近にいたというのであるから、このことは、前記2（1）の事情ともあいまって、その頃に本件ホテルで発生した本件への被告人の関与を相当程度推認させる事情となり得るはずであるが、原判決がそのような観点からこれらの事情を総合

考慮した形跡も判文上うかがえない。

（4）以上のとおり，原判決は，全体として，第1審判決の説示を分断して個別に検討するのみで，情況証拠によって認められる一定の推認力を有する間接事実の総合評価という観点からの検討を欠いており，第1審判決の事実認定が論理則，経験則等に照らして不合理であることを十分に示したものと評価することはできない。第1審判決に事実誤認があるとした原判断には刑訴法382条の解釈適用を誤った違法があり，この違法が判決に影響を及ぼすことは明らかであって，原判決を破棄しなければ著しく正義に反するものと認められる。

（注3） 原判決が裁判所支部で言い渡された場合，差し戻すべき原裁判所は，官署としての裁判所とすべきであり，支部に差し戻すべきではない。本庁で処理するか支部で行うかは，事務分配の問題である（大コンメンタール刑事訴訟法第2版第9巻458頁〔原田國男〕〔平成23年〕）。本件と同様の処理をした当審先例として，最一小判昭和57年1月28日刑集36巻1号67頁（鹿児島夫婦殺し事件・福岡高裁宮崎支部→福岡高裁），最一小判平成元年6月22日刑集43巻6号427頁（山中事件・名古屋高裁金沢支部→名古屋高裁），最三小判平成26年4月22日刑集68巻4号730頁（秋田弁護士殺害事件・仙台高裁秋田支部→仙台高裁）等がある。

第4 説 明

1 控訴審における事実誤認の審査方法に関しては，大きく分けて，①原判決の事実認定に論理則，経験則違反があることを事実誤認と捉える論理則・経験則違反説と，②第1審判決に示された心証ないし認定と控訴審裁判官のそれとが一致しないことを事実誤認と捉える心証優先説（心証比較説）の対立があると理解されてきたが，[注4]最一小判平成24年2月13日刑集66巻4号482頁（チョコレート缶事件・以下「平成24年判例」という。）は，「控訴審にお

ける事実誤認の審査は，第1審判決が行った証拠の信用性評価や証拠の総合判断が論理則，経験則等に照らして不合理といえるかという観点から行うべきものであって，刑訴法382条の事実誤認とは，第1審判決の事実認定が論理則，経験則等に照らして不合理であることをいうものと解するのが相当である。したがって，控訴審が第1審判決に事実誤認があるというためには，第1審判決の事実認定が論理則，経験則等に照らして不合理であることを具体的に示すことが必要であるというべきである。」と判示して，論理則・経験則違反説を採用することを明らかにした。以後の上告審においても，同判決が示した論理則・経験則違反説の判断枠組みに沿った判断が積み重ねられている。原判決を維持した例として，①最三小決平成25年4月16日刑集67巻4号549頁，②最一小決平成25年10月21日刑集67巻7号755頁，③最一小決平成26年3月10日刑集68巻3号87頁，④最一小決平成26年7月8日集刑314号99頁等，原判決を破棄した例として，⑤最一小判平成26年3月20日刑集68巻3号499頁，⑥最二小判平成30年3月19日刑集72巻1号1頁等がある。

　第1審判決の事実認定が論理則，経験則等に照らして不合理である場合の例としては，一般に，（1）供述の信用性判断が客観的な証拠や事実と矛盾するなど明らかに不合理である場合，（2）間接事実から主要事実を推認するについて重要な客観的証拠や事実が見落とされたり，考慮されなかったりして明らかに不合理である場合などが挙げられている。^(注5)

　なお，第1審判決が有罪の場合と無罪の場合とで事実誤認の審査基準に違いがあるか否かについては見解が分かれていたが，^(注6)上記判例⑤は，第1審判決（裁判員裁判）が有罪とした認定，判断を是認できないとした原判決が，「第1審判決について，論理則，経験則等に照らして不合理な点があることを十分に示したものとは評価することができない。そうすると，第1審判決に事実誤認があるとした原判断には刑訴法382条の解釈適用を誤った違法があ」るとし，平成24年判例の示した解釈を踏まえた説示を行っている。同判決は，刑訴法382条の解釈適用に関し，第1審判決が有罪の場合であっても，

論理則・経験則違反説が妥当する旨を示したものとみられ，第1審判決が有罪の場合には平成24年判例の示した解釈は妥当しないとする考え方を否定したものと理解されている。[注7]

（注4） 上岡哲生・最高裁判所判例解説刑事篇平成24年度138頁以下〔平成27年〕。

（注5） 東京高等裁判所刑事部部総括裁判官研究会「控訴審における裁判員裁判の審査の在り方」判例タイムズ1296号8頁〔平成21年〕。

（注6） 小森田恵樹・最高裁判所判例解説刑事篇平成26年度121頁以下〔平成29年〕。

（注7） 小森田・前掲注6・123頁。

2 また，本件では，情況証拠による事実認定の当否が問題となっている[注8]ところ，情況証拠による事実認定に関して判示した代表的な当審判例として，以下のものがある。

（1） 最一小判昭和48年12月13日集刑190号781頁（長坂町放火事件・以下「昭和48年判例」という。）

裁判上の事実認定は，自然科学の世界におけるそれとは異なり，相対的な歴史的真実を探究する作業なのであるから，刑事裁判において「犯罪の証明がある」ということは「高度の蓋然性」が認められる場合をいうものと解される。しかし，「蓋然性」は，反対事実の存在の可能性を否定するものではないのであるから，思考上の単なる蓋然性に安住するならば，思わぬ誤判におちいる危険のあることに戒心しなければならない。したがって，右にいう「高度の蓋然性」とは，反対事実の存在の可能性を許さないほどの確実性を志向したうえでの「犯罪の証明は十分」であるという確信的な判断に基づくものでなければならない。この理は，本件の場合のように，もっぱら情況証拠による間接事実から推論して，犯罪事実を認定する場合においては，より

一層強調されなければならない。

（2）最一小決平成19年10月16日刑集61巻7号677頁（TATP殺人未遂事件・以下「平成19年判例」という。）

　刑事裁判における有罪の認定に当たっては，合理的な疑いを差し挟む余地のない程度の立証が必要である。ここに合理的な疑いを差し挟む余地がないというのは，反対事実が存在する疑いを全く残さない場合をいうものではなく，抽象的な可能性としては反対事実が存在するとの疑いをいれる余地があっても，健全な社会常識に照らして，その疑いに合理性がないと一般的に判断される場合には，有罪認定を可能とする趣旨である。そして，このことは，直接証拠によって事実認定をすべき場合と，情況証拠によって事実認定をすべき場合とで，何ら異なるところはないというべきである。

（3）最三小判平成22年4月27日刑集64巻3号233頁（大阪母子殺人放火事件・以下「平成22年判例」という。）

　刑事裁判における有罪の認定に当たっては，合理的な疑いを差し挟む余地のない程度の立証が必要であるところ，情況証拠によって事実認定をすべき場合であっても，直接証拠によって事実認定をする場合と比べて立証の程度に差があるわけではないが（平成19年判例参照），直接証拠がないのであるから，情況証拠によって認められる間接事実中に，被告人が犯人でないとしたならば合理的に説明することができない（あるいは，少なくとも説明が極めて困難である）事実関係が含まれていることを要するものというべきである（下線筆者。以下，下線部を「平成22年判示」という。）。

（注8）　情況証拠の定義には様々な考え方があるが，一般には，直接証拠と間接証拠とを区別し，①要証事実を直接証明するのに用いる証拠（被告人の自白，共犯者の自白，被害者・目撃者の犯行状況等に関する証言等）を直接証拠といい，②要証事実を直接証明することはできないが，これを推認させる事実（間接事実）を証明するのに用いる証拠を間接証拠といい，後者を情況証拠と呼ん

でいる。さらに，「情況証拠による事実認定」という文脈で用いられる場合には，③間接証拠から認定される事実（間接事実），④実質証拠の証明力に影響を及ぼす事実（補助事実）及びこれを証明するのに用いる証拠（補助証拠）も情況証拠に含める例が多い（中川武隆ほか「情況証拠の観点から見た事実認定」7頁〔平成15年〕，松田俊哉・最高裁判所判例解説刑事篇平成19年度433頁注1〔平成23年〕，鹿野伸二・最高裁判所判例解説刑事篇平成22年度81頁注3〔平成25年〕）。ここでもその用例に従うこととする。

3　平成22年判示が，情況証拠からの有罪認定に際しての何らかの新たな判断方法ないし基準を示したものか否かについては，見解が分かれる。

（1）平成22年判例の調査官解説は，「これについては論理的に考えれば否定すべきものと思われる。すなわち，まず，上記説示において，『事実』ではなく，『事実関係』とされていることからすれば，これが，決め手となる1個の事実の存在を求めるものではなく，多数の事実を総合判断した評価としてそうなることを求めていることは明らかである。そして，立証されるレベルについてみると，本判決の説示が前提としているところの反対の場面，すなわち，『被告人が犯人でないとしても合理的に説明ができる事実関係しか存在しない』という場面を想定すれば，それは，他に犯人が存在する可能性があるということであって，平成19年判例が判決理由の中で示している『健全な社会常識に照らして，その（反対事実が存在するとの）疑いに合理性がないと一般的に判断される場合』ではないのであるから，そのような事実関係しか存在しないならば被告人を有罪と認定することができないのは当然である。……藤田裁判官の補足意見においても，本判決は平成19年判例と矛盾しないとされており，従前の判例と異なる一般論を提示しようとしたものではないことが示されている。そうすると，本判決の上記説示は，被告人の有罪方向を示す多数の情況証拠がある場合に，ややもすれば，『被告人が犯人であるとすればこれらの情況証拠が合理的に説明できる』ということのみ

で有罪の心証を固めてしまうおそれがあることに対し，上記のような観点から警鐘を鳴らそうとしたものであって，有罪の立証レベルや判断方法の基準として新たなものを打ち出そうとしたものではないと理解すべきであろう。」としており，消極的見解に立っている。同旨の見解を示す文献も多く見られる。^(注10)

（２）これに対し，平成22年判示が，情況証拠からの有罪認定に際しての新たな判断方法ないし基準を示した旨の積極的見解も多く見られるが，その具体的内容については，以下のとおり多岐に分かれる。

（ａ）昭和48年判例が示した準則を具体化・明確化したと同時に，直接証拠による認定と情況証拠による認定との間に差がないことを示した平成19年判例を承認しつつ，冤罪発生の防止という政策的観点から，個々の間接事実（積極証拠）の中には推認力が相当程度高いものが含まれていなければならないことを要求したものと捉える見解^(注11)

（ｂ）消去法的立証の危険性に鑑み，被告人の犯人性と第三者の犯行不可能性を合理的に説明できるだけの情況証拠（複数）が必要であり，かつ，中核となる要証事実について，質の高い情況証拠による立証でなければならないことを示したものと捉える見解^(注12)

（ｃ）帰納法（帰納的推理）による推認に伴う本質的危険に鑑み，有罪仮説に立つと情況証拠をすべて説明できるということが示されるだけでは足りず，無罪仮説に立つと情況証拠を説明できないということが示される必要があるという当然の準則を明らかにしたものと捉える見解^(注13)

（ｄ）情況証拠しかない事案において，間接事実が，主要事実を認定するための総合評価に参加させることができない程，推認力が弱いとの評価を免れるためには，少なくとも，その総合評価に参加する前に，第一次間接事実として合理的疑いを容れない程に証明されなければならないのであり，かかる要求の適用外となるような「相互補完的な関係にある事実」^(注14)なるものはないことを明らかにしたものと捉える見解^(注15)

（e）平成19年判例が採用した「合理的な疑いを超える」証明基準に加えて，「高度な蓋然性」の証明基準が同時的・併存的に適用されることを明示したものと捉える見解^(注16)

（3）なお，平成22年判示の理解に関する最も重要な対抗軸は，「平成22年判示のいうような事実関係の存在を，総合認定の結果として要求するのか，それとも，総合認定に参加している具体的な間接事実中に要求するのか」という点にある旨指摘する見解^(注17)があり，現に，前記（2）の積極的見解の中には，後者の理解を明言するものも複数ある^(注18)。

これに対しては，主に前記（1）の消極的見解の論者から，自由心証主義（刑訴法318条）に抵触すること，間接事実による総合評価という概念を否定するに等しいこと等を理由に，否定的な見解も多く見られる^(注19)。

（注9）　鹿野・前掲注8・79頁。

（注10）　片山真人「新判例解説（第371回）」研修745号29頁〔平成22年〕，川上拓一「情況証拠による事実認定－最高裁平成22年4月27日第三小法廷判決についての覚書」研修749号10頁〔平成22年〕，前田雅英「合理的な疑いを容れない程度の証明」警察学論集64巻3号133頁〔平成23年〕，中川武隆「情況証拠による犯罪事実の認定」ジュリスト1420号（平成22年度重要判例解説）239頁〔平成23年〕，鈴木一義「刑事判例研究（1）」法学新報117巻5・6号264頁〔平成23年〕，酒井邦彦「情況証拠による事実認定と立証の程度について考えたこと－平成22年4月27日の最高裁判決をきっかけとして－」研修777号11頁〔平成25年〕，井上弘通「情況証拠による事実認定」刑事訴訟法判例百選（第10版）142頁〔平成29年〕等。

（注11）　中川孝博「間接事実の総合評価に関し，一定の外在的ルールを定めた事例」法学セミナー増刊速報判例解説 vol. 8・211頁〔平成23年〕。これに親和的な見解として，村岡啓一「情況証拠による事実認定論の現在－最高裁第三小法廷平成22年判決をどう読むか」村井古稀682頁〔平成23年〕，斎藤司ほか「情況証拠による事実認定と合理的な疑いを差し挟む余地がない証明との関係」季

刊刑事弁護65号72頁〔平成23年〕, 門野博「情況証拠による事実認定のあり方
－最高裁はいかなるルールを設定したのか」論究ジュリスト7号231頁〔平成
25年〕, 吉弘光男「『合理的疑いを超える証明』に関する一考察」内田古稀425
頁〔平成28年〕。なお, 門野・同は,「(本件) 事実関係については, 総合認定
に関わる多くの多面的な間接事実 (群) を総合して認めることは許容してよい
と考える。……1つの間接事実 (群) において, 本判示の要求する事実関係が
含まれなければならないと厳格に考える必要はない。」とも指摘する。

(注12)　白取祐司「刑事裁判例批評 (166)」刑事法ジャーナル26号100頁〔平成
22年〕, 福島至「情況証拠による事実認定－大阪母子殺害放火事件」法律時報
83巻9・10号120頁〔平成23年〕。

(注13)　鳥毛美範「最判平22・4・27による情況証拠論の継承と深化」季刊刑事
弁護68号161頁〔平成23年〕。これに親和的な見解として, 田中輝和「間接証拠
による事実認定の『準則』・覚書－最高裁平成22 (2010) 年4月27日判決を機
縁として－」東北学院法学71号443頁〔平成23年〕。

(注14)　後掲注21の植村説参照。

(注15)　豊崎七絵「最高裁判例に観る情況証拠論－情況証拠による刑事事実認定
論 (3)」法政研究78巻3号730頁〔平成23年〕。なお, 同「情況証拠と採証法
則」法学セミナー667号124頁〔平成22年〕は, 平成22年判示を,「誤った有罪
を防止するための採証法則であろう」としている。

(注16)　渡辺直行「情況証拠による事実認定 (被告人の犯人性推認) のあり方」
早稲田法学87巻4号147頁〔平成24年〕。

(注17)　門野・前掲注11・228頁。豊崎・前掲注15 (法政研究) 727頁も同旨。

(注18)　中川孝博・前掲注11・211頁, 村岡・前掲注11・682頁, 門野・前掲注
11・231頁, 豊崎・前掲注15 (法政研究) 730頁。

(注19)　鹿野・前掲注8・80頁, 中川武隆・前掲注10・240頁, 酒井・前掲注
10・12頁, 井上・前掲注10・143頁, 是木誠「刑事判例研究〔498〕」警察学論
集72巻1号168頁〔平成31年〕, 内藤惣一郎「判例研究」研修848号37頁〔平成
31年〕。

　なお, 中間的見解として,「間接事実の列挙から総合判断をしてその結論を
出す前に, いわば中間項 (命題) として, 被告人が犯人でないとしたならば,

合理的な説明が極めて困難である事実関係があるといえるかどうか，という視点からの検討，説明を求めているものと考えられる」とした岩瀬徹「情況証拠による立証と合理的疑い」実例刑事訴訟法Ⅲ199頁〔平成24年〕がある。

4　本判決について

（1）本判決は，平成24年判例の説示を引用した上で，「原判決は，全体として，第1審判決の説示を分断して個別に検討するのみで，情況証拠によって認められる一定の推認力を有する間接事実の総合評価という観点からの検討を欠いており，第1審判決の事実認定が論理則，経験則等に照らして不合理であることを十分に示したものと評価することはできない」ことを理由に，原判決には刑訴法382条の解釈適用を誤った違法があるとしてこれを破棄している。平成24年判例が示した論理則・経験則違反説の判断枠組みに沿った前記1の一連の判例に一事例を付け加えるものといえるが，本判決の特徴として，原判決が間接事実の総合評価という観点からの検討を欠いていること，換言すれば事実誤認を審査する前提としての事実認定の手法自体が誤っていることを破棄理由としている点が挙げられよう。[注20]

すなわち，平成24年判例は，控訴審における事実誤認の審査を「第1審判決が行った証拠の信用性評価や証拠の総合判断が論理則，経験則等に照らして不合理といえるかという観点から行うべきもの」としており，本件のような情況証拠による事実認定を審査対象とする場合には，①間接証拠による間接事実の認定，②認定された間接事実による要証事実の推認（いずれも積極・消極双方の判断を含む。）等に関する第1審判決の判断が論理則，経験則等に照らして不合理といえるか否かを判断すべきものと解されるところ，本[注21]判決は，原判決が②の観点からの検討を欠いている点で刑訴法382条に違反するとしたものである。

なお，②に関し，平成24年判例は，「第1審判決は，これらの間接事実を個別に検討するのみで，間接事実を総合することによって被告人の違法薬物

の認識が認められるかどうかについて明示していないが，各間接事実が被告人の違法薬物の認識を証明する力が弱いことを示していることに照らすと，これらを総合してもなお違法薬物の認識があったと推認するに足りないと判断したものと解される」旨判示しているところ，調査官解説[注22]は，「この判示は，間接事実型立証がされた事案については，個別の間接事実の証明力に限界があるというだけでは無罪の結論を導くことができず，間接事実を総合して認定ができるかどうかを検討すべきことを示しており，重要な指摘がされているといえよう」としている。この指摘は，専ら第1審における事実認定の在り方を念頭に置いたものであるが，控訴審における事実誤認の審査の在り方にも等しく当てはまるように思われる。

（2）本判決は，原判決が間接事実の総合評価という観点からの検討を欠いている点として，具体的には①本件犯人が本件事務所から少なくとも二百数十枚の千円札を奪取し，その約12時間後に被告人がATMから自己名義の預金口座に230枚の千円札を入金したという客観的事実自体の推認力を検討していない点，②千円札所持の経緯に関する被告人の説明が信用できないとした第1審判決の理由の説示を分断し，理由をほとんど示さないまま，被告人の説明によれば第1審判決の判断は不合理であるなどと結論付けている点，③被告人が本件発生時刻前後の40分間以上にわたり本件ホテル付近にいた事実の推認力について，千円札に関する間接事実との総合考慮を欠いている点の3点を挙げている。

①の客観的事実，すなわち，本件犯人が本件事務所から少なくとも二百数十枚の千円札を奪取したという事実と，その約12時間後に被告人が米子市内の金融機関[注23]のATMから自己名義の預金口座に230枚の千円札を入金したという事実は，両事実の時間的場所的近接性や，大量の千円札を所持することの非日常性に照らせば，本判決が指摘するとおり，それ自体，これらの千円札の同一性，ひいては被告人の犯人性を相当程度推認させる事情となり得るように思われる。もとより，原判決が指摘するとおり，ATM入金時に被告

人が所持していた230枚の千円札が被害金そのものであることを裏付ける直接証拠はない以上，その推認力は，両者の同一性が証明された場合（例えば千円札の記番号が一致した場合）と比較すれば相対的に劣ると評価するのが妥当であろうし，被告人が230枚の千円札を本件とは別の事情から有していた可能性（反対仮説の蓋然性）との兼ね合いによっても異なり得るであろう。(注24)
そして，被告人が230枚の千円札を所持していた経緯については被告人自身が最もよく知るところであるから，その経緯に関する被告人供述の信用性の高低は，上記反対仮説の蓋然性の高低と比例し，ひいては①の間接事実の推認力の強弱とも連動する関係にあるといえる。その意味で，①の間接事実の推認力に関する第１審判決の「特段の事情がない限り，被告人が本件の犯人であることを強く推認させる」旨の説示は，推認力の程度を示すものとしてはいささか強いきらいがあることは否めない。(注25)しかし，第１審判決は，千円札所持の経緯に関する被告人の説明について，前記第３（２）第３段落記載のとおり，種々の不合理な点があって信用できないとしてこれを否定することにより，上記反対仮説の蓋然性が乏しいことを指摘し，①の間接事実の推認力がかなり強いものであるという評価を根拠付けた上，被告人が本件発生時刻前後の40分間以上にわたり本件ホテル付近にいたという③の事実等，他の間接事実をも総合考慮した上で被告人が犯人であると結論付けているのであって，少なくともその判断手法に不合理な点は見当たらない。

　これに対し，原判決は，第１審判決の上記説示を捉えてその判断枠組みが無罪推定の原則に反すると断じ，「230枚の千円札の入手経路に関する被告人供述を虚偽として排斥できるかどうか」という独自の判断基準を立てた上でこれを否定し，①の間接事実の推認力自体について何ら言及することなく，③の間接事実のみでは被告人を犯人と推認することはできないとして第１審判決を破棄しているが，そもそも以上のような第１審判決の判断過程を正解していないようにも思われる。その意味で，①～③は，原判決が全体として間接事実の総合評価という観点からの検討を欠いていることの端的な現れで

あり，本判決としても，これらの誤りを具体的に示し，間接事実の総合評価という観点から更に原審に審理を尽くさせる必要があると判断したものと解される。[注26]

（3）なお，原判決は，前記第2の2（5）記載のとおり，被告人の犯人性を否定するに当たり，「状況証拠による犯人性の認定に当たっては，状況証拠によって認められる間接事実中に，被告人が犯人でないとしたならば合理的に説明することができない（あるいは少なくとも説明が極めて困難である）事実関係が含まれていることを要し，これに至らない間接事実をいくつ積み上げても，犯人性の立証には足りない」旨を説示している。このうち前段は平成22年判示を概ね踏襲した表現であるが，後段は原判決独自の表現である。その趣旨は必ずしも一義的に明らかではないが，前記（2）で指摘した原判決の判断過程に照らせば，平成22年判示の理解に関し，同判示のいうような事実関係の存在を，総合認定に参加している具体的な間接事実中に要求する旨の見解（前記3（3）参照）に親和的といえる。

しかし，平成22年判例の調査官解説（前記3（1）参照）が指摘するとおり，同判決は，「刑事裁判における有罪の認定に当たっては，合理的な疑いを差し挟む余地のない程度の立証が必要であるところ，情況証拠によって事実認定をすべき場合であっても，直接証拠によって事実認定をする場合と比べて立証の程度に差があるわけではない」旨判示した平成19年判例を引用しており，情況証拠による事実認定において要求される証明の程度について，平成19年判例と異なる判断を示したものではないことは，平成22年判例の判文上も明らかである。また，平成22年判示において，「事実」ではなく「事実関係」とされていることからすれば，これが，決め手となる1個の事実の存在を求めるものではなく，複数の事実を総合判断した評価として，「被告人が犯人でないとしたならば合理的に説明することができない（あるいは少なくとも説明が極めて困難である）事実関係が含まれている」という心証に達することを求めているものと解される。このことは，例えば，個々の間接事実そ

れ自体は被告人以外の者による犯行の可能性を否定するだけの推認力を有しないが，それらの間接事実が示す犯人の条件を同時に満たす者は被告人以外にはあり得ない場合を想定すれば，当然の理といえる。もとより，全ての間接事実を総合しても被告人以外の者による犯行であるとの合理的な疑いを差し挟む余地があるにもかかわらず，「被告人が犯人であることを前提とすれば全ての事実が矛盾なく説明できる」との一面的な評価のみをもって被告人を有罪とすることが許されないのは当然であり，また，およそ推認力の乏しい間接事実のみをいくら積み重ねたところで，「合理的な疑いを差し挟む余地のない」程度の立証に達することは想定し難いが，情況証拠による事実認定は，情況証拠によって認められる一定の推認力を有する間接事実を積極・消極の両面から総合評価することにより，「合理的な疑いを差し挟む余地のない」程度の立証に達していると判断できるか否かという観点から行うべきものであって，有罪の認定をする前提として，総合評価の基礎となる個々の間接事実それ自体が，「被告人が犯人でないとしたならば合理的に説明することができない（あるいは少なくとも説明が極めて困難である）」という程度の推認力を有することは要しないというべきであろう。

　本判決は，平成22年判示や原判決の上記判示について何ら言及しておらず，情況証拠による事実認定に関して具体的な法理を明示したものでもないが，原判決を是認できないとした具体的な理由（前記（2）参照）を見る限り，少なくとも，「平成22年判示がいう事実関係は，総合評価の前提となる具体的な間接事実中に存在する必要がある」旨の見解には立っていないものと解される。

（注20）　前田雅英「最新刑事判例研究（53）」捜査研究814号44頁〔平成30年〕。

（注21）　情況証拠による事実認定を①②の2段階に分類することにつき，足立勝義「英米刑事訴訟に於ける情況証拠」司法研究報告書第5輯第4号33頁〔昭和27年〕，中川武隆ほか・前掲注8・12頁参照。

なお，間接証拠による間接事実の認定について，直接証拠から主要事実を認定する場合と同じ証明の程度を要するか否かについては見解が分かれ得るが，最二小判昭和45年7月31日刑集24巻8号597頁（仁保事件上告審判決）は，相互に独立した6つの間接事実や補助事実について，「もしこれらの事実を積極に認定しようとするならば，その証明は，高度に確実で，合理的な疑いを容れない程度に達していなければならないと解すべきである」旨判示している。この点，植村立郎・実践的刑事事実認定と情況証拠（第3版）238頁〔平成28年〕は，同判決の判示を前提としつつ，「個々の間接事実が相互の独立性が低くて相互補完的な関係にある場合は，個々の間接事実自体は合理的な疑いを容れない程度までは証明されていないときであっても，それら相互補完的な関係にある事実をも含めた総合認定を経て認定された認定事実を前提に改めて検証すれば，その認定の根拠とされた個々の間接事実に関してそれまであった合理的な疑いは解消されて，結果的には個々の間接事実も合理的な疑いを容れない程度に証明されたと見られる関係にあるときがあると解される」としている。

(注22)　上岡・前掲注4・145頁注。

(注23)　第1審判決では被告人が230枚の千円札を入金したATMの所在場所は認定されていないが，証拠によれば米子市内の金融機関であり，第1審判決もそのことを当然の前提にしていると解される。

(注24)　この点に関し，永井敏雄「刑事裁判例批評（377）」刑事法ジャーナル59号129頁〔平成31年〕は，「本件における『被害品』と『所持品』については，紙幣番号のように両者の同一性をそれだけで確認できる決定的な証拠は存在しない。このため，両者の同一性と被告人の犯人性をめぐって，更に他の間接事実を参照する作業が必要になってくる。ここで注目されるのは，犯行の直後である翌朝，被告人が『所持品』をATMから口座に入金し，手放している事実である。この事実を併せて考察すると，本件は，近接所持の問題にいっそう近似していく可能性がある。」と指摘する。

(注25)　第1審判決のような推認の表現は，一方で検察官が負うべき挙証責任を被告人に転換しているとの誤解を招きかねないことから，例えば，被告人の尿中から覚せい剤が検出されたという事実から「特段の事情がない限り」被告人の覚せい剤使用の故意を推認する場合のように，推認を妨げる消極方向の間接

事実がない限り不利益事実の認定がほぼ可能な程度の強い推認が働く場合に限
って慎重に用いるのが妥当であるように思われる。この点につき，合田悦三
「覚せい剤営利目的輸入罪における故意（知情性）の認定について」警察学論
集70巻12号56頁〔平成29年〕参照。

(注26) 本判決は，職権判示で言及した間接事実の推認力に関し，「相当程度」
という表現を用いるに止め，具体的な程度については言及を避けている。ま
た，原判決の判断方法の誤りを指摘するに止め，①～③以外の間接事実に関す
る原判断（前記第2の2（3）（4））や被告人の犯人性を否定した結論の当否に
ついては何ら言及していない。これらは，差戻し後の審理・判断に委ねる趣旨
であえて言及を避けたものと推察される。

(注27) 井上・前掲注10・143頁同旨。

(注28) 岩瀬・前掲注19・192頁も，「これまで情況証拠による事実認定で採用さ
れてきた手法」として，同旨を述べている。

5 本判決の意義

本判決は，事例判例ではあるが，以上のとおり，刑訴法382条の解釈適用
及び情況証拠による事実認定の在り方に関し，新たな一事例を加えるものと
して，重要な意義を有するものと思われる。

(後注) なお，本件については，差戻しを受けた控訴審において，被告人が強盗
殺人の犯行に及んだことが優に認められるとして，強盗の故意を否定した第1
審判決を事実誤認により破棄し，第1審に差し戻す旨の判決（広島高判平成31
年1月24日裁判所HP）が言い渡され，さらに，差戻しを受けた第1審におい
て，強盗殺人罪を認定して無期懲役の判決（鳥取地裁令和2年11月30日裁判所
HP）が言い渡されている。

本判決の評釈等として知り得たものとして，前田・前掲注20・38頁，髙倉新
喜「第一審の有罪判決を事実誤認で破棄した控訴審判決の当否」法学セミナー
766号130頁〔平成30年〕，宮木康博「第1審の有罪判決を事実誤認で破棄した
原判決に刑訴法382条の解釈適用を誤った違法があるとされた事例」法学教室

459号156頁〔平成30年〕，是木・前掲注19・140頁，永井・前掲注24・124頁，内藤・前掲注19・25頁，関口和徳「控訴審における事実誤認の審査方法」法学セミナー増刊速報判例解説新・判例解説 Watch24号195頁〔平成31年〕等がある。　　　　　　　　　　　　　　　　　　　　　　　　（久禮　博一）

〔7〕 自動車の運転により人を死傷させる行為等の処罰に関する法律2条5号の危険運転致死傷罪の共同正犯が成立するとされた事例

$$\left(\begin{array}{l}\text{平成29年（あ）第927号　同30年10月23日第二小法廷決定　棄却}\\\text{第1審札幌地裁　第2審札幌高裁　刑集72巻5号471頁}\end{array}\right)$$

〔決定要旨〕

被告人とAが，それぞれ自動車を運転し，赤色信号を殊更に無視して交差点に進入し，被害者5名が乗車する自動車にA運転車両が衝突するなどしてうち4名を死亡させ，1名に重傷を負わせた交通事故について，被告人とAが，互いに，相手が同交差点において赤色信号を殊更に無視する意思であることを認識しながら，相手の運転行為にも触発され，速度を競うように高速度のまま同交差点を通過する意図の下に赤色信号を殊更に無視する意思を強め合い，時速100kmを上回る高速度で一体となって自車を同交差点に進入させたなどの本件事実関係（判文参照）の下では，被告人には，A運転車両による死傷の結果も含め，自動車の運転により人を死傷させる行為等の処罰に関する法律2条5号の危険運転致死傷罪の共同正犯が成立する。

〔参照条文〕

自動車の運転により人を死傷させる行為等の処罰に関する法律2条5号，刑法60条

〔解　説〕

第1　事案の概要等

1　本件は，被告人が，友人Aとそれぞれ自動車を運転して2台で速度を競うように国道を走行し，共謀の上，赤色信号を殊更無視して時速100km超の高速度で交差点に進入したことにより，被害者一家5名が乗車する自動車にA運転車両が衝突し，車外に放出されたうち1人を被告人運転車両がれき跨，引きずるなどし，一家4名を死亡させ，1名に加療期間不明のびま

ん性軸索損傷，頭蓋底骨折等の傷害を負わせ，さらに単独でひき逃げに及んだという危険運転致死傷，道路交通法違反（救護・報告義務違反）の事案である。

【危険運転致死傷罪の犯罪事実の要旨】

　被告人は，平成27年6月6日午後10時34分頃，北海道砂川市内の片側2車線道路において，第1車線を進行するA運転の普通乗用自動車（A車）のすぐ後方の第2車線を，普通貨物自動車（被告人車）を運転して追走し，信号機により交通整理が行われている交差点（本件交差点）を2台で直進するに当たり，互いの自動車の速度を競うように高速度で走行するため，本件交差点に設置された対面信号機（本件信号機）の表示を意に介することなく，本件信号機が赤色を表示していたとしてもこれを無視して進行しようと考え，Aと共謀の上，本件信号機が約32秒前から赤色を表示していたのに，いずれもこれを殊更に無視し，Aが，重大な交通の危険を生じさせる速度である時速約111kmで本件交差点内にA車を進入させ，その直後に，被告人が，重大な交通の危険を生じさせる速度である時速100kmを超える速度で本件交差点内に被告人車を進入させたことにより，左方道路から信号に従い進行してきたB運転の普通貨物自動車（C，D，E及びF同乗）にAがA車を衝突させて，C及びDを車外に放出させて路上に転倒させた上，被告人が被告人車でDをれき跨し，そのまま車底部で引きずるなどし，よって，B，C，D及びEを死亡させ，Fに加療期間不明のびまん性軸索損傷及び頭蓋底骨折等の傷害を負わせた。

　2　第1審判決が認定した前提事実の要旨は，以下のとおりである。^(注1)

（1）本件事故現場（本件交差点）は，南北に通じる最高時速60kmの直線道路（本件道路）上の交差点であり，東西に延びる直線道路と交わり，信号機により交通整理が行われている。本件道路沿いには，本件交差点の南方3地点（南方から順にa，b，c）及び本件交差点の北西角（d地点）にそれぞれ防犯カメラが設置されており，ab間は約387m，bc間は約849m，cd間は約

1022mである。

（2）　被告人とＡは，Ｊ，Ｉ，Ｈと砂川市内の居酒屋で飲食した後，滝川市に行って飲み直すことになり，ＡがＪを助手席に，Ｉを後部座席に同乗させてＡ車を運転し，被告人がＨを助手席に同乗させて被告人車を運転し，本件道路を走行して南方から北方に向かった。

（3）　ａ地点付近の交差点で，赤色信号に従い第2車線先頭にＧ車が，第1車線先頭にＺ車が停止していたところ，Ｇ車の後ろにＡ車が，Ａ車の後ろに被告人車が停止した。信号表示が青色に変わると，Ａ車と被告人車は，アクセルを踏み込んで発進したＧ車とＺ車の間を第1車線に車線変更してＧ車を追い越し，被告人車は更に第2車線に車線変更し，そのままＡ車，被告人車の順に連なるようにして，共に時速130km前後でｂ地点を通過した。ｃ地点では，被告人車が第2車線を先に時速160km前後で，その後Ａ車が第1車線を時速135〜140kmで通過した。^(注2)

（4）　午後10時34分17秒，Ａ車は，本件交差点に設置された対面信号機（本件信号機）が赤色を表示していたにもかかわらず，第1車線を時速約111kmで走行して本件交差点に進入し，交差道路を信号に従い左方道路から走行してきたＢ運転の普通貨物自動車（Ｂ車）の右側面部と衝突し，^(注3)中央分離帯の街路灯に前部が衝突して停止した。被告人車は，第2車線を走行し，Ａ車と間を置かずに本件交差点に進入して，^(注4)右側面部が停止したＡ車の後部に衝突したが，停止することなく事故現場を通過した。

（注1）　刑集72巻5号530頁以下参照
（注2）　第1審判決は，ｃ地点の防犯カメラ映像と各車両の特徴（テールランプ，車体の形状等）を照らし合わせると，ｃ地点通過時の先行車両は被告人車（シボレーアストロ，荷台のないピックアップトラックタイプ）と，後続車両はＡ車（BMW・Ｘ5）と特徴が一致するとしてその旨認定し（刑集72巻5号532頁），これを前提に「被告人車がＡ車を追い抜いた後，Ａ車が被告人車を

抜き返したことが，少なくとも1回はあった」旨認定しており（同534頁），原判決も同様の認定をしている（同560頁）。しかし，検察官は，c地点通過時の先行車両はA車，後続車両は被告人車である旨主張し，c地点の防犯カメラ映像の解析を行った警察官も同旨の証言をしており，弁護人も，上記の第1審判決及び原判決の認定には事実誤認がある旨主張している（同501～505頁）。本決定（後掲）は，前提事実として，上記の追い抜きや抜き返しの事実に言及していないところ，以上のような当事者双方の主張立証等を踏まえ，あえて言及を避けたものと推察される。

（注3）　B車の衝突時の速度は，検察官請求の鑑定書によれば時速約22.9km，弁護人請求の鑑定書によれば時速約41～51kmとされている。

（注4）　現場実況見分時の被告人の指示説明によれば，本件交差点進入時のA車と被告人車の車間距離はおおむね15m前後である。犯罪事実のとおり被告人車が時速100km超（≒秒速約27.8m超）で走行した場合，被告人の指示説明を前提とすればおおむねA車の0.5秒後に本件交差点に進入した計算となる。

第2　審理経過

1　被告人は，第1審において，赤色信号殊更無視の故意及びAとの共謀等を争ったが，第1審判決（札幌地裁）はいずれも肯定し，前記の危険運転致死傷，道路交通法違反を認定した上，被告人を懲役23年に処した。[注5]

（注5）　Aは被告人と併合審理され，被告人の主位的訴因と同じ危険運転致死傷及び道路交通法違反（酒気帯び運転）により第1審で懲役23年に処せられた（控訴棄却・上訴権放棄により確定）。

2　被告人は控訴し，事実誤認及び量刑不当を主張したが，原判決（札幌高裁）はいずれも排斥し，控訴を棄却した。そのうち，Aとの危険運転致死傷の共謀に関する判断の要旨は，以下のとおりである。

〔7〕 自動車の運転により人を死傷させる行為等の処罰に関する法律2条5号の危険運転致死傷罪の共同正犯が成立するとされた事例

　（前記第1の2の被告人らの客観的な走行状況に加え，）被告人らは，同じ目的地に向けて走行を開始した後，信号認識可能地点^{（注6）}以降も相当な時間と距離にわたり高速度で走行を続けた上，本件交差点が迫っても減速等の停止に向けた格別の措置を講ずることなく時速100kmを上回る高速度で進行していたものであり，そうした走行に当たり互いに相手車両の走行状況に関する認識を妨げる格別の事情が見当たらず，むしろ被告人らが自車の走行状況に加えて相手車両の走行状況を認識していたばかりか，第1審判決が説示するように，互いの走行速度を意識し，自動車で競走する意思の下に，本件交差点が迫っても互いに停止する状況にないことを知りながら，上記の高速走行を続けていたものと認められる。これらの事情に照らすと，被告人らは，本件交差点に至るに先立ち，殊更に赤色信号を無視する意思で両車両が本件交差点に進入することを相互に認識し合い，そのような意思を暗黙に相通じて共謀を遂げた上，各自がそのままの高速度による走行を継続して本件交差点に進入し，本件危険運転の実行行為に及んだことが，優に肯認できる。

　（注6）　本件交差点の停止線から約500m手前の地点であり，遅くとも同地点から対面する本件信号機の信号表示を容易に認識することができたと認定されている。

　3　これに対し，被告人が上告した。上告趣意は，「殊更に無視し」の意義に関する判例違反，赤色信号殊更無視の故意に関する事実誤認，Aとの共謀に関する法令違反（刑法60条の解釈適用の誤り）・事実誤認である。
第3　当審判示
　本決定は，弁護人の上告趣意は刑訴法405条の上告理由に当たらないとした上で，本件における危険運転致死傷罪の共同正犯の成否について，職権で次のとおり判示して，上告を棄却した。
　「原判決が是認する第1審判決の認定及び記録によれば，被告人とAは，

本件交差点の2km以上手前の交差点において，赤色信号に従い停止した第三者運転の自動車の後ろにそれぞれ自車を停止させた後，信号表示が青色に変わると，共に自車を急激に加速させ，強引な車線変更により前記先行車両を追い越し，制限時速60kmの道路を時速約130km以上の高速度で連なって走行し続けた末，本件交差点において赤色信号を殊更に無視する意思で時速100kmを上回る高速度でA車，被告人車の順に連続して本件交差点に進入させ，前記……の事故に至ったものと認められる。

　上記の行為態様に照らせば，被告人とAは，互いに，相手が本件交差点において赤色信号を殊更に無視する意思であることを認識しながら，相手の運転行為にも触発され，速度を競うように高速度のまま本件交差点を通過する意図の下に赤色信号を殊更に無視する意思を強め合い，時速100kmを上回る高速度で一体となって自車を本件交差点に進入させたといえる。

　以上の事実関係によれば，被告人とAは，赤色信号を殊更に無視し，かつ，重大な交通の危険を生じさせる速度で自動車を運転する意思を暗黙に相通じた上，共同して危険運転行為を行ったものといえるから，被告人には，A車による死傷の結果も含め，法（※自動車の運転により人を死傷させる行為等の処罰に関する法律）2条5号の危険運転致死傷罪の共同正犯が成立するというべきである。したがって，前記……の危険運転致死傷罪の共同正犯の成立を認めた第1審判決を是認した原判断は，正当である。」

第4　説　　明

　1　自動車の運転により人を死傷させる行為等の処罰に関する法律2条は，各号所定の行為（危険運転行為）により人を負傷させた者は15年以下の懲役に，人を死亡させた者は1年以上の有期懲役に処する旨（危険運転致死傷罪）を規定し，同条5号は，「赤色信号又はこれに相当する信号を殊更に無視し，かつ，重大な交通の危険を生じさせる速度で自動車を運転する行為」を危険運転行為の1つとしている。

　立法担当者解説(注7)によれば，危険運転致死傷罪は，1次的には人の生命・身

体の安全を，2次的には交通の安全を保護法益とする犯罪であり，故意に危険な自動車の運転行為を行い，その結果人を死傷させた者を，その行為の実質的危険性に照らし，暴行により人を死傷させた者に準じて処罰しようとするものであって，暴行の結果的加重犯としての傷害罪，傷害致死罪に類似した犯罪類型であるとされている。^(注8)

（注7） 井上宏ほか「刑法の一部を改正する法律の解説」法曹時報54巻4号1065頁〔平成14年〕

（注8） これに対し，古川伸彦「危険運転致死傷罪は結果的加重犯の一種ではない」高橋則夫ほか編「長井圓先生古稀記念 刑事法学の未来」276頁以下〔平成29年〕は，危険運転致死傷罪は，業務上過失致死傷罪（現・過失運転致死傷罪）の特別な加重類型として新たに作られた犯罪形態であるとしている。

2 同法2条5号にいう「殊更に無視し」の意義に関し，立法担当者解説^(注9)は，「故意に赤色信号に従わない行為のうち，およそ赤色信号に従う意思のないものをいう。すなわち，赤色信号であることについての確定的な認識があり，停止位置で停止することが十分可能であるにもかかわらず，これを無視して進行する行為や，信号の規制自体を無視し，およそ赤色信号であるか否かについては一切意に介することなく，赤色信号の規制に違反して進行する行為がこれに当たる。」としており，判例も，^(注10)「およそ赤色信号に従う意思のないものをいい，赤色信号であることの確定的な認識がない場合であっても，信号の規制自体に従うつもりがないため，その表示を意に介することなく，たとえ赤色信号であったとしてもこれを無視する意思で進行する行為も，これに含まれる」としている。

この点に関し，本件の原判決は，^(注11)「各被告人が，赤色信号を確定的に認識し，又は，そもそも信号機による交通規制に従うつもりがなくその赤色表示を意に介することなく本件交差点に進入したものとして，殊更に赤色信号を

無視する意思の存在が推認される」と判示し，上記立法担当者解説にいう2
類型の択一的認定による赤色信号殊更無視の意思を認定している。本決定は
この点に関し特段の判示をしていないが，以上のような原判決の認定が是認
できることを前提にしているものと解される。

（注9）　井上ほか・前掲注7・1083頁
（注10）　最一小決平成20年10月16日刑集62巻9号2797頁
（注11）　刑集72巻5号560頁

3　本件公訴事実の骨子は，「被告人とAが，それぞれ赤色信号を殊更に
無視する意思をもって，共謀の上，それぞれが赤色信号を殊更に無視し，重
大な交通の危険を生じさせる速度で自車を本件交差点に進入させたことによ
り，AがB車に自車を衝突させてC，Dを車外に放出させて路上に転倒さ
せた上，被告人がDを自車でれき跨して引きずるなどし，よって，B，C，
D，Eを死亡させるとともに，Fに加療期間不明の傷害を負わせた」という
ものである。このうち，Dを除く被害者4名の死傷結果はA車との衝突の
みによって生じたものであって，被告人自身の運転行為が現に生じた結果に
直接寄与したわけではないから，被告人がそのような死傷結果についても正
犯として処罰されるには，Aとの共同正犯が成立することが必須である。

　この点，学説上は，そもそも運転行為に係る罪は自手犯と解され，自手犯
では共同正犯が排除されることから，危険運転致死傷罪に関与する者は，理
論上，狭義の共犯の可罰性のみが問題となるとして，同罪の共同正犯の成立
自体を否定する見解[注12]もあるが，本件に関する評釈等をみる限り，本件におい
て同罪の共同正犯の成立を肯定する結論に対する異論はおおむねみられな
い。もっとも，その根拠については，①被告人とAの走行態様が互いに相
手の赤色信号殊更無視の意思決定を強化し，また，拘束し合う作用を有して
いたという心理的（相互）因果性を重視する見解[注13]と，②被告人とAが黙示の

－ 180 －

意思連絡により共同して各自の危険運転行為を行ったという実行行為の共同を重視する見解に分かれていた。^(注14)

（注12）　安達光治「酩酊運転の自動車への同乗と危険運転致死傷罪の幇助」法学セミナー増刊速報判例解説新・判例解説 Watch18号156頁〔平成28年〕等。豊田兼彦「危険運転致死傷罪と共同正犯」刑事法ジャーナル60号21頁〔令和元年〕は，危険運転致死傷罪を自手犯と解すれば，その共謀共同正犯は認められず，実行共同正犯は認められる旨を指摘した上で，同罪が自手犯か否かはこれまで必ずしも十分に議論されてこなかった問題であり，慎重に検討する必要がある旨を指摘する。

　　　　他方，自手犯ではないとする見解として，橋爪隆「最近の危険運転致死傷罪に関する裁判例について」法律のひろば70巻5号42頁〔平成29年〕等。小林憲太郎「危険運転致死傷罪の共同正犯」研修855号8頁〔令和元年〕は，間接実行の不可能な自手犯などという法形象は存在せず，その共同正犯を否定する理論的な余地もない旨を指摘する。

（注13）　第1審判決につき橋爪・前掲注12・41頁等，原判決につき星周一郎「自動車運転者2名に赤色信号の殊更な無視による危険運転致死傷罪の共同正犯が成立するとされた事例」ジュリスト1518号（平成29年度重要判例解説）168頁〔平成30年〕等。両論文とも，本件を共謀共同正犯の事案としている。なお，橋爪・同42頁は，「とりわけ本件においては，被告人両名それぞれが危険運転行為を行っていることから，なおさら共謀を認定しやすい事件であったといえよう。」とも指摘している。

（注14）　第1審判決につき豊田兼彦「危険運転致死傷罪の共同正犯の成立が肯定された事例」法学セミナー745号121頁〔平成29年〕，水落伸介「危険運転致死傷罪（赤色信号殊更無視）の共同正犯が肯定された事例」法学新報124巻7・8号226頁〔平成29年〕等。両論文とも，本件で実行共同正犯が成立すると解することは可能としている。

　4　共犯者と共に構成要件に該当する行為（実行行為）を行ったが，自ら

の行為が現に生じた結果に直接寄与していない場合における当該行為者の共同正犯の成否の問題は，講学上「付加的共同正犯」と呼ばれている。典型例として，「甲と乙が殺意をもって，共謀の上，丙を狙って同時にピストルを発砲したところ，甲の弾丸が命中して丙を死亡させたが，乙の弾丸は外れて命中しなかった」という場合（ピストル事例）における乙がこれに当たる。

ピストル事例のような典型的な付加的共同正犯が共同正犯に当たること自体は，学説上もおおむね異論はない。もっとも，その理論的根拠については，専ら共謀による心理的因果性に求める見解と，そのような心理的因果性に加えて自らも実行行為を共同して行ったことに求める見解に大きく分かれる。もとより，ピストル事例がそうであるように，実行行為を共同する場合にはその共謀形成過程を通じて相互に強い心理的因果を及ぼし合っているのが通常であろうから，このような見解の相違が共同正犯の成否という結論に影響する場合はかなり限られると思われる。しかし，実行行為を共同して行っているが行為者相互の心理的因果が弱い場合には，前者の見解によれば既遂の共同正犯が成立しない可能性が生じるのに対し，後者の見解によれば既遂の共同正犯が成立することとなり，見解の相違によって結論を異にする場合が生じ得る。

(注15)　近時の詳細な検討として，伊藤嘉亮「共同正犯における『重要な役割』に関する一考察（1）～（3・完）」早稲田大学大学院法研論集154号1頁，155号27頁，156号29頁〔平成27年〕参照

(注16)　例えば，西田典之著・橋爪隆補訂「刑法総論（第3版）」371頁〔平成31年〕は，「たしかに，乙は，この場合殺人の実行行為を行っているが，そのことは殺人未遂の罪責を基礎づけても，甲の行為から生じた殺人既遂の結果について罪責を負うことを正当化するものではないのである。これに対する答えは，乙が甲と共謀することにより甲の殺意を強化し，その殺害行為を促進して，丙の死亡という結果と心理的因果性をもった点に求めるしかないと思われる。」とする。

　橋爪隆「刑法総論の悩みどころ」327頁〔令和2年〕は，「自分が発射した弾丸が命中していないBが殺人既遂の罪責を負うのは，Bが共謀によってAの発砲行為に対して強い心理的因果性を有するからであり，自らが発砲行為を分担したことに決定的な意義があるわけではない。」とする。

　小林憲太郎「刑法総論の理論と実務」646頁〔平成30年〕は，ピストル事例で弾が命中しなかった者にも当然共同正犯が成立しうるものという直感は「『矯正』されるべき『直感』」であり，「その者が引金を引くことが他の者を強く動機づけたとか，謀議の段階で深く関わったなどといった事情が存在しない限り，弾が命中した者に比して，その罪責の重さは一段落ちると評価するのが妥当ではなかろうか。それは畢竟，その者を―殺人『既遂』に関しては―幇助犯にとどめるということである。」とする。

(注17)　例えば，井田良「刑法総論の理論構造」349頁〔平成17年〕は，「XとYが合意のうえ，殺意をもってAを狙って同時に発砲したところ，Yの弾丸が命中してAを死亡させたが，Xの弾丸は外れて命中しなかったという場合，事後的に見たときXの行為は結果実現のために役立たなかった，という理由で共同正犯たり得ないとすることは妥当とはいえない。合意を介し構成要件の実現に対して心理的因果性を及ぼすとともに，行為時の判断として，失敗のリスクを減少させることにより，構成要件実現の危険を高めたといい得るのであれば，本質的な寄与をなしたと評価することが文句なく可能である。」とする。

　嶋矢貴之「過失犯の共同正犯論（二・完）」法学協会雑誌121巻10号1695頁以下〔平成16年〕は，共同正犯の要件を「共同性」（寄与の相互補完関係＋いずれか又は双方の行為による結果発生）と「重大な寄与」の2つと捉え，（I）ある者の寄与がなければ当該犯罪は成功せず，結果が発生しなかったといえる場合か，（II）実行行為といえるような寄与を行ったが結果を直接惹起していない場合（付加的共同正犯）のいずれかに該当すれば重大な寄与があったといえるとする。

　樋口亮介「実行共同正犯」井上正仁先生古稀祝賀論文集135頁〔平成31年〕は，ピストル事例を実行共同正犯の典型的事案とし，これを共謀共同正犯の一形態とする学説に疑問を呈している。

(注18)　小林・前掲注16参照

5 本決定について

（1）本決定は，被告人にＡ車による死傷の結果も含めて危険運転致死傷罪の共同正犯が成立すると結論付けているが，その理由として，「被告人とＡは，赤色信号を殊更に無視し，かつ，重大な交通の危険を生じさせる速度で自動車を運転する意思を暗黙に相通じた上，共同して危険運転行為を行ったものといえる」ことを挙げている。本決定は，実行共同正犯や共謀共同正犯の語を用いてはおらず，判文自体はいずれの読み方も（あるいはそのような区別を意識していないという理解も）可能であろうし，両者の成立要件を統一的に解するか別個に解するかという学説上の論点について何ら触れるものでもないが，その理由付けは，どちらかといえば付加的共同正犯の既遂結果に対する正犯としての処罰根拠を心理的因果性と実行行為の共同の双方に求める見解に親和的といえる。

（2）本件において，被告人とＡは，２km 以上にわたり，制限時速60km の道路を時速約130km 以上の高速度で連なって走行し続けた末，本件交差点において赤色信号を殊更に無視する意思で時速100km を上回る高速度でＡ車，被告人車の順に連続して本件交差点に進入させ，本件事故に至ったと認定されている。これらの一連の走行態様等から，お互いが高速度のまま減速することなく，本件交差点に向かって走行し続けたことが，相手の赤色信号殊更無視の意思決定を強化し，また，拘束し合うという強い心理的因果を相互に及ぼしていると推認できるのであれば，そのような心理的因果性のみを根拠として（共謀）共同正犯の成立を認めることも（前掲注12記載の自手犯性の問題を除けば）可能と思われる。

しかし，本件においては，本件事故前の走行態様等に照らし，被告人らが互いに速度を競うようにして無謀な高速度走行を続けており，このような走行について相互に強い心理的因果を及ぼしていたということはできるが，無謀な高速度走行をする者が必ずしも赤色信号を殊更無視して走行するわけではない。被告人とＡの間には，赤色信号を殊更無視して本件交差点に進入

－ 184 －

することについての明示的な事前共謀はなく，本件事故直前にも共に赤色信号殊更無視に及んでいた等の事情もない。しかも，本件交差点手前において先行していたのは A 車であり，本件交差点に赤色信号を殊更無視して進入することについての意思決定も，どちらかといえば A に主導権があったとみるのが自然である。(注23)そうすると，被告人と A が無謀な高速度を保ったまま連続して赤色信号の本件交差点に進入していることからして，両者の運転行為が互いに相手の赤色信号殊更無視の意思を強め合う関係にあったとはいえようが，その心理的因果が，それのみで被告人の共同正犯の成立を肯定し得る程度に強いものであったといってよいかは，なお疑問の余地があるようにも思われる。(注24)本決定が，被告人の共同正犯の成立を肯定する理由として，赤色信号殊更無視の黙示の意思連絡に加えて危険運転行為の共同実行を挙げた背景には，そのような問題意識もあったものと推察される。

（3）付加的共同正犯の既遂結果に対する正犯としての処罰根拠を心理的因果性と実行行為の共同の双方に求める見解によれば，実行行為を共同したという関係が認められる限り，共謀（意思連絡）による心理的因果がそれのみで共同正犯の成立を肯定し得る程度に強いものではない場合であっても，共同正犯の成立は肯定できると解される。(注25)他方，その処罰根拠を専ら共謀による心理的因果性に求める見解によったとしても，実行行為の共同の事実を共同正犯の成立要件の検討に際して補充的ないし間接的に考慮するなど，実質的に同様の結論に至るような解釈を採ることは可能であるように思われる。(注26)

　もっとも，赤色信号殊更無視による危険運転致死傷罪の実行行為は，通常，赤色信号の交差点を通過するごく短時間に限られている。また，本罪の故意は「赤色信号を殊更に無視し，重大な交通の危険を生じさせる速度で自動車を運転すること」であって，法益侵害結果の認識はもちろんのこと，暴行や通行妨害目的のような特定の客休に対する他害の意思すら要求されず，共犯者間の共謀の内容も上記運転行為の共同以上に要求し得ない。このような特徴をも踏まえると，赤色信号殊更無視による危険運転致死傷罪におい

て，被害者の死傷結果に直接的因果を及ぼしていない実行行為者の共同正犯の成立を肯定するためには，その行為が現に死傷結果を生じさせた共犯者の行為と「一体となって」行われたか否か（＝時間的・場所的接着性）が，客観的にも主観的にも重要なファクターになるものと解される。本決定が，被告人に共同正犯が成立する事情の１つとして，「被告人とＡが時速100kmを上回る高速度で『一体となって』本件交差点に進入した」ことを挙げているのは，このような理解によるものと思われる。

(注19)　小林・前掲注12・４頁，樋口・前掲注17・147頁，北原直樹「自動車の運転により人を死傷させる行為等の処罰に関する法律２条５号の危険運転致死傷罪の共同正犯が成立するとされた事例」捜査研究819号９頁注11〔平成31年〕，伊藤嘉亮「危険運転致死傷罪（赤色信号殊更無視）における共同正犯の成否」法律時報91巻９号179頁〔令和元年〕等参照

(注20)　小林・前掲注12・４頁，嶋矢貴之「共同正犯の基本成立要件」法学教室468号116頁〔令和元年〕は，共同正犯の一般理論は１つであるというのが従前の共通理解である旨を指摘する。他方，樋口・前掲注17・135頁以下は，共謀共同正犯とは分けた形で実行共同正犯の要件と根拠について検討を試みるべきであるとして，その具体的検討を行っている。

(注21)　本決定の評釈等において本件に関し同様の理解を示すものとして，安田拓人「危険運転致死傷罪の共同正犯の成否」法学教室461号160頁〔平成31年〕，曲田統「赤色信号を殊更に無視して運転する意思を暗黙に相通じた行為と他車による死傷結果を含む危険運転致死傷罪の共同正犯」ジュリスト1531号（平成30年度重要判例解説）161頁〔平成31年〕，樋口・前掲注17・148頁，豊田兼彦「危険運転致死傷罪の共同正犯の成否」法学セミナー769号129頁〔平成31年〕，同・前掲注12・19頁，水落伸介「自動車の運転により人を死傷させる行為等の処罰に関する法律２条５号の危険運転致死傷罪の共同正犯が成立するとされた事例」法学新報126巻９・10号190頁〔令和２年〕等参照。いずれも本件を実行共同正犯の事案としている。

(注22)　前掲注13参照

(注23)　さらに言えば，本決定は，第1審判決や原判決のように，本件事故に至るまでの間に「被告人車がA車を追い抜いた後，A車が被告人車を抜き返したことが，少なくとも1回はあった」旨の事実を前提としておらず（前掲注2参照），a地点から本件交差点に至るまでの2km以上にわたる高速度走行も終始A車が先行する形でAが主導していたとみる余地がある。

(注24)　小林・前掲注12・14頁注12は，本件における程度の意思の強め合いで共同正犯の成立を肯定するのは十分可能である旨を指摘する。他方，樋口・前掲注17・148頁は，本件を共謀共同正犯とする理解による場合，例えば，危険運転を自ら実行していない同乗者であっても，危険運転を行う者との間で黙示の意思連絡が重要な契機になっていれば，幇助ではなく共同正犯になり得るといった形で，共謀共同正犯の成立範囲が拡張される可能性に留意すべきである旨を指摘する。

(注25)　例えば，安田・前掲注21・160頁は，被告人とAが実行共同正犯と言いうる形で危険運転を共同実行することにより相互に危険を高め合っていること等を理由に，共謀共同正犯において必要な，直接実行者に心理的拘束をもたらすべき程度の共謀が認められなくても，共同正犯は肯定されてよいと思われるとする。

　　樋口・前掲注17・148頁は，赤色信号を殊更に無視して高速度で交差点に共に進入するという意思連絡の下，同一の交差点に次々に進入し，高度の危険を創出したといえれば実行共同正犯の成立要件は充足されるのであって，一体として捉えられる共同の進入行為が生じさせた高度の危険が現実化した死傷結果全体について責任を負わせることが可能であるとする。

　　三好幹夫「危険運転致死傷罪の共同正犯」判例秘書ジャーナルHJ200013・7頁〔平成31年〕は，他の共同者と共同の意思に基づいて，構成要件該当事実惹起に重要な事実的寄与を果たすことによる，構成要件該当事実全体の共同惹起を要件として共同正犯の成立を認めるという現在の支配的な学説（山口厚「刑法総論（第3版）」341頁〔平成28年〕）からも，被告人車とA車の走行は呼応するものであり，被告人車の走行は，れき跨した被害者1名はもとより，その他の4名の死傷結果をも含む危険運転による犯罪の実現にとって，A車による被害車両との直接的な衝突に準じるような重要な役割を果たしたもので

あり，また，Aとの共同の意思に基づいて，A車による衝突に重要な事実的寄与を及ぼして実質的にA車と共同惹起した犯罪というべきものであると認められ，被告人とAが危険運転致死傷罪の共同正犯とされる結論に特段の異論はないものと思われる（あえて従来の区分によるならば，被告人が実行共同正犯に該当することを否定する理由は見いだし難い）とする。

(注26)　例えば，橋爪・前掲注16・342頁は，共同正犯の成立要件として，①結果惹起に対する（心理的・物理的）因果性，②共同性，③重要な因果的寄与が必要である（①は広義の共犯の共通の要件であり，②③は正犯性を基礎づける事情である）という理解を前提に，本件の被告人に危険運転致死傷罪の共同正犯の成立を肯定するためには，②③を認定する必要があるが，被告人とAがスピードを競い合い，それぞれが時速100kmを上回る高速度で，しかも減速することなく交差点に向かって進行し続けた行為それ自体が，お互いの「赤色信号を殊更に無視する意思を強め合」う関係にあり（③重要な心理的因果性），また，両者が（赤色信号殊更無視を当然の前提としつつ）スピードを競い合うことを事前に計画し，また，実際に「一体となって」高速度で運転した事実が，両者の密接な関係性（②共同性）を根拠づけるといえ，このような事情を重視すれば，本決定が危険運転致死傷罪の共同正犯の成立を認めたことは妥当な判断であったと思われるとし，実行行為の共同があるという事実を②③の要件を肯定する方向で積極的に考慮している。

(注27)　被告人とAの進入行為の一体性につき，前掲注4参照

(注28)　本決定は，被告人車とA車が一体となって本件交差点に進入したという事実関係を前提とした事例判断を示したに過ぎず，そのような一体性が認められない場合における共同正犯の成否については本決定の射程外と解される。同様に，赤色信号殊更無視以外の危険運転行為の場合（アルコール・薬物，改正法のあおり運転等）における共同正犯の成否についても本決定の射程外であり，事案に応じて別途検討されることとなろう。

6　本決定の意義

本決定は，事例判例ではあるが，危険運転致死傷罪の共同正犯の成否が争

われた類例は乏しく，多数の評釈が出されるなど学説上も注目されていた事案において，最高裁が初めて共同正犯の成立を認める職権判断を示したものであって，重要な意義を有するものと思われる。

（後注） 本決定に関する評釈として知り得たものとして，豊田・前掲注12・18頁，同・前掲注21・129頁，小林・前掲注12・3頁，北原・前掲注19・2頁，同「最新判例解説・自動車の運転により人を死傷させる行為等の処罰に関する法律2条5号の危険運転致死傷罪の共同正犯が成立するとされた事例」月刊交通50巻4号50頁〔平成31年〕，伊藤・前掲注19・177頁，安田・前掲注21・160頁，曲田・前掲注21・160頁，水落・前掲注21・183頁，三好・前掲注25・1頁，前田雅英「危険運転と黙示の共謀共同正犯」WLJ判例コラム152号1頁〔平成30年〕，本決定に言及する文献・論文等として知り得たものとして，橋爪・前掲注16・341頁，樋口・前掲注17・147頁，嶋矢・前掲注20・116頁，城祐一郎「殊更赤無視による危険運転致死傷罪の適用における諸問題」警察学論集72巻2号59頁〔平成31年〕等がある。　　　　　　　　　（久禮　博一）

〔8〕　不正競争防止法（平成27年法律第54号による改正前のもの）
　　21条1項3号にいう「不正の利益を得る目的」があるとさ
　　れた事例

$$\left(\begin{array}{l}\text{平成30年（あ）第582号　同年12月3日第二小法廷決定　棄却}\\\text{第1審横浜地裁　第2審東京高裁　刑集72巻6号569頁}\end{array}\right)$$

〔決定要旨〕

　勤務先会社のサーバーコンピュータに保存された営業秘密であるデータフ
ァイルへのアクセス権限を付与されていた従業員が，同社を退職して同業他
社へ転職する直前に，同データファイルを私物のハードディスクに複製した
こと，当該複製は勤務先会社の業務遂行の目的によるものではなく，その他
の正当な目的をうかがわせる事情もないこと等の本件事実関係（判文参照）
の下では，同従業員には，不正競争防止法（平成27年法律第54号による改正前
のもの）21条1項3号にいう「不正の利益を得る目的」があったといえる。

〔参照条文〕

不正競争防止法（平成27年法律第54号による改正前のもの）21条1項3号

〔解　　説〕

第1　事案の概要等

　1　本件は，自動車会社に勤務していた被告人が，同業他社への転職直前
に，不正の利益を得る目的で，2度にわたり，勤務先会社のサーバーコンピ
ュータに保存されていた営業秘密に係るデータファイル合計12件の複製を作
成したという不正競争防止法違反（営業秘密不正領得）の事案である。

【犯罪事実の要旨】

　被告人は，自動車の開発，製造，売買等を業とするA社に商品企画本部
第一商品企画部所属の従業員として勤務し，同社が秘密として管理している
同社の自動車の商品企画に関する情報などであって公然と知られていないも
のを，同社のサーバーコンピュータに保存されたそれらの情報にアクセスす

るための識別符号であるID及びパスワードを付与されて，示されていた者
であるが，

（1）平成25年7月16日午後11時23分頃から同日午後11時24分頃までの間，
自宅において，不正の利益を得る目的で，同社から貸与されていたパーソナ
ルコンピュータを使用して前記サーバーコンピュータにアクセスし，あらか
じめ同パーソナルコンピュータに保存していた前記自動車の商品企画に関す
る情報などであるデータファイル8件等が含まれたフォルダを同パーソナル
コンピュータから自己所有のハードディスクに転送させて同データファイル
の複製を作成し，【判示(1)】

（2）同月27日午前8時41分頃から同日午前10時6分頃までの間，A社テ
クニカルセンターにおいて，不正の利益を得る目的で，同社から貸与されて
いた前記パーソナルコンピュータを使用して前記サーバーコンピュータにア
クセスし，前記自動車の商品企画に関する情報などであるデータファイル4
件等が含まれたフォルダを同サーバーコンピュータから自己所有のハードディ
スクに転送させて同データファイルの複製を作成し，【判示(2)】

もって，その営業秘密の管理に係る任務に背き，それぞれ営業秘密を領得
(注1)
した。

（注1）　なお，被告人は，A社の自動車製造工程等に関する教本のコピーをB
　　　社に持ち込むなどして横領した旨の営業秘密不正領得罪でも起訴されたが，第
　　　1審判決は，同教本の「営業秘密」該当性を否定し，同事実については無罪を
　　　言い渡した（同事実については検察官が控訴せず無罪が確定）。

2　本決定が説示した前提事実は，以下のとおりである。

（1）被告人は，A社で主に商品企画業務に従事していたが，B社への就職
が決まり，平成25年7月31日付けでA社を退職することとなった。被告人
は，B社において，海外で車両の開発及び企画等の業務を行うことが予定さ

れていた。

（2）判示（1）（2）の各データファイルは，A社独自のマニュアルやツールファイル，経営会議その他の会議資料，未発表の仕様等を含む検討資料等で，いずれもアクセス制限のかけられたA社のサーバーコンピュータに格納される等の方法により営業秘密として管理されていた。

（3）被告人は，A社から，ノート型パーソナルコンピュータ（会社パソコン）を貸与され，会社パソコンを持ち出して社外から社内ネットワークに接続することの許可を受けていた。他方，A社において，私物の外部記録媒体を業務で使用したり，社内ネットワークに接続したりすること，会社の情報を私物のパーソナルコンピュータや外部記録媒体に保存することは禁止されていた。

（4）被告人は，同月16日，自宅において，会社パソコンに保存していた判示（1）のデータファイル8件を含むフォルダを私物のハードディスクに複製し，さらに，同月18日，自宅において，私物のハードディスクから私物のパーソナルコンピュータ（私物パソコン）に同フォルダを複製した。その後，最終出社日とされていた同月26日までの間に，被告人が複製した上記データファイル8件を用いたA社の通常業務，残務処理等を行ったことはなかった。

（5）被告人は，同日，上司に対し，「荷物整理等のため」という理由で翌27日の出勤を申し出て許可を受け，同日，A社テクニカルセンターにおいて，持ち込んだ私物のハードディスクを会社パソコンに接続し，A社のサーバーコンピュータから判示（2）の各データファイルを含む合計5074件（容量約12.8GB）のデータファイルが保存された4フォルダを私物のハードディスクに複製しようとしたが，データ容量が膨大であったため，結局3253件のデータファイルを複製したにとどまった。このうち，「宴会写真」フォルダを除く3フォルダには，それぞれ商品企画の初期段階の業務情報，各種調査資料，役員提案資料等が保存されており，A社の自動車開発に関わる企画

業務の初期段階から販売直前までの全ての工程が網羅されていた。^(注4)

（注2）　被告人は，平成25年7月14日から同月16日にかけて，会社パソコンのデスクトップ上に保存していた判示（1）のデータファイル8件を含むデータファイル22件を，新たにデスクトップ上に作成したフォルダに順次移動させ，同日夜，会社パソコンを自宅に持ち帰った上，判示（1）のとおり，会社パソコンから私物のハードディスクに同フォルダを同データファイル22件ごと複製した。

（注3）　内訳は，「宴会写真」フォルダからの複製が48件，その余の3フォルダからの複製が3205件である。

（注4）　本件は，複製直後の平成25年7月29日，退職者に実施されることとなっていた会社パソコンの操作ログ点検の結果，被告人が大量のデータファイルを複製したことが判明したため，上司らが，同月30日，旅行先から帰宅した被告人から私物のハードディスクと私物パソコンの提出を受け，保存されているデータファイルを確認したところ，前掲注2及び前記（5）記載のとおり複製された各データファイルが発見されたことにより発覚したものである。なお，被告人が複製した各データファイルがB社その他の外部に流出した旨の立証はされていない。

第2　審理経過

1　第1審及び原審では，不正競争防止法（平成27年法律第54号による改正前のもの。以下「法」という。）21条1項3号にいう「不正の利益を得る目的」の有無等が争われた。^(注5)

（注5）　他に，判示（1）（2）の各データファイルのうち7件の「営業秘密」該当性及び被告人の認識も争われているが，本決定における職権判示の対象とされていないため，詳細は割愛する。

2　第1審判決（横浜地裁）は，要旨，以下の理由により判示（1）（2）の

いずれについても被告人に「不正の利益を得る目的」があったと認めた。

（１）被告人による判示（１）の各データファイルの複製は，同業他社への転職目前である最終出社日の10日前であった上，判示（１）の各データファイルがＡ社の事業活動にとって有用な営業秘密に該当することは前記認定のとおりであることからすると，各データファイルの領得について，被告人にＡ社の業務のために必要であったなどといった事情がない限り，被告人にはこれらの情報を転職先等で直接的又は間接的に参考にして活用しようとしたなどといった不正の利益を得る目的のあったことが推認される。被告人は，各データファイルを複製した理由について，Ａ社での業務遂行目的であった旨供述するが，複製データを用いた作業を自宅で行っていないなど，種々の不自然，不合理な点があって信用できない。したがって，判示（１）の犯行の際，被告人に不正の利益を得る目的があったことは優に認定できる。

（２）被告人による判示（２）の各データファイルの複製は，同業他社への転職を目前に控えた最終出社日の翌日（私物整理等のためと申告して上司の許可を得て出社した際）であり，その時点で被告人が既にＡ社の職務を行う必要がなかったことは明らかで，その他の正当な理由も想定されないことからすれば，被告人には，転職先等でＡ社の営業秘密を直接的又は間接的に参考にして活用しようとしたなどといった不正の利益を得る目的があったことが推認される。被告人は，各データファイルを複製した理由について，Ａ社での勤務についての記念となる写真を回収するためであった旨供述するが，「宴会写真」フォルダのほか，判示（２）の各データファイルを含む大量のデータが保存された３つのフォルダを複製しようとしていること等に照らして信用できず，被告人が前々日に引き続いて^{（注6）}これら複数のフォルダをフォルダごと複製しようとしたことは，被告人に，各フォルダ内の自動車の商品企画等に関するファイルをより多く，できれば全てを取得したいという意欲のあったことを推認させる事情であり，このことは，被告人がこれらの情報を転職先等で直接的又は間接的に参考にして活用しようとしていたことに結び付

く。したがって，判示(2)の犯行の際，被告人に不正の利益を得る目的があったことも優に認定できる。

（注６） 被告人は，前々日である平成25年７月25日にも，サーバーコンピュータ内の同じ４フォルダを会社パソコンのデスクトップ上にフォルダごと複製する作業を行い，その一部である1508件を複製した上で，自宅において，各フォルダごと私物のハードディスクに複製した。

3　被告人は控訴し，法令適用の誤り，事実誤認及び量刑不当を主張した。このうち，法令適用の誤りの論旨は，「平成21年法律第30号による不正競争防止法の改正（平成21年改正）の目的，経緯等に鑑みれば，法21条１項３号にいう『不正の利益を得る目的』があるといえるためには，少なくとも，『転職先における自己の地位，評価を高め，自らの待遇や処遇を利する目的』程度の内容が必要であり，第１審判決が認定した『転職先等で直接的又は間接的に参考にして活用する』などという曖昧なものでは不十分であるにもかかわらず，このような目的をもって『不正の利益を得る目的』があると認定した第１審判決には，法21条１項３号の解釈適用の誤りがある。」旨をいうものである。

4　原判決（東京高裁）は，要旨，以下の理由により法令適用の誤りの論旨を排斥するなどして，被告人の控訴を棄却した。

平成21年改正は，それまでは「不正の競争の目的」が要件として求められていたことから，競争関係の存在を前提としない加害目的等による営業秘密の不正な使用，開示等が処罰の対象とならないこと，営業秘密の不正な使用，開示が中心的な処罰対象と捉えられていたために，営業秘密の不正持ち出しの事実が明らかであっても，不正な使用，開示の立証が困難な場合には処罰の対象とならなかったことなどの弊害が問題視され，企業等が有する営業秘密をより適切に保護するために営業秘密侵害罪の処罰範囲を拡大すべ

く，営業秘密侵害罪の目的要件の変更及び従業者等による営業秘密の領得自体への刑事罰の導入を行ったものであって，これにより，営業秘密侵害罪の目的要件については，「不正の競争の目的」から「不正の利益を得る目的」又は「保有者に損害を加える目的」と改正し，営業秘密保有者のために行った行為などの正当な目的（正当な社内活動や違法行為是正のために行った行為等）で行われる場合を処罰対象から除外し，処罰範囲の明確化も併せて図ったものである。そうすると，高い経済的価値を有する重要な営業秘密を法21条1項3号という極めて当罰性の高い態様で領得した場合に，正当な目的がなく専ら自己又は第三者の何らかの利益を図るためであるときには，その利益の内容が明確かつ具体的な意欲ではなく，また非財産的なものであったとしても，法21条1項3号における「不正の利益を得る目的」に該当するというべきである。……この点，第1審判決は，被告人には，営業秘密保有者のためなどの正当な目的は認められず，「被告人が転職先等で直接的又は間接的に営業秘密を参考にしようとしたなど」の目的があるとした上で，法21条1項3号ロを適用しており，その判断に法令適用の誤りはない。

　5　これに対し，被告人が上告した。職権判示部分に関する上告趣意は，要旨，①判示(1)の複製の作成は，業務関係データの整理を目的とし，判示(2)の複製の作成は，記念写真の回収を目的としたものであって，いずれも被告人に転職先等で直接的又は間接的に参考にするなどといった目的はなかった旨の事実誤認と，②法21条1項3号にいう「不正の利益を得る目的」があるというためには，正当な目的・事情がないことに加え，当罰性の高い目的が認定されなければならず，情報を転職先等で直接的又は間接的に参考にするなどという曖昧な目的はこれに当たらない旨の法令違反である。

第3　当審判示

　本決定は，弁護人の上告趣意は刑訴法405条の上告理由に当たらないとした上で，職権で，前記第1の2の説示に引き続き次のとおり判示して，上告を棄却した。

1　所論は，前記1（1）（※筆者注：判示（1））の複製の作成について，業務関係データの整理を目的としていた旨をいうが，前記のとおり，被告人が，複製した各データファイルを用いてＡ社の業務を遂行した事実はない上，会社パソコンの社外利用等の許可を受け，現に同月16日にも自宅に会社パソコンを持ち帰っていた被告人が，Ａ社の業務遂行のためにあえて会社パソコンから私物のハードディスクや私物パソコンに前記1（1）の各データファイルを複製する必要性も合理性も見いだせないこと等からすれば，前記1（1）の複製の作成は，Ａ社の業務遂行以外の目的によるものと認められる。

また，前記1（2）（※筆者注：判示（2））の複製の作成については，最終出社日の翌日に被告人がＡ社の業務を遂行する必要がなかったことは明らかであるから，Ａ社の業務遂行以外の目的によるものと認められる。なお，4フォルダの中に「宴会写真」フォルダ在中の写真等，所論がいう記念写真となり得る画像データが含まれているものの，その数は全体の中ではごく一部で，自動車の商品企画等に関するデータファイルの数が相当多数を占める上，被告人は2日前の同月25日にも同じ4フォルダの複製を試みるなど，4フォルダ全体の複製にこだわり，記念写真となり得る画像データを選別しようとしていないことに照らし，前記1（2）の複製の作成が記念写真の回収のみを目的としたものとみることはできない。

2　以上のとおり，被告人は，勤務先を退職し同業他社へ転職する直前に，勤務先の営業秘密である前記1の各データファイルを私物のハードディスクに複製しているところ，当該複製は勤務先の業務遂行の目的によるものではなく，その他の正当な目的の存在をうかがわせる事情もないなどの本件事実関係によれば，当該複製が被告人自身又は転職先その他の勤務先以外の第三者のために退職後に利用することを目的としたものであったことは合理的に推認できるから，被告人には法21条1項3号にいう「不正の利益を得る目的」があったといえる。以上と同旨の第1審判決を是認した原判断は正当

である。

第4　説　明

1　営業秘密侵害に関する不正競争防止法の関連規定の概要^(注7)

（1）営業秘密に関する不正競争防止法の沿革をみると，平成2年改正により営業秘密の不正取得・開示行為につき民事上の差止請求権等が付与され，平成15年改正により営業秘密侵害罪（他人の営業秘密の不正取得・使用・開示）に対する刑事処罰規定が新設され，平成17年改正により営業秘密侵害罪の対象が拡大される^(注8)とともに両罰規定が新設され，平成18年改正により罰則が強化された。^(注9)そして，平成21年改正により，①営業秘密侵害罪の目的要件を，「不正の競争の目的で」から「不正の利益を得る目的で，又はその保有者に損害を加える目的で」（図利加害目的）に改め，②第三者等による営業秘密の不正取得に対する刑事罰の対象につき，記録媒体等の取得又は複製作成という取得方法の限定を外し，詐欺等行為又は管理侵害行為によって営業秘密を不正に取得する行為一般を刑事罰の対象とし，③営業秘密を保有者から示された者（従業者等）が，営業秘密の管理に係る任務に背き，図利加害目的をもって営業秘密を領得する行為を新たに営業秘密侵害罪の対象とした。^(注10)本件は③の罪に問われているものであり，また，①の改正後の目的要件である「不正の利益を得る目的」の解釈適用が問題となっている。

（2）営業秘密侵害罪の対象となる行為として，法21条1項（本件当時）は，①営業秘密の不正取得（1号），②1号営業秘密の不正使用又は開示（2号），③営業秘密を示された者による営業秘密の不正領得（3号），④3号営業秘密の不正使用又は開示（4号），⑤営業秘密を示された役員又は従業者による営業秘密の不正使用又は開示（5号），⑥在職中に営業秘密を示された元役員又は元従業者による退職後の営業秘密の不正使用又は開示（6号），⑦2，4，5，6号の開示により営業秘密を取得した2次的取得者による営業秘密の不正使用又は開示（7号）の7つを規定する。これらは，民事上の差止請求等の対象となる営業秘密に係る「不正競争」行為（法2条1

項4号〜9号）と比較して，特に違法性が高い侵害行為のみを刑事罰の対象
とするものであり，例えば対象行為が一定の範囲に限定され，また，いずれ
も図利加害目的が要件とされている。

（3）営業秘密不正領得罪（法21条1項3号）は，①営業秘密を保有者から
示された者が，②図利加害目的をもって，③その営業秘密の管理に係る任務
に背き，④(イ)営業秘密記録媒体等又は営業秘密が化体された物件の横領，
(ロ)営業秘密記録媒体等の記載・記録又は営業秘密が化体された物件の複製
作成，(ハ)消去すべき営業秘密記録媒体等の記載・記録を消去せず，かつ消
去を仮装することのいずれかの方法で営業秘密を領得した場合に成立する。

①の「示された」は「取得」と同義で，「自己又は第三者が，営業秘密を
知得すること又は営業秘密が化体された有体物〔媒体〕を占有すること」を
意味し，③の「営業秘密の管理に係る任務」は，保有者との委任契約や雇用
契約等において一般的に課せられた秘密を保持すべき任務，ないし秘密保持
契約等によって個別的に課せられた秘密を保持すべき任務を意味し，④の
「領得」のうち(ロ)の複製作成は，印刷，撮影，複写，録音その他の方法に
より，営業秘密記録媒体等の記載・記録又は営業秘密が化体された物件と同
一性を保持するものを有形的に作成することを意味すると解されている。

（注7）　以下の整理につき，山本庸幸「要説不正競争防止法〔第4版〕」11頁以
　　　下，同405頁以下（平成18年），経済産業省知的財産政策室編「逐条解説　不正
　　　競争防止法〔第2版〕」7頁以下，同253頁以下（令和元年）参照
（注8）　営業秘密の国外での不正使用・開示行為，及び，退職者による営業秘密
　　　の不正使用・開示行為を新たに処罰対象としたもの。
（注9）　営業秘密侵害罪の罰則を「5年以下の懲役若しくは500万円以下の罰金
　　　又はその併科」から「10年以下の懲役若しくは1000万円以下の罰金又はその併
　　　科」に，両罰規定の法人の罰金刑を「1億5000万円以下」から「3億円以下」
　　　に引き上げた。
（注10）　さらに，本件後の平成27年改正により，営業秘密の3次以降の転得（改

正法21条１項８号），営業秘密侵害品の譲渡・輸出入等（９号）が営業秘密侵害罪の対象に加えられ，また，未遂罪導入（領得を除く。），罰金刑上限引上げ，海外重罰規定導入，犯罪収益の任意的没収・追徴規定導入，非親告罪化が行われた。その他，訴訟手続に関し，平成16年改正で秘密保持命令，インカメラ審理手続，公開停止の規定が，平成23年改正で刑事訴訟手続における営業秘密特定事項秘匿決定の規定が新設されている。

2　図利加害目的の解釈をめぐる議論状況

（１）営業秘密侵害罪の目的要件に関する前記１（１）①の改正は，従前の要件である「不正の競争の目的」が，一般に「公序良俗，信義則に反して他の事業者と営業上の競争をする目的」を意味すると解されており，競争関係の存在を前提としない加害目的や外国政府を利する目的等による営業秘密の不正な使用・開示等が営業秘密侵害罪の対象とならない等の問題点を踏まえ，営業秘密侵害罪の対象範囲を拡大したものとされている。

　同改正後の目的要件（図利加害目的）のうち，「不正の利益を得る目的」は，「公序良俗又は信義則に反する形で不当な利益を図る目的」を意味し，自ら不正の利益を得る目的（自己図利目的）のみならず，第三者に不正の利益を得させる目的（第三者図利目的）も含むと解されている。営業秘密の保有者と自己又は第三者が競争関係にある必要はなく，第三者には外国政府機関等も含まれる。図利目的が肯定される具体例として，①金銭を得る目的で，第三者に対し営業秘密を不正開示する場合，②外国政府を利する目的で，営業秘密を外国政府関係者に不正開示する場合等が挙げられている。なお，平成27年改正後の立法担当者解説においては，公序良俗又は信義則に反する形であれば，その目的は経済的利益か，非経済的利益かを問うものではない，「退職の記念」や「思い出のため」といった自己の満足を図る目的であっても，直ちに「図利加害目的」が否定されるわけではなく，その他の個別具体の事情を踏まえた上で，非経済的な図利目的又は加害目的が認められ

る場合もあるとされている。（注17）

　また，「保有者に損害を加える目的」とは，「営業秘密の保有者に対し，財産上の損害，信用の失墜その他の有形無形の不当な損害を加える目的」を意味し，現実に損害が生ずることは要しないと解されている。（注18）加害目的が肯定される具体例として，保有者に営業上の損害を加えるため又はその信用を失墜させるため，営業秘密をインターネット上の掲示板に書き込む行為等が挙げられている。（注19）

　他方，図利加害目的が否定される具体例として，①公益の実現を図る目的で，事業者の不正情報を内部告発する場合，②労働者の正当な権利の実現を図る目的で，労使交渉により取得した保有者の営業秘密を，労働組合内部に開示する場合，③残業目的で，権限を有する上司の許可を得ずに営業秘密が記載された文書等を自宅に持ち帰る場合等が挙げられている。（注20）その理由として，①は，内部告発の対象となる事業者の不正な情報は，「営業秘密」としての法的保護の対象とならない上，内部告発は社会公共の利益の増進という公益を図ることを意図するものであるから，このような場合には図利加害目的には当たらない，②は，労働組合内部における情報共有行為については，労働者の正当な権利保護等のための組合活動の一環として行われる情報共有等を意図した行為である限り，図利加害目的には当たらない，③は，使用者の明示の許可を得ずに営業秘密が記載された書面等を持ち帰った場合であっても，営業秘密保有者の業務を遂行するために自宅等で残業をする意図に過ぎないときは，同様に，図利加害目的には当たらないなどと説明されている。（注21）

（2）なお，平成21年改正の起草を行った経済産業省産業構造審議会知的財産政策部会技術情報の保護等の在り方に関する小委員会（第5回・平成20年9月30日）において，経済産業省担当者が提出した資料には，営業秘密侵害罪の目的要件を図利加害目的に改める理由の1つとして，（注22）「従業者が業務のためにやむを得ず行ってしまった場合のように，保有者のために行った場合

には対象外とする必要がある」ことが挙げられ，その注記として，「刑法第247条に定める背任罪においては，『自己若しくは第三者の利益を図り又は本人に損害を加える目的』を要件として定めているが，これについての有力な理解は『本人の利益を図る目的』が存在しないことを裏から規定したものとしている」と記載されている。また，同日の議事録によれば，委員からも，「背任罪と条文が全く同じではないので，背任罪の解釈がストレートに適用されることにはならないかと思うが，保有者のためにする行為を不可罰にするという意味で，背任罪に近い考え方で図利加害目的を要求することに十分意味があると考えている」旨の発言がされている。^(注23)

（3）学説上も，このような議論状況等に基づき，営業秘密侵害罪の図利加害目的には，①背任罪における消極的動機説と同様，「主として営業秘密保有者のため」に行った行為（本人図利目的）を処罰対象から除く機能と，②「主として正当な社内活動のため」，「主として違法行為の是正のため」，「主として正当な報道のため」にされた行為（正当目的）を処罰対象から除く機能という質的に異なる二重の機能がある旨の見解が主張されている。^(注24)

同見解は，①に関し，刑法の背任罪における図利加害目的の解釈として，東京相銀事件の最高裁決定^(注25)以降，本人の利益を意図していなかったことを裏から示す要件だとする消極的動機説が支配的で，平和相銀事件の最高裁決定^(注26)も同説と整合的であり，「主として本人のため」である場合に罪責を問わないのが図利加害目的要件の意義であると理解されていることが，営業秘密侵害罪における図利加害目的の解釈においても参考になるとしている。^(注27)

また，②に関し，営業秘密侵害罪を新設した平成15年改正，及び，目的要件を図利加害目的に改めた平成21年改正における小委員会や国会での審議の過程で，報道の自由や内部告発，正当な組合活動に対する制約が強く懸念されたことから，そのような正当な行為を害することはなく，弊害は生じないということが審議の前提とされ，繰り返し確認されていたことを指摘し，^(注28)営業秘密侵害罪においては，主としてそのような正当目的であれば図利加害目

的がないとされる点で，背任罪とは異なる考慮要素が加わるとしている。ま^(注29)た，「不正の利益」かどうかをまず問う不正競争防止法の文言が，単に「自己又は第三者の利益」かどうかを問題とする背任罪の構成要件と異なる所以も，このような区別を反映したものであるとしている。^(注30)

　営業秘密の領得行為の図利加害目的については，要旨，「第三者に売却したり，転職先で自ら使用しようとしたりしたのであれば，図利目的となることはいうまでもない。自己研鑽や勉強のためであっても，それが転職の準備であれば，主として営業秘密保有者のためということにはならないから，図利加害目的がある。一定期間で勉強できる分量をはるかに超えた大量の文書・媒体を持ち帰る行為は，一般に，図利加害の目的ありとして扱うべきである。仮に外部に漏洩する意図がなく，『勉強のため』というのが正しかったとしても，退職直前に大量の会社資料を用いて勉強することの利益は，ほとんど全てが従業員に帰属するのであるから，図利加害目的が否定されるものではない。退職直前に営業秘密の記載・記録された書類や媒体を複写・複^(注31)製したり，ファイルをダウンロードしたりする行為も，同様に考えてよい。」などとしている。^(注32)

　（4）これに対し，①営業秘密侵害罪の図利加害目的は，背任罪における消極的動機説と異なり，「積極的に利欲的な動機があるとか，積極的に加害の動機がある場合」に限られ，さらに，②法21条1項3号の不正領得罪における図利加害目的は，「近い将来予定される使用または開示による」積極的な図利加害の動機が必要である旨の見解も存在する。^(注33)

　同見解は，①に関し，営業秘密侵害罪の図利加害目的の立法趣旨は，「処罰範囲を明確に限定するため，各号ごとに違法性を基礎づける目的要件が付されている」と説明されていること等からして，図利加害目的は「処罰範囲^(注34)を明確に限定」，「違法性の基礎づけ」というはっきり意識された役割を担い，処罰範囲の積極的な限定を目的としてあえて規定されており，このような趣旨は，任務違背行為が本人図利目的で行われたものでないという要件を^(注35)

裏側から規定したものと解されている背任罪の図利加害目的の趣旨とはまるで異なっており，背任罪の解釈を援用することはできないと考えるのが自然であるとしている。[注36]

　また，②に関し，営業秘密侵害罪は，営業秘密の財産的価値という個人的法益と，公正な競争秩序（の維持）という社会的法益の2つを保護法益とするものであるが，法21条1項のうち，3号の不正領得罪は，使用や開示を構成要件とする他号と異なり，その前段階である「領得」を，「不正な使用・開示による法益侵害の危険性を著しく高める」ことを理由に処罰対象としている点で[注37]，法益侵害のない抽象的危険犯であるという理解[注38]を前提に，法益侵害がなく，財産上の損害が全く発生していない3号を，背任罪と同列に論ずることは到底できず，前記の処罰根拠に照らせば，3号の図利加害目的は，「近い将来予定される使用または開示による」積極的な図利加害の動機があることが必要としている。[注39]

（注11）　山本・前掲注7・409頁。なお，最大判昭和35年4月6日刑集14巻5号525頁は，当時の不正競争防止法5条2号（現行法2条1項1号に相当する混同惹起行為に関する罰則規定）にいう「不正ノ競争ノ目的」の意義について，「公序良俗，信義衡平に反する手段によって，他人の営業と同種または類似の行為をなし，その者と営業上の競争をする意図をいう」としている。

（注12）　経産省編・前掲注7・19頁，山口厚「不正競争防止法の罰則」同編著『経済刑法』61頁（平成24年），土肥一史「営業秘密侵害罪に関する不正競争防止法の改正について」ジュリスト1385号81頁（平成21年），小野昌延編著「新・注解不正競争防止法〔第3版〕」（下巻）1347頁〔佐久間修〕（平成24年）

（注13）　経産省編・前掲注7・256頁，山口・前掲注12・61頁，土肥・前掲注12・81頁，只木誠「営業秘密侵害の罪」法学教室397号96頁（平成25年），小野編著・前掲注12・1348頁〔佐久間〕

（注14）　経産省編・前掲注7・257頁，山口・前掲注12・61頁，只木・前掲注13・96頁

（注15）　経産省編・前掲注7・257頁

（注16）　経済産業省知的財産政策室編「逐条解説　不正競争防止法」220頁（平成28年），同・前掲注7・257頁

（注17）　平成27年改正の際に開催された経済産業省産業構造審議会知的財産分科会営業秘密の保護・活用に関する小委員会の「中間とりまとめ」（平成27年2月）19頁に同様の記載がある。

（注18）　経産省編・前掲注7・257頁，山口・前掲注12・61頁，土肥・前掲注12・81頁，只木・前掲注13・96頁，小野編著・前掲注12・1348頁〔佐久間〕

（注19）　経産省編・前掲注7・257頁，土肥・前掲注12・81頁，小野編著・前掲注12・1348頁〔佐久間〕

（注20）　経産省編・前掲注7・257頁，山口・前掲注12・61頁，土肥・前掲注12・81頁，只木・前掲注13・96頁，小野編著・前掲注12・1348頁〔佐久間〕

（注21）　経産省編・前掲注7・257～258頁

（注22）　第5回小委員会配付資料3「営業秘密の刑事的保護について」18～19頁

（注23）　第5回小委員会における山口厚委員発言

（注24）　玉井克哉「営業秘密侵害罪における図利加害の目的」警察学論集68巻12号34頁以下（引用した結論部分につき同63頁参照）（平成27年）

（注25）　最二小決昭和63年11月21日刑集42巻9号1251頁（後掲3（2）ア参照）

（注26）　最一小決平成10年11月25日刑集52巻8号570頁（後掲3（2）イ参照）

（注27）　玉井・前掲注24・36～38頁

（注28）　玉井・前掲注24・52～55頁

（注29）　玉井・前掲注24・58頁

（注30）　玉井・前掲注24・63頁。さらに，その趣旨は文言を同じくする「保有者に損害を加える目的」にも及んでおり，保有者の「損害」とは「不正の利益」に対応するような「不当な損害」のみを指すと考えるべきである旨も指摘している。

（注31）　同旨の米国判例として，United States v. Hanjuan Jin, 733 F.3d 718（7 th Cir.2013）が引用されている。同判例は，モトローラ社のソフトウェアエンジニアとして通信システム関係の職務に従事していた被告人が，中国での医療休暇中に中国軍のために通信技術を開発する中国企業に職を求め，米国に

戻った数日後に再び中国に出発するまでの間に，モトローラ社が製造販売する移動通信システム（iDEN）の技術の詳細を明らかにする数千の内部文書をダウンロードした（起訴された文書は3件）という米国経済スパイ法の営業秘密窃取罪の事案において，「同文書は知識を蘇らせるための参考書（study aids）である」旨の被告人の主張に対し，要旨，「被告人は，中国において，iDENのハッキング又は複製に関心のある企業や政府機関に知識を伝え得る生き字引（walking repository）となるであろう。それは被告人のキャリアの見込みを高めるであろうから。ほかに知識を蘇らせる動機があるだろうか。」などと判示して排斥し，同罪の成立を認めた。

(注32)　玉井・前掲注24・46〜49頁

(注33)　帖佐隆「不正競争防止法21条1項3号と任務違背・図利加害目的」久留米大学法学74号39頁以下（引用した結論部分につき同65頁，69頁参照）（平成28年）

(注34)　経産省編・前掲注7・256頁

(注35)　帖佐・前掲注33・64〜65頁

(注36)　帖佐・前掲注33・67頁

(注37)　平成21年改正時の小委員会（前記(2)参照）が作成した「営業秘密に係る刑事的措置の見直しの方向性について」（平成21年2月）10頁

(注38)　帖佐・前掲注33・40〜45頁

(注39)　帖佐・前掲注33・67〜70頁

3　図利加害目的に関する判例・裁判例

（1）法21条1項の営業秘密侵害罪の図利加害目的に関する最高裁判例は見当たらないが，同罪の図利目的の有無が争われた主な裁判例として，以下のものがある。

ア　名古屋高判平成27年7月29日高刑速報平成27年225頁

金属工作機械製造・販売を業とする会社の営業担当従業員が，同社の営業秘密である製品製造方法に関するデータファイル6点を，同社のファイルサーバーから自己所有のハードディスクに転送させて複製を作成したという営

業秘密不正領得の事案。複製直後，被告人が中国在住の知人に「工作機械の電機スピンドルの設計図一式と3Dファイルを提供できる」，「7，80万ならとても安いでしょ」，「あなたが売れる人を探すなら，連絡費用20万あげます」などとメッセージを送信していることから，複製作成時点でファイルに含まれる図面情報を他に売却して利益を得る意図を有していたと認定し，不正利得目的を肯定した第1審判決を是認した。

　イ　大阪地判平成27年11月13日 LLI/DB

　電気製品販売・建物リフォームを業とするA社のリフォーム関連商品販売企画等の業務に従事していた被告人が，①在職中に，同社の営業秘密であるリフォーム関連商品の仕入原価・粗利金額等に関するデータファイル81点を，あらかじめコンピュータの遠隔操作・ファイル転送機能を有するソフトウェアをA社に無断でインストールしていた業務用パソコンを用いて，同社のサーバコンピュータから自己所有のパソコンに転送し，さらに同パソコンからハードディスクに同データを記録させて複製を作成したという営業秘密不正領得，及び，②同業のB社への転職後に，B社のパソコンからA社の業務用パソコン（前同様）を遠隔操作してA社のサーバコンピュータにアクセスし，A社の営業秘密である販売促進方法に関するデータファイル4点をB社のパソコンに転送して保存し，その一部を印刷してB社販売促進部部長に交付したという営業秘密不正取得・開示の事案。①については，前記の領得方法に加え，被告人が当時から同業他社への転職を考えていたこと，転職の約5か月後に領得した営業秘密に含まれる粗利率等のデータをB社の社員に示していること等の領得時期・データの有用性・転職後の利用状況等から，領得時に転職先での業務に利用する等の不正利得目的があったと認定した。②については，被告人が，情報の重要性や，既に退職してアクセス権限がないことを認識しつつ，A社のサーバコンピュータから競合会社であるB社のコンピュータに営業秘密データを転送・保存し，その一部をB社の部長に開示していることから，領得時にB社の業務に利用してB社

や被告人自身の利益に用いる等の不正利得目的があったと認定した。

（２）また，（特別）背任罪の図利加害目的の有無が争われた主な最高裁判例として，以下のものがある。

　ア　東京相銀事件決定（前掲注25）

　銀行支店長の被告人が，顧客と共謀の上，顧客のために回収不能のおそれのある過振りと呼ばれる立替払い（合計２億1500万円余り）を行い，銀行に財産上の損害を加えたという特別背任の事案。同判例は，「特別背任罪における図利加害目的を肯定するためには，図利加害の点につき，必ずしも所論がいう意欲ないし積極的認容までは要しないものと解するのが相当であ」るとした上で，被告人は，顧客の経営会社の資金状態が改善される見通しのないことが明らかとなった後も，その任務に違背し，顧客やその経営会社を利し銀行を害することを熟知しながら，あえて回収不能のおそれのある過振りを長期間連続的に行い，銀行に財産上の損害を加えたものであり，被告人が同行為に出たのは，銀行の利益を図るためではなく，従前安易に行っていた過振りの実態が本店に発覚して自己の面目信用が失墜するのを防止するためであったという事実関係の下では，被告人に顧客やその経営会社を利し銀行を害する図利加害目的の存在を認めることができるとした。(注40)

　イ　平和相銀事件決定（前掲注26）

　銀行監査役兼顧問弁護士の被告人が，社長，融資業務担当役員らと共謀の上，４回にわたり不正融資を行ったという特別背任の事案。同判例は，最初の88億円の融資に関し，要旨，「土地の売主に対し遊休資産化していた土地を売却して代金を直ちに入手できるなどの利益を与えるとともに，融資先に対し大幅な担保不足であるのに多額の融資を受けられる利益を与えることになることを認識しつつ，あえて右融資を実行することとしたものであり，銀行と密接な関係にある売主に所要の資金を確保させることによりひいて銀行の利益を図るという動機があったにしても，それが融資の決定的な動機ではなかったなどの事情の下では，右役員らに特別背任罪における第三者図利目

的を認めることができる」旨判示した。^(注41)

（注40）　同判例の調査官解説である永井敏雄・最高裁判所判例解説刑事篇昭和63
年度458～461頁（平成3年）は，本決定は図利加害目的の内容につき意欲説を
否定することを明らかにしたものであるとした上で，私見として，要旨，「本
人の利益に反する任務違背行為を処罰するという背任罪の趣旨に照らすと，背
任罪における『図利加害目的』は，『本人の利益を意図していた場合は処罰し
ない』という命題の裏面として，処罰すべき『本人の利益を意図していなかっ
た場合』を表現するために設けられたものと理解することができるのではない
か」として，消極的動機説が相当である旨の見解を示している。

（注41）　同判例の調査官解説である木口信之・最高裁判所判例解説刑事篇平成10
年度228～231頁（平成13年）は，要旨，「本決定が図利加害目的の意義・内容
について，意欲説以外のどの見解によっているのかは，必ずしも明らかにされ
ていないが，消極的動機説からは，比較的無理がなく理解できるように考えら
れる。」としている。

4　本決定について

（1）本決定は，前記第3のとおり，1件目（判示（1））の複製作成につ
き，被告人が複製した各データファイルを用いて勤務先会社の業務を遂行し
た事実はない上，同社の業務遂行のためにあえて同社から貸与されていたノ
ートパソコンから私物のハードディスク等に各データファイルを複製する必
要性も合理性も見いだせないこと，2件目（判示（2））の複製作成につき，
最終出社日の翌日に行ったもので同社の業務を遂行する必要がなかったこと
は明らかであること等を理由に，各複製作成はいずれも同社の業務遂行以外
の目的によるものと認定した。その上で，「被告人は，勤務先を退職し同業
他社へ転職する直前に，勤務先の営業秘密である各データファイルを私物の
ハードディスクに複製しているところ，当該複製は勤務先の業務遂行の目的
によるものではなく，その他の正当な目的の存在をうかがわせる事情もない

などの本件事実関係によれば、当該複製が被告人自身又は転職先その他の勤務先以外の第三者のために退職後に利用することを目的としたものであったことは合理的に推認できるから、被告人には法21条1項3号にいう『不正の利益を得る目的』があったといえる」旨判示し、同旨の第1審判決を是認した原判断は正当であるとして上告を棄却した。

（2）本件では、被告人が2度目の複製を行った直後に勤務先に複製が発覚したため（前掲注4参照）、被告人が複製した各データファイルを具体的にどのように用いる目的であったかを事後の行動等から証拠上特定することはできない。第1審判決がいう「転職先等で直接的又は間接的に参考にして活用しようとしたなどといった不正の利益を得る目的」は例示であり、要するに（具体的な用法は特定できないものの）被告人自身又は転職先その他の勤務先以外の第三者のために退職後に利用する目的があったことをいう趣旨と思われる。もっとも、本件のように同業他社への転職直前に営業秘密を領得した場合に限ってみれば、事実認定の問題として、当該領得につき勤務先の業務遂行目的（本人図利目的）がなく、その他の正当目的（内部告発・報道・組合活動等）もないのであれば、消去法的に上記のような退職後の利用目的は合理的に推認できるといってよいであろう。本決定が、所論に応答する形で被告人の業務遂行目的を否定し、その他の正当な目的の存在をうかがわせる事情もないことを指摘した上で、そのような本件の事実関係によれば、上記のような退職後の利用目的は合理的に推認できる旨判示しているのも、同様の理解に基づくものと解される。

また、本決定は、上記のような退職後の利用目的が認められることをもって、被告人の図利目的を肯定している。このことは、法21条1項3号にいう「不正の利益」は経済的利益に限らず非経済的利益を含むとする立法担当者解説（前記2（1）参照）や消極的動機説（前記2（3）参照）からすれば当然の帰結であるが、仮に経済的利益に限るという解釈に立ったとしても、同業他社への転職直前の営業秘密領得という本件の事実関係に照らせば、不正の経

済的利益を得る目的の存在は合理的に推認できるように思われる。

（3）以上のとおり，本決定は，①従業員が同業他社への転職直前に営業秘密を領得した本件のような場合においては，当該領得につき勤務先の業務遂行目的がなく，その他の正当目的もないのであれば，通常は消去法的に自己又は転職先等の第三者のために退職後に利用する目的があったことは合理的に推認できる旨の事実認定上の判断と，②そのような退職後の利用目的が認定できる以上，具体的な利用方法の如何にかかわらず，法21条1項3号にいう「不正の利益を得る目的」があったといえる旨の法的判断を，本件の事実関係に即して示したものと解される。

なお，法21条1項の図利加害目的の解釈については前述のとおり見解の対立があり，また，原判決は，「高い経済的価値を有する重要な営業秘密を法21条1項3号という極めて当罰性の高い態様で領得した場合に，正当な目的がなく専ら自己又は第三者の何らかの利益を図るためであるときには，その利益の内容が明確かつ具体的な意欲ではなく，また非財産的なものであったとしても，法21条1項3号における『不正の利益を得る目的』に該当する」旨の解釈を示しているが，本決定は，あくまでも同業他社への転職直前の営業秘密領得という本件の事案に即した事例判断を示したにとどまり，「不正の利益を得る目的」について一般的な法解釈を示したものではないであろう。

5 本決定の意義

本決定は，事例判断ではあるが，営業秘密侵害罪の成否について最高裁が示した初判断であるとともに，同種事案における目的要件の判断の在り方について一定の示唆を与えるものであって，重要な意義を有すると思われる。

（後注） 本決定の評釈等として知り得たものとして，浅井弘章「不正競争防止法21条1項3号にいう『不正の利益を得る目的』があるとされた事例」銀行法務21・837号70頁（平成31年），同854号116頁（令和2年），森修一郎「営業秘密

領得罪の構成要件－最決平30・12・3を中心に－」特許ニュース14897号1頁（平成31年），本村健ほか「退職従業員が同業他社への転職直前に勤務先会社の保有する営業秘密を領得した行為につき『不正の利益を得る目的』を認め，営業秘密侵害罪（不正競争防止法21条1項3号）の成立が認められた事例」商事法務2205号69頁（令和元年），谷井悟司「不正競争防止法（平成27年法律第54号による改正前のもの）21条1項3号にいう『不正の利益を得る目的』があるとされた事例」法学新報126巻3・4号79頁（令和元年），本田稔「営業秘密不正領得罪における『不正の利益を得る目的』の意義」法学セミナー776号125頁（令和元年），山根崇邦「従業者によるデータの持出しと営業秘密領得罪－日産自動車事件最高裁決定を契機として－」Law & Technology85号3頁（令和元年），小林雅人「不正競争防止法（平成27年改正前のもの）21条1項3号にいう『不正の利益を得る目的』があるとされた事例」ビジネス法務19巻11号49頁（令和元年），帖佐隆「判例評釈　自動車商品企画情報刑事事件（日産営業秘密刑事事件）最高裁判決」パテント73巻2号126頁（令和2年），一原亜貴子「不正競争防止法（平成27年法律第54号による改正前のもの）21条1項3号にいう『不正の利益を得る目的』があるとされた事例（最高裁平成30年12月3日決定）」岡山大学法学会雑誌69巻4号339頁（令和2年），志賀典之「平成27年改正前不競法21条1項3号にいう『不正の利益を得る目的』」ジュリスト臨時増刊1544号（令和元年度重要判例解説）266頁（令和2年），四條北斗「不正競争防止法（平成27年法律第54号による改正前のもの）21条1項3号にいう『不正の利益を得る目的』があるとされた事例」法学セミナー増刊新判例解説Watch 27号173頁等がある。　　　　　　　　　　　　　　　　（久禮　博一）

〔9〕 指示を受けてマンションの空室に赴き詐欺の被害者が送付した荷物を名宛人になりすまして受け取るなどした者に詐欺罪の故意及び共謀があるとされた事例

$$\left(\begin{array}{l}\text{平成29年(あ)第44号　同30年12月11日第三小法廷判決　破棄自判}\\\text{第1審鹿児島地裁　第2審福岡高裁宮崎支部　刑集72巻6号672頁}\end{array}\right)$$

〔判決要旨〕

　マンションの空室に宅配便で現金を送付させてだまし取る特殊詐欺において，被告人が指示を受けてマンションの空室に赴き，そこに配達される荷物を名宛人になりすまして受け取り，回収役に渡すなどしていること，被告人は同様の受領行為を多数回繰り返して報酬等を受け取っており，犯罪行為に加担していると認識していたこと，詐欺の可能性があるとの認識が排除されたことをうかがわせる事情は見当たらないことなどの本件事実関係（判文参照）の下では，被告人には，詐欺の故意に欠けるところはなく，共犯者らとの共謀も認められる。

〔参照条文〕

刑法60条，246条1項

〔解　説〕

第1　事案の概要等

　本件は，老人ホーム入居契約の立替金を名目とした特殊詐欺において，被告人が，いわゆる受け子の立場で，共犯者から依頼を受け，マンションの空室に赴き，同所に配達された現金入りの荷物を名宛人になりすまして受け取った上，これをすぐに回収役に渡すなどの役割を担っていた事案である。被告人は，詐欺・詐欺未遂のほか，覚せい剤取締法違反（使用・所持）の事実で起訴され，第1審から覚せい剤取締法違反については認め，詐欺・詐欺未遂の故意及び共謀を争った。第1審判決は，全ての事実について被告人を有罪とし，懲役4年6月に処した。被告人が控訴したところ，原判決は事実誤

認を理由として第1審判決を破棄し，詐欺・詐欺未遂の事実については無罪の言渡しをした。検察官が上告し（上告理由は判例違反，法令違反，事実誤認），最高裁で原判決が破棄され，被告人の控訴が棄却された。

第2　審理経過

1　第1審判決

第1審判決は，要旨以下のとおり判示し，被告人の詐欺の未必的故意及び共謀を認めた。

被告人は，マンション等の空室において，他人になりすまして荷物を受け取り，すぐに部屋を出て，指示された駅のトイレに荷物を置いてくるなどする「仕事」を引き受け，1万円という高額の報酬が得られることからすると，正常な経済取引ではなく，犯罪行為であることは容易に認識できる。被告人自身，「仕事」を紹介したGから捕まる可能性があると言われ，犯罪行為に加担していることを認識していた旨供述した。さらに，荷物を受け取る場所が埼玉県，千葉県，神奈川県及び東京都内にある複数のマンション等の空室である上，空室の鍵が置かれた場所やキーボックスの番号を事前に伝えられていたことに加え，荷物の回収役や見張り役がいることを聞いており，毎回異なる回収役に荷物を渡し，G以外の人物から指示を受けたこともあるなど複数の人物が関与した組織的な犯罪行為であることも認識できたと認められる。

被告人は，起訴された最初の犯行以前に，約1か月間に約20回，複数のマンションの空室において，異なる名前の他人になりすまして荷物を受け取ったところ，近時，詐欺グループによる他人になりすまして現金を詐取する犯罪が様々な形態で横行しており，ニュース等でも広く報道されていることに加え，被告人自身，宅急便により詐取金を送付させる方法があること，詐取金を他人名義の口座に振り込ませる方法や偽名を用いて直接受け取りに行く方法があること，電話をかける役，現金の引出し役や受取り役がいることを知っていたことも併せ考えると，被告人が，受け取る荷物が詐欺グループに

よってだまし取られた現金かもしれず，受取りに加担した犯罪行為の中に詐欺も含まれているかもしれないことを十分認識していたと推認するのが相当である。

被告人は，荷物の中身は覚せい剤等の違法薬物か拳銃ではないかと思っており，詐取した現金であるとは思わなかった旨弁解しているが，被告人が荷物の中身について自ら確認したりＧに説明を求めたりしておらず，荷物の外形や重量から当然にその中身が認識できるような事情がないことからすると，被告人が，荷物の中身が詐取金ではなく覚せい剤等の違法薬物か拳銃であると認識したとする合理的な理由は見出し難い。

被告人は，同様の形態で荷物の受取りを繰り返す中で，自ら加担する犯罪行為が詐欺を含むものかもしれないことを認識していたと認められるから，少なくとも詐欺罪についての未必的故意を有していたというべきであり，氏名不詳者らとの間での共謀も認められる。

2　控訴審判決

これに対し，控訴審判決は，要旨以下のとおり判示して，第1審判決を破棄し，詐欺・詐欺未遂については，被告人の故意及び共謀を認めることはできないとして被告人を無罪とした。

第1審判決が，被告人の受取行為が何らかの犯罪行為であること及びその犯罪行為が組織的行為であることにつき被告人が認識していたと認定したことについては是認できるものの，被告人が自ら加担する犯罪行為に詐欺を含むかもしれないとの認識を有していたとの点及び氏名不詳者らとの詐欺の共謀を認定した点については，推認過程における論理に飛躍があり，あるいは証拠の証明力や間接事実の推認力の評価を誤ったものであるから，論理則，経験則等に照らして不合理なものであって，これを是認することはできない。

被告人が，同様の形態の行為を繰り返していたからといって，自らが受け取った荷物の中身が詐取金である可能性を当然に認識していたはずとの根拠

にはならない。このような推認が成立する前提としては，社会的に本件のようにマンションの空室を利用して詐取金を宅配便で送らせて受け取る形態の特殊詐欺事犯（以下「空室利用送付型詐欺」という。）が横行していることについて，広く周知され，市民的な常識として共有されているか，意図しなくても接する程に空室利用送付型詐欺に関する情報が社会的に広く浸透しているので，知らない方がおかしいというような社会情勢になっていることを要するというべきである。

　当時の報道状況に照らせば，本件行為時において，通常人ならばその当時の報道等から空室利用送付型詐欺の存在を当然に認識できたはずであるとはいえない。したがって，被告人が，同形態の行為を繰り返していたからといって，自らの荷物受取行為が空室利用送付型詐欺に関係している可能性を認識し得たと断じることはできない。本件行為時に，空室利用送付型詐欺に関する報道が一定程度存在していたことは認められるが，本件において，被告人は，自らの行為が犯罪に関わることを認識しながら，それでも構わないとして本件行為に及んでいるのであり，しかも，被告人の供述によれば，想定していたのは覚せい剤等の違法薬物かけん銃の受取りという重大犯罪なのであるから，具体的なことはあえて知らずにいた方が身のためであるという考慮が働いたとしても不思議ではなく，本件においては，被告人に荷物の中身を知ろうという動機付けが働かないから，被告人は自分が何を受け取っているのか疑問を抱くはずであり，疑問を抱けば調べるはずであるという経験則も適用されず，空室利用送付型詐欺の情報にアクセスすることはさほど困難ではないという状況を付加した上でも上記のように推認することは合理的ではない。

　そうすると，被告人が認識していたこととして第1審判決が認定するのは，詐取金の受取方には口座に振り込ませる方法や直接現金を取りに行く方法という複数の形態があり，電話をかける役の者や現金を引き出しに行ったり，受け取ったりする役の者がいること，詐取金の受取りには，他人名義の

口座を使ったり，偽名を使って他人になりすます方法がとられることの2点であり，従来型の詐欺の手口を聞いていろいろと知っていたからといって，新しい詐欺の手口も誰にも教わらずに気づけたはずであるとはいえない。被告人が覚せい剤等の違法薬物やけん銃と思ったことを否定する根拠もない。

このようなことからは，被告人が受取荷物の中身につき，詐取金である可能性を認識していたと認定するには合理的な疑問が払拭できず，他方，覚せい剤等の違法薬物かけん銃等の法禁物だと思っていた旨の弁解を排斥するに足りる根拠はない。

したがって，第1審判決の判断は，論理則，経験則等に照らし不合理なものであるから事実誤認の論旨は理由があり，破棄を免れない。

第3　当審判示

本判決は，検察官の上告趣意は，判例違反をいう点を含め，実質は単なる法令違反，事実誤認の主張であって，適法な上告理由に当たらないとした上で，所論に鑑み，職権により調査し，以下のとおり，原判決の上記判断には重大な事実誤認があるとして，原判決を破棄し，被告人の控訴を棄却した（裁判官全員一致の意見によるものである。）。

1　第1審判決及び原判決の認定並びに記録によると，本件の事実関係は以下のとおりである。

被告人は，平成27年9月頃，かつての同僚であったGから，同人らが指示したマンションの空室に行き，そこに宅配便で届く荷物を部屋の住人を装って受け取り，別の指示した場所まで運ぶという「仕事」を依頼された。被告人は，Gから，他に荷物を回収する者や警察がいないか見張りをする者がいること，報酬は1回10万円ないし15万円で，逮捕される可能性があることを説明され，受取場所や空室の鍵のある場所，配達時間等は受取りの前日に伝えられた。被告人は，同年10月半ばから約20回，埼玉県，千葉県，神奈川県及び東京都内のマンションの空室に行き，マンションごとに異なる名宛人になりすまして荷物の箱を受け取ると，そのままかばんに入れ又は箱を開け

て中の小さい箱を取り出して，指示された場所に置くか，毎回異なる回収役に手渡した。実際の報酬は1回1万円と交通費二，三千円であった。

2　被告人は，Gの指示を受けてマンションの空室に赴き，そこに配達される荷物を名宛人になりすまして受け取り，回収役に渡すなどしている。加えて，被告人は，異なる場所で異なる名宛人になりすまして同様の受領行為を多数回繰り返し，1回につき約1万円の報酬等を受け取っており，被告人自身，犯罪行為に加担していると認識していたことを自認している。以上の事実は，荷物が詐欺を含む犯罪に基づき送付されたことを十分に想起させるものであり，本件の手口が報道等により広く社会に周知されている状況の有無にかかわらず，それ自体から，被告人は自己の行為が詐欺に当たる可能性を認識していたことを強く推認させるものというべきである。この点に関し，原判決は，上記と同様の形態の受領行為を繰り返していただけでは，受け取った荷物の中身が詐取金である可能性を認識していたと推認する根拠にはならず，この推認を成り立たせる前提として，空室利用送付型詐欺の横行が広く周知されていることが必要であるなどというが，その指摘が当を得ないことは上記のとおりである。また，原判決は，従来型の詐欺の手口を知っていたからといって，新しい詐欺の手口に気付けたはずとはいえないとした上，本件のように宅配便を利用して空室に送付させる詐欺の手口と，被告人が認識していた直接財物を受け取るなどの手口は異質であり，被告人にとって，相当高度な抽象能力と連想能力がないと自己の行為が詐欺に当たる可能性を想起できないとするが，上記両手口は，多数の者が役割分担する中で，他人になりすまして財物を受け取るという行為を担当する点で共通しているのであり，原判決のいうような能力がなければ詐欺の可能性を想起できないとするのは不合理であって是認できない。原判決が第1審判決を不当とする理由として指摘する論理則，経験則等は，いずれも本件詐欺の故意を推認するについて必要なものとはいえず，また，適切なものともいい難い。

3　そして，被告人は，荷物の中身が拳銃や薬物だと思っていた旨供述す

るが，荷物の中身が拳銃や薬物であることを確認したわけでもなく，詐欺の可能性があるとの認識が排除されたことをうかがわせる事情は見当たらない。

4　このような事実関係の下においては，被告人は，自己の行為が詐欺に当たるかもしれないと認識しながら荷物を受領したと認められ，詐欺の故意に欠けるところはなく，共犯者らとの共謀も認められる。原判決が第1審判決の故意の推認過程に飛躍があり，被告人の詐欺の故意を認定することができないとした点には，第1審判決が摘示した間接事実相互の関係や故意の推認過程に関する判断を誤ったことによる事実誤認があり，これが判決に影響を及ぼすことは明らかであって，原判決を破棄しなければ著しく正義に反するものと認められる。

第4　説　　明

1　問題状況

特殊詐欺事件において，いわゆる受け子として詐取金品を受領する役割を分担する者については，詐欺の故意や共謀が争点となることが多い。その背景として，特殊詐欺グループの役割分担が細分化されており，検挙される危険がより高い受け子に対して，他に関わっている者や詐欺の具体的内容等について知らせないでおくことにより，他の共犯者が芋づる式に検挙されることを防ごうとすること，実際には受け子が共犯者や詐欺の具体的内容等について知っていても，検挙された場合に言い逃れる方法について事前に指示を受けていることなどが見受けられる。

詐欺の故意が争われた場合，それぞれの事案や証拠関係に応じ，複数の間接事実を組み合わせて詐欺の故意を推認することができるかどうかを判断することになる。

2　先　　例

本件のように宅配便等を空室で受け取る現金送付型詐欺において受け子の故意が争点となった下級審の事例においては，詐欺の故意を認定しているも

のが多くみられる。故意を否定して無罪とした第１審判決もあるが，検察官が控訴し，高裁で破棄されるなどしている（例えば，大阪地裁判決平成29年３月24日 LLI/DB　L07250548，その控訴審である大阪高裁判決平成30年１月12日 LLI/DB　L07320036など）。そのような中，受け子について詐欺の故意を認めた第１審判決を事実誤認を理由に破棄して無罪とした高裁判決に対し，検察官が上告した事件が２件続けて係属し，このうちの１件が本件である（もう１件は，最高裁平成28年（あ）第1808号同30年12月14日第二小法廷判決刑集72巻６号737頁）。

３　議論状況^(注1)

受け子の故意としては，詐取金品を実際に受け取るまでの間に，共犯者が何らかの方法で被害者を欺罔し，誤信に基づいて送付させた財物を受け取ることの認識が必要である。

そして，受け子の受領行為について，詐欺罪の実行行為性を認める見解に立てばもちろんのこと，これを認めない見解に立ったとしても，受領行為が詐欺を完遂する上で不可欠の行為として予定されていることに鑑みると，受け子が詐取金品を受領する前に上記認識があれば，受け子と欺罔行為者等の間に詐欺罪についての共謀が認められ，共同正犯が成立することになろう。^(注2)

故意の有無の事実認定は，もともと状況証拠から総合認定をする困難さが指摘されている上，上記のとおり，特殊詐欺の関与者の役割が細かく分断され，各人の役割を遂行するための必要最小限の情報しか与えられないこと，受け子に対する指示役等の上位者や他の共犯者の関与の状況が解明できない事案が少なくないことなどにより，故意の推認に結び付く間接事実や証拠が限定され，比較的証拠が薄い事案が多い。そのためか，本件のように，詐欺の故意の有無について，１，２審の結論が分かれる事例もみられるようになっていた。

４　本判決について

本判決は，詐欺に関する事実関係を改めて整理した上，被告人は，①Ｇの

指示を受けてマンションの空室に赴き，そこに配達される荷物を名宛人になりすまして受け取り，回収役に渡すなどしたこと，②異なる場所で異なる名宛人になりすまして同様の受領行為を多数回繰り返したこと，③1回につき約1万円の報酬等を受け取ったこと，④犯罪行為に加担していると認識していたことを自認していることを列挙し，以上の事実は，荷物が詐欺を含む犯罪に基づき送付されたことを十分に想起させるものであり，それ自体から，被告人は自己の行為が詐欺に当たる可能性を認識していたことを強く推認させるものというべきであるとしている。

そして，上記推認は，本件の手口が報道等により広く社会に周知されている状況の有無にかかわらない旨言及し，上記推認を成り立たせる前提として空室利用送付型詐欺の横行が広く周知されていることが必要であるという原判決の指摘が当を得ないものであるとした。さらに，本件の手口と直接財物を受け取るなどの従来型の手口は，多数の者が役割分担する中で，他人になりすまして財物を受け取るという行為を担当する点で共通しており，被告人にとって，相当高度な抽象能力と連想能力がないと受取行為が詐欺に当たる可能性を想起できないとの原判決の説示は不合理であるとした。その結果，原判決が第1審判決の事実誤認の理由として指摘した論理則，経験則等は，いずれも本件詐欺の故意を推認するについて必要なものとも適切なものともいい難いとした。

本件の控訴審では，特殊詐欺の手口に関する報道の状況に関して相当詳細に立証がされたが，当該手口について報道がされていたからといって，これを被告人が認識したことを意味しない上，本件においてはそのような事情を考慮しなくても故意が推認できると考えられたものであろう。

本件のような特殊詐欺においては，多数人が関与し，細分化された役割分担をしていることが広く認識されており，被告人も本件において多数人が関与していると認識した上で，指示された他人になりすまして荷物を受け取っていることからすれば，本件が組織的に役割分担された詐欺である可能性に

ついても認識していたと認められるとしたものであろう。

5 本判決の意義

本判決は，上記①から④の事情を挙げ，詐欺の未必的故意を認定するに当たり重視した事実を示しているところ，本判決の3日後に言渡しがあった第二小法廷の判決（最二判平成30年12月14日）において挙げられた外形的事実とほぼ共通しているもので，特殊詐欺の受け子の故意が争われた事案において参考になると思われる。また，上記の外形的事実から，荷物が詐欺を含む犯罪に基づき送付されたことを十分に想起させるとした上で，被告人の供述を考慮しても詐欺の可能性があるとの認識が排除されたことをうかがわせる事情は見当たらない旨判示したのは，第二小法廷判決と推認過程を共通にしており，この点も参考になると思われる。^(注3)

なお，ここで挙げられた間接事実は，あくまで各事案を前提としたものであり，受け子の故意の認定に不可欠な事情ではないと考えられる。このことは，マンションの宅配ボックスに配達された荷物を不自然な方法で取り出して受領した最二判令和元年9月27日刑集73巻4号47頁において，上記で挙げた事情が必ずしも認められない場合に，なお詐欺の未必的故意が認定されていることからも明らかである。

本件は事例判断ではあるが，1，2審で判断が分かれた受け子の詐欺の故意について，重視すべき間接事実や故意の推認過程について判断したもので，実務上参照価値が高いと思われる。

（注1） 文献として，加藤経将「いわゆる受け子の故意に関する捜査とその立証について」警察学論集（平成27年11月）第68巻11号38頁，橋爪隆「特殊詐欺の「受け子」の罪責について」研修（平成29年5月）第827号3頁，髙橋康明「オレオレ詐欺事案における受け子の犯罪の成否について」警察学論集（平成29年3月）第70巻3号150頁，大庭沙織「振り込め詐欺における受け子の故意の認定」刑事法ジャーナル（平成29年8月）第53号20頁，植村立郎・実践的刑事事

実認定と情況証拠（第3版）立花書房（平成28年6月）327頁などがある。

（注2） 最三決平成29年12月11日刑集71巻10号535頁は，受け子の刑事責任に関し，「詐欺を完遂する上で欺罔行為と一体のものとして予定されていた被害者から発送された荷物の受領行為に関与した」とし，詐欺未遂罪の共同正犯の責任を負うとした。

（注3） 本判決が認定した詐欺の故意について，あたかもおよそ財産的価値のあるものを受け取る違法な行為という，異なる構成要件にまたがるような認識として認めた可能性があると解する見解もあるが，詐欺を含む犯罪に基づき送付されたものであることを十分に想起させるものであるという本判決の説示からすれば，認識した内容に詐欺を含んでいることを必要としていると理解すべきであろう。本件において被告人が荷物の受領により関与した違法行為の中に詐欺が含まれており，被告人は詐欺の構成要件に該当する可能性をある程度想定できたということが前提となって故意の認定がされているものと思われる。

（後注） 本件の評釈等として接し得たものとしては，角田正紀・刑事法ジャーナル第60号160頁（令和元年5月），前田雅英・捜査研究第824号14頁（令和元年7月），樋笠尭士・捜査研究第833号96頁（令和2年3月），丹崎弘・研修第851号33頁（令和元年5月），髙倉新喜・法学セミナー第772号122頁（令和元年5月），江見健一・警察学論集第72巻12号25頁（令和元年12月），大塚雄毅・警察学論集第72巻2号154頁（平成31年2月），高橋則夫・判例秘書ジャーナル・文献番号HJ200015，中谷仁亮・詐欺罪における故意の認定―特殊詐欺事件に関する最近の最高裁判決をめぐって・上智法学論集第63巻3号109頁（令和元年12月），半田靖史・受け子の故意と共謀の認定・法律時報第92巻12号15頁（令和2年11月）がある。 （蛭田 円香）

〔10〕 詐欺の被害者が送付した荷物を依頼を受けて名宛人にな
　　　りすまして自宅で受け取るなどした者に詐欺罪の故意及び
　　　共謀があるとされた事例

$\left(\begin{array}{l}\text{平成28年（あ）第1808号　同30年12月14日第二小法廷判決　破棄自判}\\\text{第1審千葉地裁　第2審東京高裁　刑集72巻6号737頁}\end{array}\right)$

〔判決要旨〕

　宅配便で現金を送付させてだまし取る特殊詐欺において，被告人が自宅に
配達される荷物を依頼を受けて名宛人になりすまして受け取り，直ちに回収
役に渡す仕事を複数回繰り返して多額の報酬を受領していること，被告人は
荷物の中身が詐欺の被害品である可能性を認識しており，現金とは思わなか
ったなどと述べるのみで詐欺の可能性があるとの認識が排除されたことをう
かがわせる事情は見当たらないことなどの本件事実関係（判文参照）の下で
は，被告人には，詐欺の故意に欠けるところはなく，共犯者らとの共謀も認
められる。

〔参照条文〕

　刑法60条，246条1項

〔解　　説〕

第1　事案の概要等

　本件は，老人ホーム建設に関する名義貸しの解決金を名目とした特殊詐欺
において，被告人が，いわゆる受け子の立場で，共犯者から依頼を受け，自
宅に配達された現金入りの荷物を名宛人になりすまして受け取った上，これ
をすぐに回収役に渡すなどの役割を担っていた事案である。被告人は，詐欺
のほか，覚せい剤取締法違反（使用）の事実で起訴され，第1審からいずれ
の事実についても認めていた。第1審判決は，被告人を全ての事実について
有罪とし，懲役2年6月に処した。被告人が量刑不当を理由に控訴したとこ
ろ，控訴審判決は，事実誤認を理由として第1審判決を破棄し，詐欺の事実

について無罪の言渡しをした。検察官が上告し（上告理由は判例違反，法令違反，事実誤認），最高裁で控訴審判決が破棄され，被告人の控訴が棄却された。

第2 審理経過

1 第1審判決

第1審判決は，事実に争いがなかったこともあり，被告人に詐欺の故意及び共謀を認めたことについての判示はない。

2 控訴審判決

これに対し，控訴審判決は，要旨以下のとおり職権判示して，詐欺については，被告人に未必的な認識があったことを認めるに足りる証拠はなく，犯罪の証明がないから，第1審判決には事実誤認があり，破棄を免れないとした。

第1審の第1回公判期日の被告事件に対する陳述で，被告人は，「いずれの公訴事実も間違いありません」と陳述したが，同期日の被告人質問における供述は，共同正犯となることを争わないと述べながらも，被告人が，宅配便に詐欺によりだましとった財物が在中しているとは考えていなかったことを示唆する内容になっている。

第1審の関係証拠によれば，氏名不詳者が被害者方に複数回にわたり電話をかけ，老人ホーム建設に関する名義貸しの解決金名目で現金を送付する必要があるなどとうそを言って被害者をだまし，同人に，段ボール箱に現金30万円を入れた宅配便（以下「本件荷物」という。）を，当時の被告人方住所宛てに発送させ，被告人が，A及び氏名不詳者からの事前の依頼と指示に基づき，上記住所で本件荷物を受け取り，間もなく来訪したバイク便を名乗る男にこれを渡したことが認められる。

上記事実によれば，被告人は，客観的には，A及び氏名不詳者の指示に基づき，だまされた被害者が発送した現金在中の宅配便を他人名義で受け取る（以下「本件受領行為」という。）という，被害者に財物を交付させてこれ

を領得する上で必要な行為を行い，本件詐欺の実行行為の一部を分担したことが認められる。

このような被告人が本件詐欺の共同正犯としての刑責を負うとするためには，被告人につき詐欺の故意が認められる必要があり，本件受領行為の際において，配達される宅配便の内容物が，A又は同人と意を通じた者が何らかの方法で人をだまして送付させた財物であることにつき，少なくとも未必的な認識が被告人にあり，それを認容して本件受領行為に及んだことが，合理的な疑いを超えて証明されなければならないので，以下検討する。

被告人は，夫の知人で暴力団組員であるAからアルバイト話を持ち掛けられ，Aの説明によれば，荷物を自宅で受け取り，受け取った荷物をバイク便に渡すだけの仕事であり，荷物を1個受け取るごとに5000円から1万円の報酬がもらえるとのことであった。

被告人は夫に反対されたが，さらにAから誘われ，犯罪に関わるものではないかという不安があったので，荷物の中身を尋ねたところ，Aは「雑誌とか書類とかそういう関係のもの」などと答え，それでも不安があったことから怪しいものでないのかと何度も尋ねると，Aは「絶対大丈夫」などと何度も答え，被告人も家計が苦しかったことから誘いを受けることとした。

その後，Aから仕事の道具として，契約者欄等が空欄の私書箱業務契約書，他人名義の運転免許証のコピー五，六名分及びプリペイド式携帯電話機を受け取るとともに，同人から，仕事に関する具体的なやりとりは同携帯電話機を用いて行うこと，荷物が届く前に誰の名前で荷物が届くかの連絡が入るから，連絡を受けたら私書箱業務契約書の所定欄に荷物の受取人の氏名等を記入すること，荷物を受け取る際には，伝票の宛先欄に記載された他人の名前を受領欄にサインして荷物を受け取ること，荷物が届いたら，同携帯電話機に番号が登録された男（指示役）に報告し，バイク便に荷物を渡した上で，Aにも連絡すること，仕事の具体的なやりとりは指示役とすることな

どが指示された。

　被告人は，Ａから紹介された仕事として本件荷物を受け取る前日までに２個，当日に本件の他に１個，その後に２個，いずれも自宅で他人宛の荷物を受け取った。受領の前日には上記携帯電話機に荷物が届く旨の連絡があり，宅配業者や名宛人も教示された。荷物を受け取ると上記携帯電話機を用いて指示役に報告し，その後５分程度で自宅に到着するバイク便の男に受け取った荷物を渡してＡに報告し，後日Ａから概ね説明を受けていた程度の報酬を受け取っていた。

　これらの荷物はレターパック１個以外は箱状の荷物で，伝票の品名欄には「本」，「日用品」などと記載されていた。本件荷物は三辺の合計が60センチメートル以内の細長い直方体の箱状の荷物で，品名欄には「日用品」と記載されていた。

　依頼された一連の仕事の流れからすれば，被告人の立場に置かれた通常人においては，本件荷物の内容物が何らかの犯罪行為に関係する可能性が高いものと認識するのが通常であると考えられ，被告人もその旨認識していたことを自認している。

　前記のようなＡらの指示やそれに基づく一連の仕事の中には，配達される荷物が詐欺の被害者により送付されたものであることを想起させるような何らかの契機があるとは認められず，上記のようにして受領する本件荷物に何らかの詐欺行為によりだまし取った財物が在中している可能性が高いと認識することが通常であるということはできない。また，被告人について，本件受領行為の際やその前後等において，本件詐欺に関する故意があったことを示す何らかの言動を見出すことはできない。

　そうすると，被告人を本件詐欺の共同正犯とするには，被告人の捜査段階における供述により，またはその供述と前記外形的な事実を合わせることにより本件詐欺の故意が認定できることが必要である。

　捜査段階の供述をみると，誘導的にされた検察官の質問に対する答えとし

て引き出されたもので，本件受領行為の時点における実際の内心の状態を述べるものか疑わしく，被告人がその時点で本件荷物の内容物が詐欺の被害品であることの未必的な認識を有していたと合理的な疑いなく認定できるようなものではない。高裁における被告人質問においても，被告人には送られてくる荷物の内容物が何であるかは全く分からなかったというのである。

結局，被告人の捜査段階の供述は，被告人が本件受領行為の際に本件荷物の内容物が詐欺でだまし取った財物である可能性を認識していたことを示すかのような部分もあるものの，供述全体を通じてみる限り，本件受領行為の際において，被告人に，配達される宅配便の内容物が，A又は同人と意を通じた者が何らかの方法で人をだまして送付させた財物であることにつき，未必的な認識があったことを，合理的な疑いを超えて認定することができるようなものとはいえない。したがって，詐欺の点については犯罪の証明がないことに帰する。

第3　当審判示

本判決は，検察官の上告趣意は，判例違反をいう点を含め，実質は単なる法令違反，事実誤認の主張であって，適法な上告理由に当たらないとした上で，所論に鑑み，職権により調査し，以下のとおり，原判決の上記判断には重大な事実誤認があるとして，原判決を破棄し，被告人の控訴を棄却した（裁判官全員一致の意見によるものである。）。

1　第1審判決及び原判決の認定並びに記録によると，本件の事実関係は以下のとおりである。

被告人は，平成26年11月末から同年12月初め頃，知人の暴力団組員Aから，荷物を自宅で受け取ってバイク便に受け渡す仕事に誘われ，荷物1個につき5000円から1万円の報酬を払うと言われた。被告人は，Aの依頼が犯罪に関わる仕事ではないか不安に思い，荷物の中身を尋ねると，Aは，雑誌とか書類とかそういう関係のもの，絶対大丈夫などと答えた。被告人は，Aから何度も誘われ，家計が苦しかったことから，金を稼ぎたいと考えて

〔10〕 詐欺の被害者が送付した荷物を依頼を受けて名宛人になりすまして自宅で受け取るなどした者に詐欺罪の故意及び共謀があるとされた事例

Aの依頼を引き受けた。被告人は，Aから，私書箱業務契約書，五，六名分の運転免許証の写し及びプリペイド式携帯電話機（以下「本件携帯電話」という。）を渡された上，仕事に関する連絡は本件携帯電話を使う，荷物が届く前に指示役の男が受取人の氏名を連絡するので，私書箱業務契約書の契約当事者欄に筆跡を変えて受取人と被告人の氏名等を記入する，荷物は絶対に開けない，荷物受領後に本件携帯電話で指示役に報告し，バイク便に荷物を渡したらAにも連絡するなどの指示を受けた。被告人は，Aらの指示に従って，自宅で，平成26年12月12日に1個，同月16日に1個，同月17日に本件荷物を含めて2個，同月26日に2個，それぞれ伝票の宛先欄に記載された受取人名を受領欄にサインして他人宛ての荷物を受け取った。被告人は，荷物を受け取ったことを指示役に報告し，約5分後に自宅に来たバイク便の男に荷物を渡し，後日，Aからおおむね約束どおりの金額の報酬を受け取った。

2　被告人は，Aの依頼を受けて，自宅に配達される荷物を名宛人になりすまして受け取り，直ちに回収役に渡す仕事を複数回繰り返し，多額の報酬を受領している。以上の事実だけでも，Aが依頼した仕事が，詐欺等の犯罪に基づいて送付された荷物を受け取るものであることを十分に想起させるものであり，被告人は自己の行為が詐欺に当たる可能性を認識していたことを強く推認させる。被告人は，捜査段階から，荷物の中身について現金とは思わなかった，インゴット（金地金），宝石類，他人名義の預金通帳，他人や架空名義で契約された携帯電話機等の可能性を考えたなどと供述するとともに，荷物の中身が詐欺の被害品である可能性を認識していたという趣旨の供述もしており，第1審及び原審で詐欺の公訴事実を認めている。被告人の供述全体をみても，自白供述の信用性を疑わせる事情はない。それ以外に詐欺の可能性があるとの認識が排除されたことをうかがわせる事情も見当たらない。このような事実関係の下においては，被告人は自己の行為が詐欺に当たるかもしれないと認識しながら荷物を受領したと認められ，詐欺の故意

に欠けるところはなく，共犯者らとの共謀も認められる。それにもかかわらず，これらを認めた第1審判決に事実誤認があるとしてこれを破棄した原判決は，詐欺の故意を推認させる外形的事実及び被告人の供述の信用性に関する評価を誤り，重大な事実誤認をしたというべきであり，これが判決に影響を及ぼすことは明らかであって，原判決を破棄しなければ著しく正義に反すると認められる。

第4　説　　明

1　問題状況　　2　先　例　　3　議論状況

　　（前掲最三判平成30年12月11日事件を参照されたい。なお，本件以前の裁判例に，本件のように受け子が自宅で宅配便を受領する事例は見当たらない。）

4　本判決について

　本判決は，詐欺に関する事実関係を改めて整理した上，被告人は，Aの依頼を受けて，自宅に配達される荷物を名宛人になりすまして受け取り，直ちに回収役に渡すという仕事をしたこと，それを複数回繰り返していること，多額の報酬を受領していることを挙げ，以上の事実だけでも，Aが依頼した仕事が，詐欺等の犯罪に基づいて送付された荷物を受け取るものであることを十分に想起させるものであり，被告人は自己の行為が詐欺に当たる可能性を認識していたことを強く推認させるとしている。原判決がおおむね同様の外形的な事情から，何らかの犯罪行為に関係する可能性が高いものと認識するのが通常であると考えられ，被告人もその旨認識していたことを自認しているとしながら，配達される荷物が詐欺の被害者により送付されたものであることを想起させるような何らかの契機があるとは認められず，受領する本件荷物に何らかの詐欺行為によりだまし取った財物が在中している可能性が高いと認識することが通常であるということはできないとした判断を本判決は是認しなかった。また，本判決は，受領行為が違法な行為に関するものであることの認識の有無と，その違法な行為に詐欺を含むことの有無という段階を分けた判断をしていない。本件では，被告人自身が何らかの犯罪

行為に加担していると認識していたことを自認していたことも影響したと思われ，本判決が２段階に分けて推認する手法自体を否定したものとは考えられない。しかし，本件のような態様の受け子について，受領行為が違法な行為に関するものである可能性を認識する事情（通常の商取引等とは異なる事情）とそれが詐欺に関わるものではないかと考えることにつながる事情とは，特別な事情がない限り，重なり合うことが多いと考えられる。

次に，本判決は，被告人の供述について，捜査段階から，荷物の中身について，現金とは思わなかった，インゴット（金地金），宝石類，他人名義の預金通帳，他人や架空名義で契約された携帯電話機等の可能性を考えたなどと供述するとともに，荷物の中身が詐欺の被害品である可能性を認識していたという趣旨の供述もしており，第１審及び原審で詐欺の公訴事実を認めて(注1)いた，供述全体をみても，自白供述の信用性を疑わせる事情はない，それ以外に詐欺の可能性があるとの認識が排除されたことをうかがわせる事情も見当たらないと指摘した。被告人の供述に関する評価が原判決と異なる点の詳細は判文を参照されたい。

以上のとおり，本判決は，原判決が間接事実により推認できるとした事実に疑問があることに加えて，被告人の自白，特に１，２審の公判における自認供述の評価が相当ではなく，さらに，間接事実によって推認できる事実と被告人の供述との総合評価を適切に行っていないことを指摘し，原判決の上記判断に重大な事実誤認があると判断したものと考えられる。

5　本判決の意義

本件は，被告人が自宅で荷物を受け取っている点で，通常の現金送付型の詐欺とは異なるものの，受け子の詐欺の故意を認めた最三判平成30年12月11日刑集72巻６号672頁においても，名宛人になりすまして配達される荷物を受け取ったこと，同様の受領行為を繰り返したこと，相当額の報酬を受け取ったことなど重視された事情が本判決と共通している。両事案においては，これらの事情が現金送付型の特殊詐欺の受け子について，詐欺の故意を認定

する上で重視されたとうかがわれ，同種の事案において参考となろう。

　なお，最二判令和元年9月27日刑集73巻4号47頁は，宅配ボックスを利用した特殊詐欺の事案であるが，被告人が，依頼を受け，マンションに設置された郵便受けの投入口から不在連絡票を取り出すという著しく不自然な方法を用いて，宅配ボックスから荷物を取り出してこれを回収役に引き渡していることなどを考慮し，被告人は，送り主はマンションに居住する名宛人が荷物を受け取るなどと誤信して荷物を送付したものであって，自己が受け取る荷物が詐欺に基づいて送付されたものである可能性を認識していたことも推認できるとした。本判決とは異なる事情に着目して詐欺の未必的故意が認定されていることに留意する必要があろう。

（注1）　被告人は，捜査段階において，何か物をだまし取るような詐欺かもしれないということは漠然と考えたことがあった，宅配便の中身については，覚せい剤や拳銃，飛ばしのプリペイドの電話，他人名義の預金通帳，現金以外の詐欺の被害品などを考えていたなどと供述した。また，第1審の被告人質問において，振り込め詐欺は不良グループがやるもので，根拠はないが暴力団がやるものとは思っていなかったため，今回の件が振り込め詐欺に当たるとは思っていなかった，Aが暴力団員であったこと，現金は書留でないと送ることができないと思っていたことから，荷物の中身に被害品が入っている可能性があるとは思っていたが，現金とは思っていなかった旨供述した。さらに控訴審における被告人質問でも，詐欺なのかなとは少しは思っていたと供述した。
（後注）　本件の評釈等として接し得たものとして，半田靖史・法学セミナー第779号18頁（令和元年12月），江見健一・警察学論集第72巻12号25頁（令和元年12月），丹崎弘・研修第851号33頁（令和元年5月），中谷仁亮・詐欺罪における故意の認定―特殊詐欺事件に関する最近の最高裁判決をめぐって・上智法学論集第63巻3号109頁（令和元年12月），半田靖史・受け子の故意と共謀の認定・法律時報第92巻12号15頁（令和2年11月）がある。

（蛭田　円香）

裁 判 月 日 索 引

裁判月日	法廷	判 例 集		解説番号	本書頁数	裁判月日	法廷	判 例 集		解説番号	本書頁数
		号	頁					号	頁		
3月19日	二	1	1	1	1	7月13日	二	3	324	6	149
22日	一	1	82	2	56	10月23日	二	5	471	7	173
5月10日	一	2	141	3	96	12月3日	二	6	569	8	190
6月26日	一	2	209	4	115	11日	三	6	672	9	213
7月3日	二	3	299	5	132	14日	二	6	737	10	224

最高裁判所判例解説刑事篇（平成30年度）　　書籍番号　210130

令和3年3月20日　第1版第1刷発行

編　　集　　一般財団法人　法　曹　会
発 行 人　　門　　田　　友　　昌

発 行 所　　一般財団法人　法　曹　会

〒100-0013 東京都千代田区霞が関1-1-1
振替 00120-0-15670番・電話 03-3581-2146
http://www.hosokai.or.jp/

落丁・乱丁はお取替えいたします。　　　印刷・製本／大日本法令印刷

ISBN 978-4-86684-061-1